Theo M. Schlaghecken
Die Verlässlichkeit des Zufalls

W0055548

Der Autor

Theo M. Schlaghecken, Jahrgang 1967, wuchs auf einem Bauernhof in Kleve am Niederrhein auf und studierte Betriebswirtschaftslehre in Bochum und Manchester. Nach dem Studium arbeitete er als Unternehmensberater in der Nähe von Frankfurt.

Nach Jahren in diesem Beruf beschloss er, eine Weltreise auf dem Motorrad zu unternehmen und gab dafür seine Karriere auf. Nach über zwei Jahren und 53 Ländern kehrte er zurück.

Heute ist er freiberuflicher Unternehmensberater.

Einige Namen in diesem Buch wurden
zum Schutz oder auf Wunsch der betreffenden Personen
geändert. Die einzelnen Erzählungen basieren auf den
Erinnerungen und persönlichen Erfahrungen des Autors.

*„… und vielleicht ist „der Zufall" nur ein künstliches
Erklärungskonstrukt, ein dünnes Schleiertuch, das uns
schützt vor dem unerträglichen Blick auf unsere immense Ahnungslosigkeit vom zusammenhängenden Großen
und Ganzen, das unser Leben und die Welt ausmacht."*

Theo M. Schlaghecken

Die Verlässlichkeit des Zufalls

Nebenwirkungen einer Weltreise

Bibliografische Information der
Deutschen Nationalbibliothek
Die Deutsche Nationalbibliothek verzeichnet
diese Publikation in der Deutschen Nationalbibliografie.
Detaillierte bibliografische Daten sind im Internet unter
www.dnb.de abrufbar.

© 2021 Theo M. Schlaghecken
tms@emotionals.de
www.emotionals.de

Korrektorat und Satz:
DigiBuchService, Hannover
www.digibuchservice.de

Aktualisierte Auflage

Herstellung und Vertrieb:
BoD – Books on Demand, Norderstedt
www.bod.de

Taschenbuch-Ausgabe: ISBN 978-3-9819810-3-2

Für Achiko,

den georgischen Polizisten,

der mich auf seine Art davon überzeugte,

dieses Buch zu schreiben.

Inhalt

Deutschland
1. Österreich
2. Slowenien
3. Kroatien
4. Serbien
5. Bulgarien
6. Türkei

7. Georgien
8. Armenien
9. Syrien
10. Jordanien
11. Saudi-Arabien
12. Katar
13. VAE
14. Oman
15. Iran
16. Pakistan
17. Indien
18. Nepal
19. China/Tibet
20. Thailand
21. Kambodscha
22. Laos
23. Vietnam

24. USA
25. Kanada
26. Mexiko
27. Guatemala
28. El Salvador
29. Honduras
30. Nicaragua
31. Costa Rica
32. Panama
33. Kolumbien
34. Ecuador
35. Peru
36. Bolivien
37. Chile
38. Argentinien

39. Südafrika
40. Swaziland
41. Namibia
42. Simbabwe
43. Mosambique
44. Sambia
45. Malawi
46. Tansania
47. Kenia

48. Portugal
49. Spanien
50. Andorra
51. Frankreich
52. Belgien
53. Niederlande

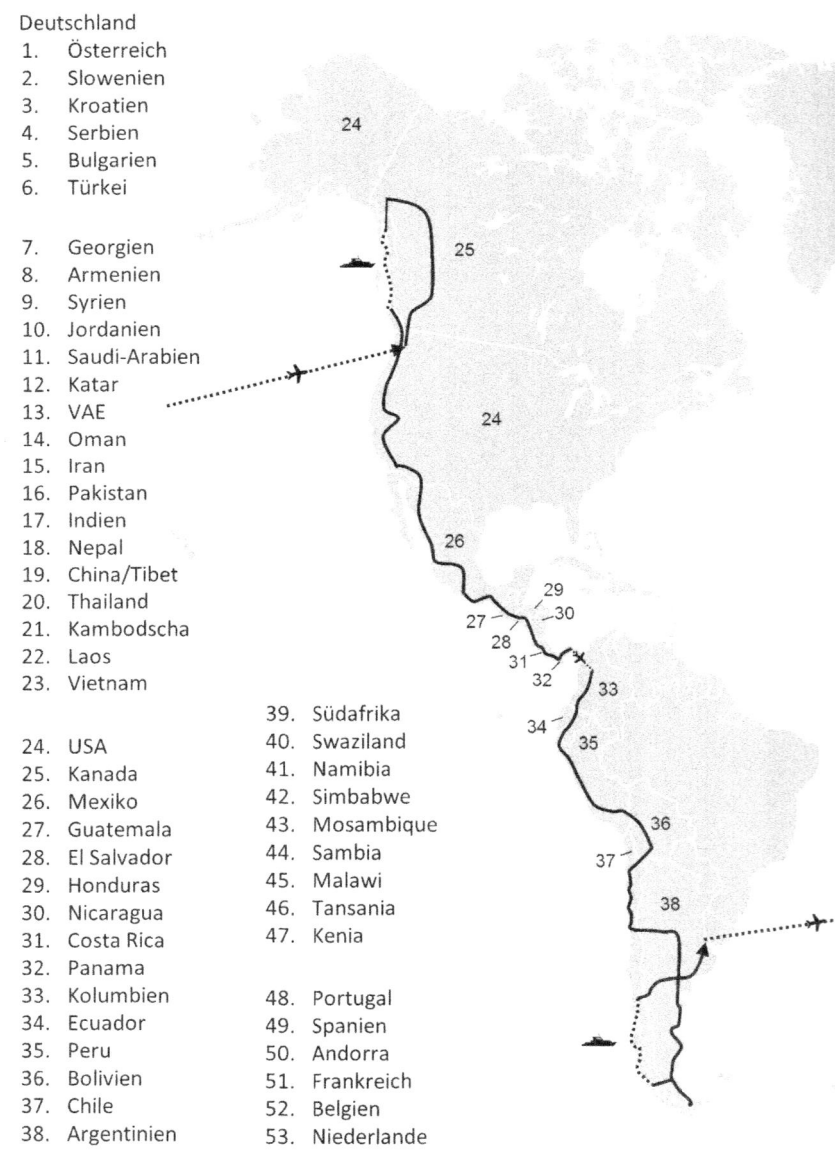

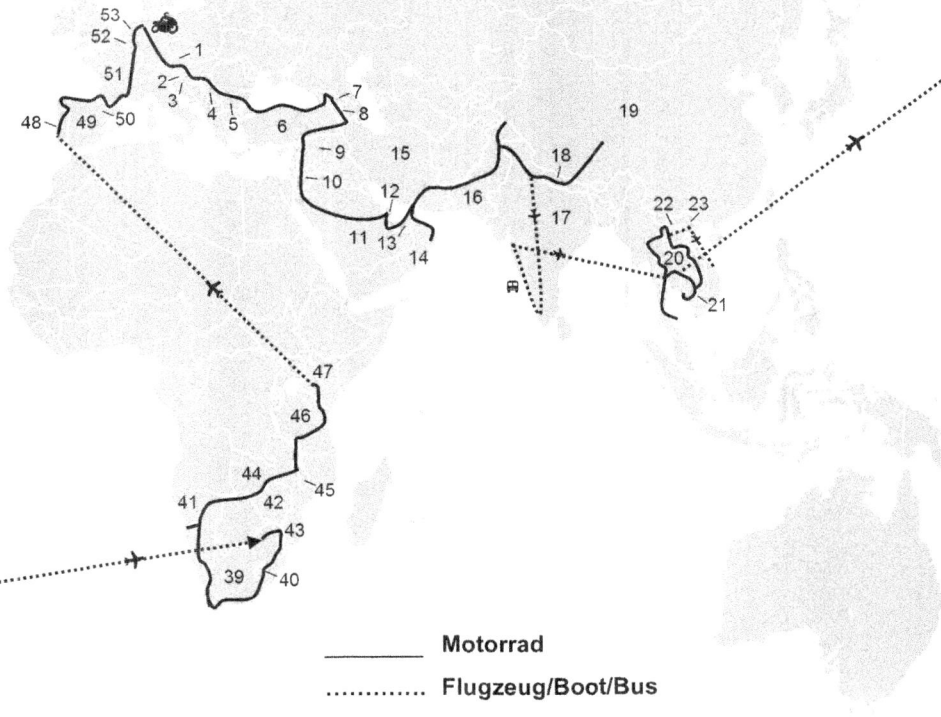

1 2 3 4 5 6 7 8 9 10 11 12 13 14 15 16 17 18 19 20 21 22 23 39 40 41 42 43 44 45 46 47 48 49 50 51 52 53

_____ Motorrad

.... Flugzeug/Boot/Bus

Leichtsinn

Damals war ich neununddreißig Jahre alt. Single. Kinderlos. Gutes Gehalt. Firmenwagen. Mietwohnung in der Nähe von Frankfurt. An jenem Tag saß ich an meinem Schreibtisch und grübelte über irgendeine Strategie für einen Klienten nach, wie so oft in den vergangenen zehn Jahren in diesem Job als Unternehmensberater. Doch jener Tag fühlte sich so völlig anders an als alle anderen zuvor. Nervös rutschte ich auf meinem Arbeitsstuhl umher. Meine Finger hielten verschwitzt den Bleistift, und ich konnte mich nur schlecht konzentrieren auf das vor mir liegende Arbeitspapier der Bank, die ich beraten sollte. Meine Gedanken rotierten in meinem Kopf, wollten weg von dem Papier, sich mit Wichtigerem beschäftigen. Ruckartig stand ich auf, lief in meinem Bürozimmer auf und ab, atmete noch einmal tief ein und sprach laut vor mich hin, was ich dem Inhaber der Beratungsfirma gleich sagen wollte.

Also, am besten so: »Herr Dr. Kreis, Sie müssen mir helfen, ich habe lange nachgedacht, und ich möchte mein Leben verändern.«

Nein, Blödsinn, das klingt nicht gut, klingt so theatralisch und auch irgendwie hilflos. Also anders. Vielleicht so: »Herr Dr. Kreis, ich habe lange überlegt und einen Entschluss gefasst, der mein Leben in nächster Zeit verändern wird.« Ja, ist besser, klingt bestimmter und schon viel selbstsicherer.

Aber noch hatte ich es nicht getan, noch war ich nicht auf dem Weg in sein Büro, um die Bombe platzen zu lassen, noch war nichts passiert. Noch konnte ich hier einfach weiterarbeiten und am Abend wie auch an den letzten bestimmt tausend Abenden zurück in meine Zweizimmerwohnung fahren, von unterwegs schon Pizza Nr. 39 mit zusätzlich schwarzen Oliven bestellen, einen guten Rotwein öffnen, mein Zwergkaninchen kraulen, auf dem Boden vor meinem niedrigen Wohnzimmertisch sitzen und mich beim Fernsehen ein wenig entspannen. Nichts wäre passiert. Ich könnte meinen Firmenwagen behalten, bekäme weiterhin ein gutes Gehalt, könnte herumreisen und mich mit »wichtigen« Leuten unterhalten. Also warum sollte ich hinüber zu Dr. Kreis gehen und das alles beenden?

»Eigentlich ist es schwachsinnig zu kündigen«, sagte ich leise zu mir, als ich mich wieder an meinen Schreibtisch setzte. Ich sollte bald Partner in der Firma werden, das Höchste, was man hier erreichen konnte. Dann fing das Geldverdienen erst richtig an. »Mann, was muss ich verrückt sein«, flüsterte ich leise und schüttelte den Kopf.

»Komm Theo, jetzt tu es«, ermutigte ich mich wieder selbst. Lange genug hatte ich darüber nachgedacht und alles abgewogen. Nein, wirkliche Zweifel gab es nicht. Doch sich für etwas zu entscheiden ist etwas anderes, als es dann auch zu tun. Ich soll einfach meine Karriere beenden, jetzt und hier? Allein der Gedanke daran legte mir einen dicken Kloß in den Hals. Komm schon!

Erneut riss ich mich los von meinem Bürostuhl. Zog mein Jackett über und rückte die Krawatte zurecht. Ich holte noch einmal tief Luft und öffnete schwungvoll die Bürotür. Auf geht's.

Kollegen gingen in ihre Unterlagen vertieft an mir vorbei. Andere wollten Termine mit mir absprechen, doch ich ging nicht auf sie ein. Der Hausmeister tauschte gerade ein paar Glühbirnen aus und grüßte freundlich von der Leiter herunter. Alles war so normal, so wie immer. Nur für mich war in diesen Minuten nichts wie immer.

Die Bürotür von Dr. Kreis stand offen. Mein Herz jagte, als ich anklopfte. »Kommen Sie herein«, sagte er freundlich mit seiner tiefen Stimme, deutete mit einer einladenden Handbewegung auf die schwarze Ledercouch und bat um einen Moment Geduld.»So«, sagte er lächelnd, als er sich kurz darauf in den Sessel mir gegenüber fallen ließ und die Beine übereinanderschlug »Nun bin ich ganz für Sie da. Worum geht es?«

Alle Vorbereitung hatte nichts genutzt, ich hatte vergessen, was ich mir zurechtgelegt hatte und redete einfach drauflos.»Also, ich fall mal gleich mit der Tür ins Haus, Herr Dr. Kreis. Ich möchte mich verändern, möchte meinem Leben eine andere Richtung geben. Eine völlig andere als bisher.« Ich senkte meinen Blick zu Boden, um sofort danach mit großer Entschlossenheit in den Augen aufzuschauen.

»Herr Dr. Kreis, ich möchte aussteigen. Ich werde mir ein Motorrad kaufen und damit einmal um die Erde fahren.«

»Wie ...?«

»Ja. Über fünfzig Länder habe ich mir vorgenommen, fast alle Kontinente, hunderttausend Kilometer. Das Ganze wird in etwa zwei Jahre dauern. Also, ich kündige heute meinen Arbeitsplatz.«

Ich hörte mich selbst dies sagen und konnte es nicht fassen. Hatte ich das wirklich gesagt?

Dr. Kreis zeigte sich professionell gefasst. Ich sah, wie sich seine Stirn runzelte und er bereits gedanklich die Folgen für die Firma abprüfte.

»Nun, wenn ich das sagen darf, das ist schon überraschend. Sie haben es bis hierher geschafft, sind gut in der Firma und bei den Kunden positioniert, es ist ein sicherer Arbeitsplatz und die Aussichten für die nächsten Jahre sind gut. Sie wissen doch, dass wir Sie als Partner vorgesehen haben?«

Ich nickte nur und blickte ihn an.

»Sind das nicht alles – auch vor dem Hintergrund ihres Alters – gute Voraussetzungen, um sich so langsam einmal zu ›setteln‹, zur Ruhe zu kommen. Finden Sie nicht? Wäre es nicht Zeit für geordnete Bahnen? Eine Familie, Kinder, ein eigenes Haus?«

Ich schaute ihn mit großen Augen an. Nichts von dem, was er sagte, erreichte mich. Im Gegenteil, es war genau das, was ich nicht wollte. Es klang für mich mehr nach einem Endbahnhof, nach der Zielgeraden hinein in die Rente, nach dem Aus für die tausend anderen Möglichkeiten und Erfahrungen, die am Rande dieser »geordneten Bahnen« zu finden waren. Ich sagte nichts, wollte nicht argumentieren und schüttelte nur langsam den Kopf. Dr. Kreis merkte, dass es an dem Entschluss nichts zu rütteln gab.

»Okay«, seufzte er, »ich brauche eine Aufstellung über Ihre aktuellen Projekte, deren Status und was noch zu tun ist.« Dann begann er mit mir über die Formalitäten des Ausstiegs zu sprechen. Dazu, dass ich vorhatte, die Welt mit einem Motorrad zu umfahren, dazu sagte er nichts, gar nichts. Nicht, dass er es toll, mutig, waghalsig, bescheuert, leichtsinnig oder sonst wie fand. Er ignorierte es einfach und besprach mit mir in aller Sachlichkeit meinen Ausstieg.

Hundert Prozent Business, da schien kein Platz für anderes zu sein. Kein Platz für jede Vorstellung, die nichts mit der Businesswelt zu tun hatte, kein Platz für Gedanken, die nicht in die allgemein üblichen Vorstellungen davon, wie ein Leben oder eine Karriere abzulaufen hatte, hineinpassten. Jetzt erst merkte ich, wie geschlossen, in sich abgekapselt hier die Businesswelt operierte, wie sie bei so etwas völlig anderem als »Geschäft« nicht mitreden konnte oder wollte.

Eilig ging ich zurück in mein Büro, vorbei an den Kollegen, vorbei an dem Hausmeister. Alles um mich herum war wie immer, nur ich war es nicht mehr.

Ich wollte nur noch für mich sein, spüren, wie es sich jetzt anfühlte. Die Tür zu meinem Büro fiel ins Schloss, ich fiel in meinen Stuhl, die Anspannung fiel ab von mir. Augen zu. Komm Theo, wie ist das jetzt? Bedauerst du es? Mein Puls beruhigte sich, und mit einem Mal wurde mein Atem so leicht und tief, die verkrampften Muskeln gaben nach, meine Arme baumelten rechts und links vom Stuhl herunter, und eine unerklärliche Gewissheit, gerade eben genau das Richtige getan zu haben, ließ mich so zufrieden, so glücklich grinsen wie selten zuvor.

Es war erst halb fünf, doch es gelang mir nicht mehr, mich auf meine Arbeit zu konzentrieren. Für heute machte ich Schluss. Das automatische Tor der Firmengarage öffnete sich langsam. Kaum war es hoch genug, gab ich Gas. Das Dach meines Cabrios war offen, alle Fenster waren unten, der Wind blies mir von allen Seiten um den Kopf, immer noch konnte ich nicht glauben, was ich heute getan hatte; ich riss mir die Krawatte vom Hals, schlug die geballte Faust gegen das Lenkrad und schrie:»Ja, ja, ... jaaa! Ich hab's getan. Ich habe es getan.«

Gerade eben hatte ich alles, wofür ich jahrelang gearbeitet hatte, einfach über Bord gekippt. Den Job, die Karriere, die Wohnung, den Firmenwagen. All das hatte ich gerade mit einem kurzen Gespräch aufgegeben und dennoch, in diesem Moment war nichts von Traurigkeit darüber, kein Bedauern, kein Zweifel. Ganz im Gegenteil, es war, als hätte jemand einen Stein von meiner Brust heruntergenommen, und immer noch atmete ich so tief, so leicht, so mühelos und voll, wie ich selten zuvor einen Atemzug getan hatte. Und eine Schwere löste sich auf, die sich über Jahre hinweg ganz langsam und unmerklich auf mich gelegt und mir immer mehr die Luft zum Atmen genommen hatte.

Ja, ich hatte es geschafft. Ich war hier ausgebrochen!

Das Beste

So richtig verstanden hatte ich meine Entscheidung, einfach so mit einem Motorrad um die Welt zu fahren, bis zu diesem Zeitpunkt nicht. Ich war alles andere als ein Draufgänger oder Abenteurer. Ich war nie mit Interrail-Ticket und Rucksack unterwegs durch Europa gewesen, die Urlaube hatte ich als Jugendlicher möglichst mit meinen Eltern verbracht und die Ferienlager gehasst, zu denen sie mich einfach anmeldeten. Auch Zelten oder Nachtwanderungen waren nichts für mich. Meine Zeit verbrachte ich am liebsten zu Hause auf dem Bauernhof und konnte mir nicht vorstellen, einmal von dort auszuziehen. In mir steckte absolut nichts von einem Abenteurer.

Auch mein Lebenslauf war bis dahin klassisch gewesen: eine Bankausbildung, ein Wirtschaftsstudium, dann gleich in die Unternehmensberatung. Nichts hatte darauf hingedeutet, dass ich mich mal dafür entscheiden könnte, auf einem Motorrad mit einem Zelt zwei Jahre lang durch Länder wie Pakistan, Iran, Kolumbien oder Tansania zu fahren. In so ein Leben passte das nicht hinein.

Nur meine Leidenschaft für das Motorradfahren war früh da. Mein Vater hatte sie geweckt mit dem Vorschlag, doch mit dem Auto- auch den Motorradführerschein gleich mit zu machen. Da könne man die Grundgebühr der Fahrschule sparen und man wisse nie, wofür sowas mal zu gebrauchen sei.

Kaum hatte ich den Führerschein in der Tasche, wollte ich mir ein Motorrad zulegen, doch er verbot es mir. »Zu gefährlich!«, sagte er und kam, als ich das nicht einsehen wollte, mit Sprüchen wie »Solange du die Füße unter meinen Tisch stellst …«. Weshalb hatte er mir dann den Führerschein bezahlt?

Ein Jahr später, ich war neunzehn, reisten meine Eltern für zwei Wochen nach Kanada. Sie gönnten sich dort einen der wenigen Urlaube in ihrem Leben als Bauern. Zu der Zeit war ich schrecklich verliebt in eine schwarze Suzuki VX 800, und gegen den Willen meiner Eltern kaufte ich sie einfach. Nun musste ich ihnen, wenn sie wiederkamen, meine Tat nur noch gestehen. Der Tag kam schnell, denn am Samstag darauf sollte ich sie in Düsseldorf vom Flughafen abholen. Wie brachte ich es ihnen nur bei, das mit »Susi«?

Ich stellte das Motorrad mitten in unsere Garage, putzte es blitzblank, schmückte es mit Ballons und Luftschlangen und fuhr zum Flughafen. Auf dem Rückweg erwähnte ich beiläufig, dass ich jetzt in ihrer Abwesenheit »jemanden kennengelernt« hätte.

»Sie sieht wirklich gut aus, hat echt Power, und wir waren schon viel zusammen unterwegs«, erklärte ich meinen Eltern, die mir mit großen Augen zuhörten und nichts dazu sagten. »Ich muss euch noch was sagen«, erzählte ich weiter, und die Augen meiner Mutter wurden immer größer, während ich im Rückspiegel sah, wie mein Vater die Stirn runzelte. »Sie heißt Susi, und sie ist schon bei uns eingezogen. Sie findet auch, unser Haus ist groß genug.« Danach schwiegen meine Eltern während der ganzen Fahrt, keine Fragen, keine Kommentare, nichts.

Zuhause angekommen, standen wir mit dem Wagen vor dem Garagentor. Ich drückte auf die Fernbedienung, das Tor öffnete sich und gab langsam den Blick auf meine Susi in ihrer ganzen Pracht frei. »Das ist sie, meine Susi!«, sagte ich stolz und war auf ein Donnerwetter gefasst. Doch mein Plan ging auf. Ihre Erleichterung, dass Susi nur ein Motorrad war, war so groß, dass sie meine Freundin herzlich willkommen hießen und ich glücklich mit Susi zusammen bei meinen Eltern wohnen durfte. Seit diesem Tag bin ich nie wieder ohne Motorrad gewesen.

Auch wenn mein Vater mir damals strikt verboten hatte, ein Motorrad zu kaufen, wirklich streng war er nicht. Vielmehr war er ein vorsichtiger, planender und vorausschauender Mensch. Ihm war es immer wichtig, auf alles vorbereitet zu sein. Selten überließ er etwas dem Zufall. »Hast du an alles gedacht?«, »Bist du gut vorbereitet?«, »Mach doch zur Sicherheit nochmal dies oder jenes«, waren Sätze, die ich oft von ihm hörte. Sie schienen mich geprägt zu haben, offenbar so sehr, dass ich sogar jahrelang ein kleines Plastikschild auf meinem Schreibtisch stehen hatte, das mich in Großbuchstaben ermahnte: »Sind Sie vorbereitet?« Und vor jedem Klientenbesuch tat ich alles, um wirklich auf jede Frage, auf jedes mögliche Problem eine Antwort zu haben. Nicht vorbereitet sein, das gab es nicht.

Aber war es nicht so, dass man als Kind nach Orientierung suchte, nach Regeln, danach, was man am besten tut und was nicht, um möglichst gut durch das Leben zu kommen? Und wer sollte es besser wissen als die Eltern? Sie waren diejenigen, die sich auskannten im Leben, diejenigen, die mir sagten, was ich tun musste, wie ich mich zu verhalten hatte, wie ich etwas bewerten sollte. Also nahm ich das, was sie mir sagten, als »wahr« an und machte damit das, was sie sagten, zu meiner Wahrheit, zu meinen Glaubensgrundsätzen, zu meinem Drehbuch für mein Leben, für mein Denken, mein Fühlen und mein Handeln. Das Schildchen auf meinem Schreibtisch war ein guter Beweis dafür.

Oft hörte ich meinen Vater auch sagen: »Junge, die Welt steht dir offen, such dir das Beste für dich aus, ich unterstütze dich, was immer du willst.« War das nicht großartig? Ich hatte einen Vater, der mir nicht vorschrieb, was das

Beste für mich ist. Er hat niemals gedrängt, niemals gewollt, dass ich sein Lebenswerk fortführte, den Hof übernahm oder einen bestimmten Beruf ergriff. Ich sollte einfach das machen, was das Beste für mich wäre.

Als er zu mir sagte:»Such dir das Beste für dich aus«, war das für mich jedoch mehr als ein Ratschlag, es klang mehr wie ein Auftrag, eine Gebrauchsanweisung für ein glückliches Leben. Doch dieser Auftrag, so gut und so simpel er auch geklungen hatte, hatte mein Leben nicht einfacher gemacht. Im Gegenteil, denn ich las darin zwei Botschaften. Die erste:»Für mich kommt nur das Beste in Frage.« Die zweite:»Es ist an dir zu entscheiden, was das Beste für dich ist.« Nur, woher sollte ich denn wissen, was das Beste ist? Er hatte mir nie gesagt, woran ich»das Beste« erkennen könnte, wie es aussah, wie es sich anfühlte, woran ich es messen könnte. Ich suchte also nach etwas, das ich nicht erkennen würde, selbst wenn es vor mir lag, ich es in Händen hielt. Doch eines wusste ich: Ich musste es suchen.

Wenn man aber nicht weiß, was das Beste ist, ist das, was da ist, demnach nie gut genug, denn es könnte ja noch etwas Besseres geben.

Wenn ich es mir recht überlege, zog sich diese Suche durch mein gesamtes Leben: Ich hasste Entscheidungen, denn bei keiner konnte ich sicher sein, dass ich mich für das Beste entschieden hatte. Also hielt ich immer ein Hintertürchen offen.

Die ersten wichtigen Entscheidungen begannen für mich nach dem Schulabschluss. Ich war neunzehn, als ich das Abitur mit durchschnittlich guten Noten bestanden hatte. Und was nun?

Eltern und Bekannte rieten mir zu einer Banklehre.»Da kannst du nichts mit falsch machen, Jung!« Wirklich interessiert hatte es mich nicht, doch es erschien mir vernünftig, und ich ging zur Bank. Die nächste Entscheidung wurde mir abgenommen. Ich musste zur Bundeswehr. Danach boten mir meine Eltern an, mich bei einem Studium zu unterstützen. Auch ein Studium erschien mir vernünftig, wusste ich doch nichts Besseres.

Am sinnvollsten erschien mir ein Studiengang, der einem alle Möglichkeiten offenhält. So entschied ich mich für Betriebswirtschaftslehre. Damit konnte ich vom Steuerprüfer bis zum Wirtschaftspsychologen, vom Marketingexperten bis zum Controller oder Vorstandsvorsitzenden alles werden. Ja, das schien sinnvoll.

Sinnvoll erschien es mir auch, zusätzlich im Ausland zu studieren, würden sich dadurch doch sicher noch mehr Möglichkeiten ergeben, später einmal.

Das Studium war zu Ende. Ich hatte dabei Einblicke in Buchhaltung, Marketing, Wirtschaftspsychologie, Recht, Personalarbeit, Kostenrechnung und vieles mehr gewonnen. Doch für nichts von alldem empfand ich irgendeine Leidenschaft. Es half nichts, ich musste mich wieder mal entscheiden. Welcher Job?

Auch bei dieser Entscheidung war es mir wichtig, mich nicht festzulegen, keine Türen zu schließen. Ich bewarb mich bei einer Unternehmensberatung. Unternehmensberater sein wollte ich auch nicht wirklich, doch es war sehr vernünftig in meiner Situation, denn ich konnte viele Bereiche und Unternehmen erst einmal kennenlernen und mich dann entscheiden, in welchem Unternehmen, in welchem Bereich und welcher Position ich später einmal in einer »richtigen« Firma arbeiten wollte.

Eines hatte ich in all den Jahren gelernt: den Rückweg offen halten. Unverbindlich bleiben. Sich nicht festlegen. Das konnte ich. Ich hatte nie gelernt, etwas einfach so für mich zu akzeptieren und zu zulassen. Ich hatte nie gelernt anzunehmen, dass das, was jetzt da ist, »das Beste« sein könnte. Und damit war nichts gut genug, nichts das Beste, und immer suchte ich weiter. Ich konnte nicht anders. Es war anstrengend.

Als ich fünfunddreißig Jahre alt war, arbeitete ich bereits seit einigen Jahren als Unternehmensberater und war seit acht Jahren mit Karin zusammen.

Ich lernte sie im Studium kennen, als ich ihr half, die IT-Klausur zu bestehen. Ich lernte mit ihr; sie lud mich dafür auf einen Wein nach Hause ein, und seitdem waren wir zusammen. Wir studierten beide Betriebswirtschaftslehre, brachten unser Studium in Bochum zu Ende, verbrachten noch gemeinsam ein zusätzliches Studienjahr in England und zogen dann in die Nähe von Frankfurt am Main, um dort unsere ersten Jobs anzutreten. Ich in der Beratung, sie bei einer Bank. Wir arbeiteten beide viel und verdienten entsprechend gut. Wir waren »DINKS«, »Double Income, No Kids«.

Uns wurde nie langweilig miteinander. Wir hatten uns immer etwas zu erzählen, hatten den gleichen Humor und unternahmen vieles gemeinsam. Wir arbeiteten jeden Tag zehn bis zwölf Stunden, machten zweimal im Jahr Urlaub, hatten Freunde, feierten jedes Jahr deren und unsere Geburtstage, waren jedes Weihnachten zu Hause bei Karins oder meinen Eltern, trainierten donnerstags im Fitness-Studio und gönnten uns gelegentlich ein Wellness-Hotel. Unser Leben pendelte sich ein, gewann an Rhythmus, an Regelmäßigkeit, an Berechenbarkeit. Jetzt nur noch heiraten, ein Haus bauen, Kinder bekommen und in der Beratung Partner werden, dann wäre alles perfekt. Doch irgendwie war das für mich nichts.

Für mich wäre so ein Leben, so eines, wie Lothar es hatte, nichts. Lothar war seit über zehn Jahren Unternehmensberater in einer Düsseldorfer Consulting-Firma. In dieser Zeit war er dort Partner geworden, hatte Anteile erworben, die er über die nächsten zwölf Jahre noch abbezahlen musste. Er hatte eine recht teure Altbauwohnung mitten in der Stadt gekauft und musste auch die abbezahlen, dazu hatte er einen Schrebergarten gepachtet, in dem er jedes Wochenende seine Gemüsebeete pflegte. Er war verheiratet, hatte drei Kinder, fuhr zwei Mal im Jahr in Wanderurlaub, immer zu denselben Orten, und zeigte mir nach jedem Urlaub die Fotos. Immer sah ich dasselbe darauf, völlig austauschbar, nur seine Kinder auf den Fotos wurden von Jahr zu Jahr älter. Er war erst achtunddreißig, doch für mich fühlte es sich so an, als ob sein Leben schon zu Ende wäre. Was kam da noch außer immer mehr von demselben?

Was ich damals nicht verstehen konnte: Lothar ging es gut dabei. Er schien nichts zu vermissen, genoss sein Leben, wie es war. Er wusste, was er vom Leben erwarten konnte, wusste, was er in den nächsten dreißig Jahren zu tun hatte, und schien mit allem einverstanden zu sein. Ihm war es offenbar egal, was er alles verpasste, während er jeden Tag vor sich hin arbeitete oder Jahr für Jahr seinen Salat anbaute.

In rasender Geschwindigkeit näherte ich mich einem solchen Leben, denn bald schon würde man auch mir die Partnerschaft in der Beratung anbieten und mich damit an das Unternehmen ketten. Auch Karin könnte irgendwann auf »Haus, Heirat und Kinder« drängen. Ich hätte mich festlegen müssen, für viele Jahre, vielleicht für ein Leben. Ein Leben als Ehemann, Familienvater und Berater. Was aber, wenn ein anderes Leben noch besser wäre?

Je näher ich einem solchen Leben kam, desto häufiger meldete sich mein alter Glaubenssatz: »Warte, nicht so schnell, Theo. Leg dich nicht fest, das ist es noch nicht, das Beste kommt doch noch. Such weiter!«

Und wieder stellte ich alles, was war, in Frage. Vielleicht war das auch der Grund dafür, dass ich mich nach über acht Jahren von Karin trennte. Gar nicht, weil es Streit gegeben oder sich etwas zwischen uns verändert hätte, nein, einfach nur aus der Vermutung, ja vielleicht der Befürchtung heraus, dass diese Beziehung noch nicht die beste für mich sein könnte.

Viel Erfahrung mit anderen Frauen hatte ich vor ihr nicht gehabt, und so fühlte ich mich noch mehr dazu aufgerufen, in meinem Beziehungsleben weiter nach »der Besten« zu suchen. Dabei spielte es keine Rolle, ob Karin es vielleicht schon gewesen sein könnte. Es war egal, wie gut diese Beziehung war, sie hatte letztendlich keine Chance. Meine »Immer-nur-das-Beste«-Logik hatte etwas Unerfüllbares, etwas Fatales, das ich damals nicht erkannt hatte. Würde sie letztendlich nicht von mir verlangen, erst alle Frauen auf diesem Planeten kennenzulernen, um dann ganz sicher zu sein, die richtige gefunden zu haben? Natürlich war das Unsinn, das wusste ich selbst, doch ich verhielt mich, als hätte ich es tatsächlich vor.

Besonders hilfreich dabei waren die Dienste der Partnerbörsen im Internet, die »Marktplätze der Liebe«, die Quelle der Verlockung und gleichzeitig des Zweifels, der jedes Mal dann wie ein langsam wirkendes Gift in alle meine Beziehungen einsickerte, wenn ich mir andere Profile, andere Frauen als die, die gerade an meiner Seite war, anschaute.

Wie war ich nur damals drauf, nachdem ich mich von Karin getrennt hatte? Jeden Tag war ich auf diesen Plattformen unterwegs. Lernte ich dann eine Frau kennen, hatte ich schon wieder die Nase im Wind, um zu prüfen, um zu vergleichen, ob ein nicht noch angenehmeres Parfum in der Luft liegt.

Ich kann mir nicht vorwerfen, nicht genug dafür getan zu haben. In vier Jahren hatte ich mich mit etlichen Frauen getroffen. Viele Male fuhr ich zu einem Café oder Restaurant, erzählte meine Lebensgeschichte und stellte dieselben Fragen:»Hast du Kinder, Geschwister, Haustiere? Was machst du beruflich? Wie lange bist du schon Single? Wie viele Dates hattest du schon? Was machst du in deiner Freizeit? Was ist dein Sternzeichen? Was magst du, was nicht?« Ich ging im Kopf eine Checkliste durch, und meine Dates wurden immer mehr zu einer Art Bewerbungsgespräch.

Die Aufregung, das Gespannt-Sein auf die mögliche Prinzessin, das ich noch bei meinen ersten Treffen verspürte, verflüchtigte sich bald. Die Treffen wurden zur Routine, und um nicht den Überblick zu verlieren, hatte ich meine Suche in guter Beratermanier systematisiert. Spätestens als es peinlich wurde und ich die Namen, Geburtstage, Hobbys oder Wohnorte der»Dates« durcheinanderbrachte, als ich eine Birgit nach ihrem Abschneiden bei dem Reitturnier fragte und sie antwortete, dass sie Pferde nicht ausstehen könne und ich sie wohl mit einem anderen»Bunny« aus dem Internet verwechsele, spätestens dann hatte ich begonnen, eine Excel-Tabelle anzulegen, um zumindest mit den Daten nicht durcheinanderzukommen. Vielleicht hatte das Anlegen der Datei sogar noch einen anderen Grund. Vielleicht wollte ich mir mit der Liste nur selbst dokumentieren, doch alles Erdenkliche getan zu haben, um die Beste zu finden.

Ich notierte das Ergebnis jeder Begegnung in der Datei, vergab dort sogar Schulnoten, erstellte Ranglisten und notierte in der Spalte»Besonderheiten« das, was mir aufgefallen war, wie etwa»gute Figur«,»schöne Stimme«,»zu langweilig«,»zu viele Kinder!!!« oder»zu viele Altlasten«.

Aus einigen dieser Treffen wurde eine»Beziehung«. Sie dauerten ein paar Wochen oder Monate, auch mal fast ein Jahr, doch keine dieser Frauen hatte zu der Zeit eine wirkliche Chance gehabt, mit mir glücklich zu werden.

Manchmal, wenn ich es mal wieder so richtig übertrieben hatte, wenn ich an einem Tag zwei oder gar drei neue Frauen getroffen hatte, wenn ich mich beeilen musste, um von »Miss MoneyPenny« wegzukommen, nur damit ich noch rechtzeitig »Gremlin69« kennenlernen konnte, wenn ich dann nach den Dates mitten in der Nacht allein und völlig verwirrt im Auto saß und nur noch stumpf vor mich hin auf die Autobahn starrte, wenn ich nicht mehr wusste, wo mir der Kopf stand, und ich mich, zu Hause angekommen, nur noch völlig erschöpft auf mein Sofa fallen ließ, dann sehnte ich mich vielleicht doch ein wenig danach, mich endlich einmal wie Lothar zu fühlen, und wenn sein Leben noch so langweilig erschien. So wie er wollte ich mich fühlen können, einfach mal nur einverstanden sein mit dem, was ist. Einfach mal etwas nicht zu hinterfragen, vor allem nicht die Frau, mit der ich gerade zusammen war.

Stattdessen wurde ich nicht nur umtriebig in Sachen Frauen. Ich begann auch, mich wahllos um neue Jobs zu bewerben, begann, neue Hobbys auszuprobieren, suchte mein Glück in den Extremen.

An einem Wochenende fuhr ich nach Österreich, nahm mir einen Bergführer und bestieg den steilsten Klettersteig, den das Land zu bieten hatte. Schwierigkeitsgrad »extrem«. Ich kletterte mit ihm an einer 300 Meter hohen Steilwand, ohne davon überhaupt eine Ahnung zu haben. Ich meldete mich zu einem Rennstreckentraining auf dem Nürburgring an und brachte mich mit einem 170-PS-Motorrad an die Grenzen meines fahrerischen Könnens. Ich probierte mich im Gleitschirmfliegen aus, begann mit dem Golfspielen, versuchte mich im Tennis, ging im Revier meines Vaters auf die Jagd und tötete Rehwild und Wildschweine. Ich versuchte mich im Segelfliegen, begann mit dem Tauchen und hatte zwischendrin immer wieder Dates mit neuen

Frauen. Die Suche nach dem »Besten« lief auf Hochtouren. Es war anstrengend.

… und dann kam Weihnachten.

Das Geschenk

Es sollte ein ganz normales Weihnachtsfest werden, nur in ganz kleinem Kreis, wie immer mit meinen Eltern und meinem vier Jahre jüngeren Bruder Georg, so war es Tradition bei uns.

Wie an jedem Heiligabend wurde tagsüber der Hof besonders gründlich gefegt. Der Hof, auf dem mein Vater damals, als er noch nicht in Rente war, etwa 500 Schweine, vier Katzen, einen Hund versorgte und noch einiges an Ackerland bewirtschaftete. Auch wenn der Hof eine respektable Größe hatte, wollten weder ich noch mein Bruder in die Fußstapfen meines Vaters treten. Bauer sein, das war nichts für uns. Auch Georg hatte erst einmal als Unternehmensberater gearbeitet und wurde später Projektleiter bei der Post. Er war verheiratet und hatte in dem Jahr einen Sohn bekommen, ein Haus gekauft und liebte seinen Garten. Er erinnerte mich irgendwie an Lothar.

Weihnachten lief immer gleich ab bei uns: zuerst Kirchgang, dann Festessen. Es gab meist Rinderzunge oder Rouladen, serviert auf dem besten Familiengeschirr. Nach dem gemeinsamen Tischabräumen klingelte meine Mutter mit einem kleinen roten Weihnachtsglöckchen und lächelte uns dann immer so verschmitzt an, so wie früher, als wir noch an den Weihnachtsmann geglaubt hatten. Dann durften wir das gute Wohnzimmer betreten, das nur für solche Anlässe benutzt wurde und in dem die vielen Geschenke schon auf dem Tisch gestapelt lagen.

Früher als Kinder mussten wir an dieser Stelle immer noch singen und Orgel spielen, bevor es an das Auspacken ging. Aber wir konnten uns nie auf die Lieder konzentrieren, spielten und sangen schnell und grausam, hatten wir doch nur die bevorstehende Bescherung im Kopf. Mittlerweile ist es anders. Das Singen ließen wir schon seit vielen Jahren ausfallen. Gemeinsam hatten wir einmal festgestellt, dass unser untalentiertes Weihnachtsgekrächze des Heiligen Abends nicht wirklich würdig war und auch sonst wenig zu einer andächtigen Stimmung beitrug. Also gingen wir lieber gleich zur Bescherung über.

Schon im November hatte mich Georg gefragt: »Sag mal, Brüderchen, was wünschst du dir eigentlich zu Weihnachten?«

»Also, ein Navigationsgerät für mein Motorrad, das wär schon was Feines«, sagte ich und grinste, wusste ich doch, dass die nicht wirklich günstig sind. »Hm ...« brummte er und ließ mich mit der Hoffnung auf ein solches Gerät zurück.

An Heiligabend dann überreichte mir mein Bruder sein Geschenk. »Hier Brüderchen, für dich, Navi war doch zu teuer«, sagte er mit seinem süßesten Weihnachtslächeln. Ich knibbelte die Klebestreifen von dem Papier. Ostereier waren darauf, typisch mein Bruder, wahrscheinlich hatte er dieses Geschenkpapier noch in einer Schublade meiner Mutter gefunden. Einige Löcher oder alte Klebestreifen darauf ließen auch keinen Zweifel daran, dass es schon ein paar Mal benutzt worden war.

Dann riss ich es einfach auf. Es war ein Motorrad-Reisemagazin, und darin war ein Bericht über einen Test verschiedenster Navigationsgeräte. »Jetzt brauchst du dir nur noch eines auszusuchen und es dir zu kaufen«, meinte Georg trocken. »Na, vielen Dank denn auch!«, sagte ich mäßig erfreut und legte das Heft zu den anderen Geschenken, um später darin zu blättern. Der Abend nahm seinen vorhersehbaren Verlauf. Die Rinderzunge in Pilzsoße mit Preiselbeeren an Kartoffelkroketten war gegessen, alle Geschenke waren verteilt, ausgepackt und von jedem ausreichend gelobt worden, und es dauerte nicht mehr lange, da wurde, wie jedes Jahr zu dieser Zeit, der Fernseher eingeschaltet.

Da ich nicht wirklich Lust darauf hatte, mich gemeinsam mit meinen Eltern von André Rieu befiedeln zu lassen, setzte ich mich mit dem Motorradmagazin auf die Küchenbank, um darin herumzublättern.

Seit fünfzehn Jahren fuhr ich Motorrad, und bei meinen Ausflügen war ich nie über Österreich oder Italien hinausgekommen. Nie hatte ich bis dahin einen Gedanken daran verschwendet, mit dem Motorrad einmal weiter oder länger als drei Wochen unterwegs zu sein. Jetzt lagen Berichte von Fernreisenden vor mir:»Mit dem Motorrad von Deutschland nach Thailand in 90 Tagen« oder»Mit dem Motorrad die Welt erfahren«. Ich sah Bilder von fremden Gegenden in Alaska und Asien, Afrika und Australien und verlor mich in den Erzählungen dieser – wie ich fand – verrückten und waghalsigen Abenteurer. Sie erzählten von schwierigen Offroad-Fahrten, Unfällen, kaputten Motoren und Problemen bei der Verständigung mit anderen Völkern und Kulturen. Ich bewunderte ihren Mut und ihre Offenheit für das Fremde.

Dann fand ich einen Artikel über einen Martin, der bereits ein halbes Jahr lang mit dem Motorrad unterwegs gewesen war, einfach mal rauswollte aus seinem deutschen Alltag, Luft holen, durchatmen wollte.

»Ja, einmal durchatmen«, wiederholte ich leise und fragte mich selbst, weshalb die Vorstellung davon, einmal eine Pause von meinem üblichen Leben zu machen, selbst einmal durchzuatmen, mich so sehr anfixte, dass ich kaum meine Augen von diesem Artikel lassen konnte.

Eine Atempause, war das nicht etwas, das ich auch für mich wollte, nach der ich mich sehnte? Eine Auszeit von der ewigen, anstrengenden Suche nach dem Richtigen und dem Besten für mich, eine Auszeit von den so schwer abzustellenden immer gleichen und immer kreisenden Gedanken, die mich jeden Tag losschickten auf die Jagd nach dem »Mehr« und dem »Besser«?

In dem Artikel erzählte dieser Martin von seiner Motorradreise. Er war etwa so alt wie ich, hatte studiert, schien kinderlos zu sein und arbeitete als Berater, so wie ich. Unsere Lebensläufe waren recht ähnlich, und er wollte damals »ein wenig Luft holen« von seinem Leben hier in Deutschland und hatte sich »aus dem Bauch heraus« zu seiner Reise entschlossen. Ein bisschen verrückt ist der schon, dachte ich und blieb noch einmal bei den letzten Zeilen hängen: *Weitere Pläne: Motorrad-Reise, einmal rund um die Welt, von Europa nach Asien, von Nordamerika über Mittel- und Südamerika bis nach Feuerland, ans Ende der Welt und dann Afrika von Süd nach Nord zurück nach Europa. Start: im Mai. Dauer: 2 Jahre.*

Moment Mal, da war also ein Typ, genau so einer wie ich, zumindest einer mit ähnlichem Lebenslauf, und der wollte mit dem Motorrad einmal um die ganze Welt fahren? Auch solche Typen machten das, also Leute wie ich und nicht nur verrückte Abenteurer? Und das allererste Mal kam mir der Gedanke, ob so eine Reise, so eine Auszeit, auch etwas für mich wäre. Mit dem Motorrad einmal um die Welt?

Natürlich nicht! Das würde nicht gut gehen. Ich war kein erfahrener Offroad-Fahrer und hatte keine Ahnung von Motorradtechnik; ich hätte noch nicht einmal einen Reifen allein wechseln können. Ich sprach neben Deutsch nichts weiter als Englisch und hatte keine Ahnung davon, wie ich mich außerhalb von touristischen Gebieten in unbekannten Ländern bewegte, wie ich mich Einheimischen gegenüber verhielt, wann Gefahr drohte, was ich sagen oder tun durfte und was besser nicht. Kopfschüttelnd legte ich das Heft beiseite und ging den weihnachtlichen Klängen von André Rieu wieder entgegen, um meinen Eltern Gesellschaft zu leisten.

Weit kam ich nicht, irgendetwas ließ mich noch in der Küche innehalten. Es war, als riefe jemand nach mir. »Warte mal, Theo. Warte mal! Nicht so schnell«, kam es von irgendwo her, leise und doch sehr deutlich. »Warte, geh noch mal zurück und schau doch noch mal genau hin!«, hörte ich es wieder und merkte erst dann, dass es meine innere Stimme war, die mir diese Worte zuzuflüstern schien.

Irritiert schlug ich erneut den Artikel auf und betrachtete nochmals das Foto von diesem Martin und seinem Motorrad. Irgendetwas war jetzt anders. Irgendwie wurde der Gedanke, selbst auf einer Weltreise zu sein, mit einem Mal so vorstellbar, so wenig abwegig. Und als wäre es völlig klar, was als Nächstes zu tun wäre, fuhr ich mein Firmen-Notebook hoch und tat etwas für mich ungewöhnlich Spontanes, etwas völlig Unüberlegtes. Ich schrieb diesem Martin eine E-Mail:

Hallo Martin,

es ist Weihnachten, ein Motorradmagazin liegt unter meinem Weihnachtsbaum, und ich lese von Dir und von Deiner Auszeit. Ich bin beeindruckt und ein wenig neidisch darauf, bisher nicht den Mut gefunden zu haben, Ähnliches zu unternehmen.

Ich war sehr erstaunt, denn unsere Lebensläufe sind sehr ähnlich, und vielleicht ist das auch der Grund, dass ich Dir jetzt schreibe. Deine geplante Weltreise erweckt in mir ein enormes Fernweh ... und ich frage mich, inwieweit es für Dich relevant sein könnte, die bevorstehende Weltreise vielleicht zu zweit anzugehen.

Der Gedanke ist sehr spontan, doch manchmal sind die spontanen Dinge die besten. Vielleicht macht es Sinn, dass wir einmal miteinander telefonieren oder uns persönlich kennenlernen. Und vielleicht greifen wir dabei den Gedanken einer gemeinsamen Tour auf. Was meinst Du?

Melde Dich, es würde mich sehr freuen.

Viele Grüße und noch schöne Weihnachtstage wünsche ich Dir

Theo

Dieser Martin meldete sich nicht, zumindest nicht in den darauf folgenden Tagen. Dabei war er über Weihnachten doch bestimmt nicht unterwegs, sondern zuhause bei seinen Eltern, wie ich auch, und hatte irgendwo Internet-Zugang. Warum meldete er sich also nicht? Ich war ungeduldig und schaute mehrmals in den nächsten Tagen in mein E-Mail-Account. Nichts.

Die Zeit verging schnell, und die Antwort blieb aus. Der Januar war bereits angebrochen, und so langsam fand ich mich damit ab, dass eine solche Reise für mich wohl niemals stattfinden würde. Der Gedanke, allein zu fahren, blitzte einmal kurz in mir auf, doch das kam nicht in Frage, das traute ich mir nicht zu. Mit diesem erfahrenen Martin zusammen fühlte es sich jedoch ganz anders an. Er könnte mir das »Weltreisen« zeigen, er könnte mich mitnehmen auf dieses neue Terrain.

Schon bei dem Gedanken, dass mir irgendwo allein in der Wildnis das Motorrad verreckte, bei dem Gedanken, irgendwo allein im innersten Indien oder Afrika ernsthaft krank zu werden und in einem dieser schmutzigen, schlecht ausgestatteten Krankenhäuser zu landen, wie man sie immer im Fernsehen sah und in denen kein Arzt Englisch oder gar Deutsch sprach, allein diese Gedanken drückten mir schon einen dicken Kloß in den Hals. Nein danke. Oder was, wenn ich einen Unfall hätte und ernsthaft verletzt wäre? Der ADAC holte mich bestimmt nicht innerhalb von zwei Stunden aus Pakistan heraus. Was täte ich, wenn ich Ärger mit den Behörden hätte, vielleicht sogar inhaftiert würde? Ein Albtraum! Ich schüttelte mich bei diesen Gedanken. Nein, allein würde ich das niemals tun.

Just Do It

Es war Mitte Januar. Ich war schon wieder bei der Arbeit und hatte meine E-Mail an Martin fast schon vergessen, als ich dann doch eine Nachricht von ihm im Postfach fand. Er entschuldigte sich für die späte Antwort, fand den Gedanken an eine gemeinsame Reise gar nicht abwegig und schlug ein Treffen vor. Einige Tage später sahen wir uns auf einen Kaffee am Fernbahnhof des Frankfurter Flughafens, um uns zu beschnuppern.

Ich fuhr mit dem Zug dorthin. Martin wartete bereits am Bahnsteig auf mich. Ich erkannte ihn sofort von den Fotos aus dem Motorradmagazin, noch bevor er mich erblickte. Er war groß und kräftig, wirkte dabei jedoch nicht dick. Er war eher stattlich.

Ich blieb stehen und schaute ihn an: Den haut so schnell nichts um, genau so jemanden hatte ich mir vorgestellt. Das ist einer, der hat Erfahrung, der weiß, wo es langgeht, einer, der feststeckende Motorräder allein aus dem Schlamm heraustragen könnte, der mit korrupten Grenzbeamten genauso fertigwürde wie mit Räubern und Banditen, einer, der mich sicher durch jede schwierige Situation bringen würde. Kurz gesagt: Er war so, wie ich mir einen Begleiter vorstellte. So einer wäre mir sehr recht, wenn ich mich als verwöhnter Schönwetterfahrer und Club-Urlauber auf ein solches Abenteuer einließe. Nein, es wäre mir nicht nur recht, es wäre Bedingung.

Ich ging auf ihn zu, und irgendwie hoffte ich, dass wir uns von Beginn an bestens verstehen, dass wir ähnlich ticken, schon beim ersten Blick so etwas wie eine »Verbundenheit« miteinander verspüren, wir schnell warm miteinander werden würden.

»Ahh, du bist also der Theo«, sagte er, als ich mich zu erkennen gab, und reichte mir die Hand. »Du willst also mitfahren?« Dabei klang er so geschäftlich wie ein Reiseveranstalter.

Ich nickte nur, musste leicht zu ihm aufschauen und war jetzt, da ich so dicht vor ihm stand, erstaunt, ja vielleicht ein wenig verwirrt über seine Körpergröße, seine kräftige Stimme, sein breites Lächeln und seine Augen, die mich dabei fixierten.

»Gut, ich schlage vor, wir gehen oben in ein Café und trinken was!«, meinte er und lief mit festen Schritten voran.

Ich folgte ihm und merkte schon in den ersten Sekunden, dass es nicht so war, wie ich erhofft hatte. Kein spontanes Wohlfühlen, Lachen, Herumalbern über die gleichen Dinge. Stattdessen war unsere erste Begegnung mehr ein vorsichtiges Beäugen, mehr ein trockenes Abprüfen von Fakten und Fähigkeiten, die für oder gegen eine gemeinsame Reise sprachen. Unsere Begegnung erschien mir eher wie ein Vorstellungsgespräch. Warm bin ich mit Martin an dem Tag nicht geworden.

Natürlich war es wichtig, gut miteinander auszukommen, wenn man vorhat, monatelang sieben Tage die Woche, vierundzwanzig Stunden am Tag miteinander zu verbringen, mehr Zeit also als mit jedem Ehepartner. Doch warum auch immer, es war an diesem Tag nicht so entscheidend für mich.

In dem Moment saß ich lieber Martin gegenüber als irgendeiner wahnsinnig netten und sympathischen »Weichflöte«, die ich vielleicht gleich in mein Herz geschlossen hätte, mit der ich vielleicht viel mehr Spaß als mit Martin haben würde, der ich aber nicht zugetraut hätte, mir zu helfen, wenn es einmal schwierig würde. Martin aber traute ich dieses zu, vom ersten Augenblick an.

»Also, wenn du wirklich mit willst«, sagte Martin irgendwann, »dann solltest du dich schnell entscheiden. Wir müssten bald loslegen mit den Vorbereitungen, um am 1. Mai wie geplant zu starten. Wir sollten dann wirklich aufbrechen, um bei guten Verhältnissen durch alle Klimazonen zu kommen. Also sag mir doch bitte bis Ende der Woche, ob du mit dabei bist.«

Bis Ende der Woche? Ich sollte mich bis Ende der Woche entscheiden? Das waren nur noch vier Tage. Vier Tage, um mich dafür zu entscheiden, meinen Job zu kündigen, meine Wohnung zu kündigen, meine Familie und meine Freunde zwei Jahre nicht mehr zu sehen und mich auf ein solches unberechenbares Abenteuer einzulassen? Mir wurde abwechselnd heiß und kalt. Martins Ansage machte alles so schrecklich konkret und drängend. Meine Gedanken, die bisher doch eher um das Abenteuer»Weltreise« herumgetänzelt waren, bekamen eine andere Qualität. Schluss mit den Gedankenspielerein, mit Träumen: Jetzt wird es ernst! Ich versprach ihm, mich bis zum Ende der Woche zu melden. Schon auf Weg zurück nach Hause war mir klar, dass es keine einfache Entscheidung sein würde. Gerade für mich, der Entscheidungen mehr hasste als alles andere. Es gab bestimmt Hunderte von guten Argumenten, so etwas nicht zu tun. Da war ich mir sicher.

Zu Hause angekommen, setzte ich mich im Schneidersitz mit einem Weizenbier vor dem niedrigen Couchtisch. Hier hatte ich schon so viele Abende meine Fertiggerichte, mitgebrachten Pizzen oder Döner nach der Arbeit vertilgt und gleichzeitig im Internet irgendwelche Dates mit »Babe69«,»Rotkäppchen-71«,»Halleluja 1000« oder sonst einem vermeintlichen Glück vereinbart. Jetzt aber wollte ich alle Gründe, die für oder gegen diese Reise sprachen, festhalten, säuberlich notieren, einzeln bewerten und dann entscheiden. Ich riss einen großen Bogen Papier von einem A3-Zeichenblock, teilte ihn längs mit einer Linie, schrieb »PRO« und»CONTRA« über die jeweiligen Spalten und begann, Argumente zu sammeln.

Entscheidungen traf ich grundsätzlich nach Faktenlage. Was machte Sinn, was nicht. Dabei hatte mir mein Kopf mit seinem logischen Denken immer gute Dienste geleistet.

Doch dieses Mal war irgendetwas anders als sonst. Ich hatte bereits vor jeder Überlegung, vor jedem Argument ein Gefühl für diese Reise, ohne dass ich es hätte beschreiben können. Ein Gefühl, das mit einer logischen Vorgehensweise nichts zu tun haben schien. Doch was sollte ich anderes tun, ich verließ mich auf meinen Kopf, wie ich es immer tat.

»Also, mein lieber Kopf«, sagte ich lachend zu mir selbst, »was meinst du dazu?«

»Viel zu teuer, so eine Reise!«, fiel ihm sofort ein. Und ich schrieb »Viel zu teuer« in die Contra-Spalte des Blattes.

»Hm, du scheinst diese Reise nicht zu mögen, wenn du gleich mit so einem unbegründeten Killerargument beginnst, oder?«, sagte ich immer noch lachend. Doch dann stockte ich. Mir fiel auf, dass ich gerade mit mir selbst sprach, und doch fühlte es sich fast an wie ein richtiges Gespräch mit jemand anderem. Mit wem spreche ich denn hier? Mit meinem Kopf etwa, mit meinem Verstand? So ein Blödsinn, ich bin doch mein Verstand und meine Gedanken, oder etwa nicht?

»Zu teuer!«, schoss es mir schon wieder durch das Hirn.

»Ach, komm«, sagte ich, »du hoffst doch nur, dass die Kosten für so eine Reise viel zu hoch sind. Dann hättest du einen guten Grund, dich nicht weiter damit zu beschäftigen, das ist dir unangenehm.«

Also gut, dann schauen wir mal. Ich kramte das Notebook hervor, um die Kosten grob zu überschlagen.

Als Erstes musste ich wissen, welche Länder wir in etwa vor uns hätten. Ich nahm den Globus vom Regal. Er war von innen beleuchtet. Deshalb dimmte ich das Licht im Zimmer, setzte mich wieder auf den Boden vor dem Couchtisch und blickte mit glänzenden Augen, wie ein Kind, auf die bunte, leuchtende Weltkugel vor mir.

Das letzte Mal, als ich mir einen Globus so intensiv angeschaut hatte, war ich noch ein kleiner Junge gewesen. Ich fand Länder, von denen ich noch nie gehört hatte, wie Belize, irgendwo in Mittelamerika, oder Andorra, ein Land, das fast bei mir um die Ecke war. Ich staunte darüber, was ich alles nicht wusste, wo ich das eine oder andere Land fand, das ich ganz woanders vermutet hatte.

Ich ließ meinen Verstand, meinen Kopf, diesen neuen Stoff beschnuppern und merkte, wie er bei der Vorstellung, durch diese fremden Länder zu fahren, zurückzuckte, wie ängstigend für ihn dieses Terrain war, auf dem er sich mehr ahnungslos als neugierig herumtastete. Verstohlen und sehnsüchtig schaute er zurück, hin zu meinem jetzigen Leben in Frankfurt, dorthin, wo er sich auskannte, wo er sich sicher fühlte, wo er mich beschützen konnte. Wie wenig war er doch mein Freund, wenn es um Neues ging. »Hey, komm, schau dir das hier vor dir an«, rief ich ihm zu. »Vergiss den Sicherheitsdenker doch mal. Nur für einen Moment!«

»Ach Theo, hör doch auf zu träumen, rechne doch mal nach, was das kostet!«, wiederholte er seinen Gedanken, um mich davon zu überzeugen, hier zu bleiben. Also gut, wir erstellten die Rechnung.

Über die grobe Reiseroute hatten Martin und ich schon am Bahnhof gesprochen. Vielleicht hunderttausend Kilometer würden es werden, schätzten wir. Dabei wollten wir Australien und Neuseeland auslassen, da die Flugtransporte dorthin und das Leben dort sehr teuer waren.

Also, ich benötigte ein Offroad-Motorrad, denn mit meiner Straßenmaschine war eine solche Tour nicht möglich. So kalkulierte ich mit irgendeiner gebrauchten Geländemaschine. Weitere Kosten würden anfallen für das Aufrüsten auf Weltreisetauglichkeit. Dazu gehörten zwei große Motorrad-Aluminiumkoffer für das Gepäck, Zusatztaschen, ein großer Tankrucksack und ein Kühlerschutz gegen Steinschlag. Mehr fiel mir dazu erst einmal nicht ein. Dann kalkulierte ich noch Beträge für Benzin, Reparaturen, etwa 10 Sätze Reifen, Verschleißteile, Transporte des Motorrads über die Ozeane und natürlich für Übernachtungen und Essen. Kosten für Krankenversicherung, Unfallversicherung, Outdoor-Ausrüstung, eventuelle Heimflüge bei Krankheiten, Vorsorge-Impfungen, Visa, Reiseapotheke, Auflösung und Renovierung meiner jetzigen Wohnung und so weiter. Dann drückte ich die Summentaste: 45.750 Euro. Weniger, als ich gedacht hatte. Sofort startete ich das Onlinebanking und addierte alle Kontostände zusammen. Etwas mehr als siebzigtausend Euro hatte ich angespart, und es gab keine Hypotheken, keine Kredite und auch keine Alimente, die zu bedienen wären. Passte also. »Siehst du, mein Lieber, dein Argument sticht nicht. Das Geld reicht!«, sagte ich leicht triumphierend, und so langsam fand ich Gefallen an dem inneren Schlagabtausch mit meinem Verstand.

»Aber es wird dir nicht gefallen unterwegs. Tagelanges Sitzen auf dem Motorrad, Unfälle, Krankheiten, der Dreck, das Elend, dass du in den armen Ländern sehen wirst, das ist doch gar nichts für dich. Du hast dich doch schon viel zu sehr an dein angenehmes Leben hier gewöhnt. Du wirst Heimweh haben, und außerdem fandest du Zelten als Kind schon scheiße!«, dachte mein Verstand zerknirscht.

»Ja, stimmt, da ist was dran«, wollte ich ihm gerade zustimmen, als sich mit einem Mal wieder diese innere Stimme in unser Gespräch einmischte.

»Komm, Theo«, flüsterte sie verführerisch, »lass dich darauf ein, du kannst jederzeit abbrechen, keiner zwingt dich dazu. Dein Verstand erkennt nicht die Chancen in dieser Reise, denn er ist der Bewahrer, der dich festkleben lässt an den Mustern, die du in deiner Vergangenheit gelernt hast, er kann nicht anders, denn er kennt nur das, was war, alles Neue macht ihm Angst. Er ist klar und geschickt in seiner Vorgehensweise, er ist pure Ratio, er hat kein Gefühl, hörst du? Kein Gefühl für das Wunderbare, das noch alles auf dich wartet. Höre ihm zu, denn er kann dich vor dem warnen, was er kennt, doch lass ihn so etwas nicht entscheiden, hier kann er nicht mitreden. Gebrauche deinen Verstand, ja, aber lass dich nicht von ihm gebrauchen.« Irgendwie hörte sich das richtig für mich an. Und mit einem respektvollen Lächeln über die Sorgen meines Verstandes ließ ich auch diesen Punkt nicht gelten.

»Denk an deine Freunde und deine Familie, die du einfach hier im Stich lässt. Jetzt, wo dein Vater alt und krank ist, willst du ihn alleinlassen und um die Welt streunen, ein toller Sohn bist du!«

»Nein, wart mal, nicht so schnell mit der Verurteilung. Mein Vater ist krank, ja, doch die Ärzte haben ihm noch mehr als vier Jahre mit seiner Krankheit gegeben, und in zwei Jahren wäre ich wieder hier. Er kommt gut klar zusammen mit Mutter, und außerdem ist Georg auch noch da«, murmelte ich und erinnerte mich daran, was mein Vater sagte, als ich ihm das erste Mal von der Reiseidee erzählt hatte. »Du bist komplett verrückt«, hatte er lachend gesagt, »Aber mach, was du willst.«

Nein, keiner meiner Freunde und keiner aus meiner Familie brauchte mich so, dass ich hier bleiben müsste.

Eines jedoch musste ich meinem Verstand zugestehen: Gäbe es eigene Kinder in meinem Leben, so hätte er hier tatsächlich ein sehr gutes Argument gegen eine solche Reise. »Kinder hab ich aber noch nicht. Nur Toffi. Und Toffi wüsste ich schon in gute Hände abzugeben«, sagte ich lächelnd, nahm mein Bier und prostete meinem Zwergkaninchen in seinem Käfig zu.

Mein Verstand ließ nicht locker: »Wenn du wiederkommst, bist du einundvierzig Jahre alt. Überlege mal, wie lange suchst du schon nach deiner Prinzessin? Willst du etwa noch einmal zwei Jahre verstreichen lassen?«

»Ja, will ich!«, antwortete ich fast schon patzig. »Du siehst doch, dass es jetzt nichts bringt. Überleg mal, wie viele Frauen ich schon getroffen habe. Und? Nichts! Ich habe eh das Gefühl, dass es meine Prinzessin noch nicht gibt. Vielleicht irgendwo da draußen in der Welt. Also eigentlich ein Grund mehr, jetzt zu fahren. Das war ein Eigentor!«

»Du läufst vor etwas davon, du Feigling. Du stellst dich nicht dem Leben hier«, begann mein Verstand mit der nächsten Provokation. »Typisch du, kurz vor dem Ziel brichst du ab! Jetzt kannst du endlich Partner in der Beratung werden, das, was du immer wolltest, und was machst du? Du gehst vom Spielfeld, Schwächling. Los, nimm den Job, dann erst geht es dir richtig gut, dann hast du dein Ziel erreicht. Wofür sonst die ganze Schinderei?«

»Nein, nein, nein«, wehrte ich mich spontan, denn ich wusste noch genau, wie es war, als Dr. Kreis mir die Partnerschaft in Aussicht gestellt hatte. »Ab November haben wir Sie als Teilhaber in unserem Unternehmen vorgesehen«, hatte er mir freudig verkündet, und noch heute spüre ich den heftigen Widerstand, den schmerzenden Ruck, den diese Aussichten in mir ausgelöst hatten.

»Nein, das will ich nicht, ich will nicht diese Verbindlichkeit, diese Dauerhaftigkeit, ich will keine Hintertürchen schließen, nicht jetzt, da ist bestimmt noch mehr, was Besseres, was auch immer.«

Auch hier konnte und wollte ich meinem Verstand keinen Punkt überlassen. Zu eindeutig war mein Widerstand, mein widerstrebendes Gefühl.

Er lieferte noch viele Argumente, es war ein Sturmfeuer aus Bedenken. »Denk dran, du bist arbeitslos, wenn du zurückkommst, du machst deinen Eltern doch nur Kummer, was glaubst du, was die sich für Sorgen machen? Du sprichst nur Englisch und Deutsch. Glaubst du etwa, das reicht für die ganze Welt? Was ist mit Malaria, Dengue-Fieber, Schlangenbissen?«

Alle diese Argumente schrieb ich auf das große Blatt vor mir. Nach einer Zeit lehnte ich mich zurück und betrachtete es. »Was? Wieso stehen denn hier nur Contras?« Die Spalte mit den Gegenargumenten war gut gefüllt, die mit den »Pros« fast leer. Warum suchte mein Kopf nicht genauso eifrig nach Gründen, die *für* diese Reise sprachen? Warum tat er es nicht? Das gehört doch auch zu seinem Job!

Etwas verwirrt starrte ich auf das Stück Papier. Nur Contras, kaum Pros. Früher wäre es klar gewesen, und ich hätte mich sofort gegen die Reise entschieden; doch in dem Moment war es, als zählten alle diese Gegenargumente nicht, hätten kein Gewicht, machten mir keine Angst. Ich nahm noch einen Schluck Bier, verschränkte die Arme vor meiner Brust, schaute rüber zu Toffi, die ungewohnt still in ihrem Käfig saß und mich mit ihren großen braunen Augen ansah. Ich blickte zurück auf meine Liste, und mit einem Mal verblassten alle Argumente darauf; mein Verstand, er hörte auf, über sie nachzudenken, sie abzuwägen, sie zu bewerten, weitere zu sammeln, es war, als würde es in meinem Kopf still, und diese Stille füllte sich mit einem unbeschreiblichen Gefühl von Sicherheit und einem nicht begründbaren Wissen darüber, was jetzt zu tun ist.

Ich hatte die Lösung. Ich brauchte gar keine Pros zu sammeln, es war überflüssig, hatte sich schon längst erübrigt, denn kein Argument hätte so überzeugend sein können wie das Gefühl, das mich in diesem Moment, als ich dort vor meinem Couchtisch saß, überkam.

Irgendetwas in mir hatte schon längst entschieden und diktierte mir laut, unmissverständlich und in sehr wohlwollendem Ton, was zu tun war. Immer noch grinsend, nahm ich einen dicken, roten Filzschreiber und schrieb quer über das Blatt, was mir mit einem Mal so völlig klar, fast schon selbstverständlich war:

Just do it!
Dann strich ich alle Contras durch, ohne sie mir jemals noch einmal anzuschauen.

Ich hatte mich verführen lassen von meiner inneren Stimme, meinem Bauchgefühl. Und niemals zuvor fühlte sich eine Entscheidung so sicher, so zweifelsfrei, so unumstößlich, so einfach gut an wie diese bis dahin größte und unvernünftigste Entscheidung in meinem Leben. Am nächsten Tag rief ich Martin an und sagte zu. Kurze Zeit später saß ich im Büro von Dr. Kreis und kündigte meinen Job.

Zehn Wochen

Es waren noch zehn Wochen bis zur Abfahrt. Nicht viel Zeit, um mein gesamtes bisheriges Leben aufzulösen. Bis zur Abfahrt konnte ich noch acht Tage Urlaub nehmen, die ich mir sehr genau einteilen musste. Es gab unendlich viel zu organisieren. Ein geländegängiges Motorrad musste gekauft und mit Koffern und sonstigem Zubehör reisetauglich aufgerüstet werden. Die Wohnung war zu kündigen und zu renovieren, meine Möbel wollte ich verkaufen oder an karitative Einrichtungen verschenken, ein neuer Krankenkassentarif für lange Auslandsaufenthalte musste her, genauso wie eine Unfallversicherung und Zollpapiere für das Motorrad.

Ich war Brillenträger, Stärke −7,5, also fast blind, und wollte nicht das Risiko eingehen, irgendwo einmal tastend mit zerbrochener Brille zu stehen. So stieg ich um auf Kontaktlinsen. Mein Zahnarzt prognostizierte mir mittelfristig Probleme mit zwei Backenzähnen. Ich ließ sie gleich ziehen. Sicher ist sicher. Das Fitness-Studio war noch zu kündigen, eine günstige Kreditkarte war zu besorgen, mit der ich an jedem Geldautomaten auf der Welt Bares ziehen konnte. Sparverträge und Lebensversicherungen mussten beitragsfrei gestellt werden, denn ohne Gehalt konnte ich sie nicht bedienen. Ich brauchte einen zweiten Pass: nicht, dass die Seiten in meinem jetzigen Pass irgendwann vollgestempelt wären und ich nicht mehr weiterreisen könnte, nur weil kein Platz mehr darin wäre.

Dann die Einreiseformalitäten. Es mussten dreizehn Visa bereits in Deutschland beantragt werden, allein um sicher zu sein, dass wir auch in Länder wie Saudi-Arabien oder Pakistan einreisen konnten. Außerdem brauchte ich noch einen internationalen Führerschein. Schutzimpfungen, ja, das auch noch. Wer weiß, was für Krankheiten mich in der Welt erwarteten. Also fuhr ich etliche Male zum Gesundheitsamt nach Frankfurt und ließ mich dort gegen Tollwut, Hepatitis, Gelbfieber und Wundstarrkrampf impfen. Außerdem musste ich Toffi noch in gute Hände abgeben, doch das war kein großes Problem. »Zauberhase-70« nahm sie gerne zu sich.

Vielleicht viermal hatte ich mich mit Martin vor der Abreise getroffen, um gemeinsam zu planen und uns etwas besser kennenzulernen. Meist kam ich mit dem Zug zu ihm, und er holte mich vom Bahnhof ab. Immer noch wollte kein wirklich freundschaftliches Gefühl für ihn aufkommen, immer noch fühlte es sich eher »geschäftlich« an.

Oh, Mann, wenn das nur gut geht. Ich würde mit Martin die nächsten zwei Jahre Tag und Nacht zusammen sein, ich würde mit ihm das Zelt, die Herbergszimmer oder gar die Betten teilen, ich würde mit ihm vielleicht in schwierige Situationen geraten, wir müssten uns aufeinander verlassen können. Selbst wenn wir schon ein Leben lang die besten Freunde gewesen wären, wäre unsere Reise eine Härteprobe gewesen, doch wie würde es erst mit Martin werden, den ich erst seit ein paar Wochen kannte?

Ich verspürte den Druck, dass wir uns möglichst schnell gut verstehen mussten, dass wir uns mögen, dass wir uns viel zu erzählen hatten, dass wir uns nicht langweilig werden würden und ich glaube, ihm ging es genauso. Schon auf dem Weg vom Bahnhof zu seiner Wohnung, in diesen zwanzig Minuten, schien uns der Gesprächsstoff auszugehen. Wir saßen nebeneinander in seinem Wagen und suchten beide etwas verkrampft nach irgendetwas, über das wir reden konnten. Es war stockend. Selbst sein Humor schien mir aus einer mir völlig fremden Welt zu sein. Er lachte über Dinge, die ich nicht verstand, und wenn ich mich mal besonders witzig fand, schaute er mich nur mit großen Augen an.

Wir hatten ein gigantisches Abenteuer vor uns, könnten uns über unsere Träume und Ängste unterhalten, könnten uns erzählen, was wir uns erhofften von der Reise, was wir am liebsten tun würden, vielleicht auch, was wir beide voneinander erwarteten, wie wir uns unser Zusammenleben vorstellten, tausend Themen hätten uns verbinden können, lagen so nahe. Und was taten wir? Wir schwiegen uns an. Bis Martin mit einem Mal sagte:»Wie soll es erst unterwegs werden, wenn wir uns jetzt schon nichts zu sagen haben?« Er hatte es auf den Punkt gebracht. Ich zuckte nur mit den Schultern. Immerhin hatten wir dieses Gefühl schon mal gemeinsam.

Wir waren ein dermaßen ungleiches Paar, und dennoch gab es für mich keinen Zweifel: Zu dieser Reise will ich mit ihm und keinem anderen aufbrechen. Auch wenn er nicht mein Freund zu werden schien, auch wenn es nie so zu werden schien, wie ich mir eine solche Reise zu zweit vorgestellt hatte, mit Geschichtenerzählen am Lagerfeuer, mit gemeinsamem Lachen über die gleichen Dinge oder mit persönlichen Momenten, in denen wir uns unsere Sorgen eingestehen; auch wenn das alles nicht so sein würde und wir uns tatsächlich nichts zu sagen hätten, so gab es für mich dennoch etwas, das mir wichtiger war als all das.

Ich hatte bei jeder Begegnung, bei jedem Wiedersehen mit Martin sofort das gute Gefühl, dass ich ihm vertrauen konnte. Es war wie ein inneres Wissen, dass er mich niemals irgendwo hängen lassen würde, egal was passierte. Ich vertraute ihm, voll und ganz. Deshalb wollte ich mit ihm fahren. Weshalb Martin mit mir, so einem Greenhorn, fahren wollte, wusste ich nicht. Auch darüber haben wir nie gesprochen.

Wir legten die Route und den Zeitplan fest. Nur ganz grob. Wir wollten im ersten Jahr von Deutschland aus bis nach Vietnam kommen. »Lass uns hier untenherum fahren und nicht über die Seidenstraße«, schlug Martin vor, legte den Finger auf die Weltkarte vor uns und fuhr damit über Länder wie Österreich, Slowenien, Serbien, Kroatien, Bulgarien und die Türkei. »Die ersten sechs Länder hier liegen ja direkt vor unserer Tür. Damit sollten wir uns nicht lange aufhalten und schnell durchfahren. Die kann man auch so noch mal besuchen. Ab Georgien, da geht für mich die Reise erst so richtig los, und dann werden wir langsamer, was meinst du?«

Ich blies die Wangen auf und nickte einfach, denn so konkret hatte ich mir noch keine Gedanken gemacht. »Okay! Und dann?«

»Dann machen wir hier weiter«, und er fuhr schon deutlich langsamer mit seinem Finger über Georgien, Syrien, Jordanien, Saudi-Arabien, Katar, die Vereinigten Arabischen Emirate, Oman, Iran und Pakistan, dann Indien, Nepal, Tibet, Thailand, Kambodscha, Laos und Vietnam. Dabei murmelte er die Namen der Länder vor sich hin.

»Ja, klar, warum nicht, hört sich doch gut an!«, erwiderte ich mit einem Kopfschütteln und lachte laut, da mir noch alles so unwirklich vorkam, ich mir das alles doch noch gar nicht vorstellen konnte.

Doch bei dem Gedanken an einige der Länder wurde mir schon ein wenig mulmig. Bei Georgien und Syrien fiel mir eine instabile politische Lage ein, bei Saudi-Arabien nur Wüste, Sandpisten und Hitze, bei Iran und Pakistan kamen mir spontan Terror, Autobomben, die Taliban und ihre Heckenschützen in den Sinn, Tibet war von den Chinesen besetzt und Kambodscha klang irgendwie auch nicht freundlich.

Und dennoch, es war verrückt, irgendwie machte mir all das nicht wirklich Angst, und ich, der Sicherheitsdenker, der ewig auf alles Vorbereitete, ich konnte mir nicht erklären, warum sich nicht alles in mir sträubte, warum ich nicht in Panik geriet und warum ich nicht versuchte, Martin zu einer anderen Route zu überreden. Aber es war mir egal, ich hatte mich für diese Reise entschieden, mit allem, was dazu gehörte. Und irgendwie wusste ich: Es wird alles gut gehen.

Es dauerte nicht lange, und wir hatten uns auf einen Motorradtyp geeinigt: eine BMW F 650 GS Dakar. Es war eine nicht zu schwere Geländemaschine, eine, die man im Notfall, bei einem Sturz, auch allein wieder aufrichten konnte. Zudem war es sinnvoll, dass wir beide mit dem gleichen Motorrad unterwegs waren, so müssten wir nicht so viele Ersatzteile mitnehmen, da wir uns gegenseitig aushelfen könnten. Wir wollten uns jeder in den nächsten Wochen um eine solche BMW kümmern. Gebrauchte Maschinen, da waren wir uns einig, denn neue wären uns beide zu teuer gewesen.

Die Beantragung der Visa erledigte eine Agentur für uns, der ich unsere geplanten Zeit- und Streckenplänen sowie unsere Reisepässe zuschickte. Zwei Wochen vor der Abfahrt hatten wir alle Visa, die wir von Deutschland aus beantragen mussten, in unsere Pässe eingeklebt und eingestempelt vor uns liegen.

Wir stellten eine lange Liste dessen zusammen, was wir alles an Ausrüstung mitnehmen wollten: Zelt, Kochgeschirr, Schlafsack, Luftmatratze, Medikamente gegen Durchfall, Kopfschmerzen, Herpes, Malaria, außerdem Antibiotika, diverses Verbandszeug und was meinem Hausarzt sonst noch alles einfiel. Kontaktlinsen, Werkzeug, Ersatzteile, wie Gas- und Kupplungszüge, Ketten und Ritzel, Hebeleisen für Reifenwechsel, Ersatzkanister für Benzin, Kartenmaterial von jedem Land, durch das wir fahren wollten, Funktionsunterwäsche, eine moskitodichte Hose und noch vieles mehr.

Mein Zahnarzt meinte es besonders gut mit mir.

»Hier, nehmen Sie diese Sonden mit«, sagte er und packte mir zwei von seinen spitzen und hakigen Instrumenten ein, mit denen er mir sonst immer im Mund herumfuhrwerkte. »Die brauchen Sie, wenn Sie ihre Zähne einmal selbst behandeln müssen, und, ja hier, nehmen Sie auch noch diese beiden Tuben Zahnkleber mit, das wird helfen, wenn mal eine Krone locker wird.«

Ich schaute ihn mit großen Augen an. Ich sollte mich selbst operieren? Doch Dr. Biermann ging noch weiter.

»Ich packe Ihnen noch steriles Nähzeug ein, falls Sie sich selbst mal in der Wildnis eine offen Wunde nähen müssen, und dazu verschreibe ich Ihnen noch die stärksten Schmerzmittel, die ich kenne«, sagte er ernst und kritzelte etwas auf seinem Rezeptblock.

Entweder war er ein erfahrener Abenteurer und Weltreisender, oder er erlag gerade seiner Fantasie, was einem alles auf einer solchen Tour passieren würde. Ehrlich gesagt, ich wollte es gar nicht wissen und wartete geduldig, bis er mir mein »Rambo-Survival-Kit« geschnürt hatte, bedankte mich und eilte nach Hause, denn ich hatte noch genug damit zu tun, die von mir und Martin gemeinsam erstellte To-do-Liste abzuarbeiten.

Die Tage bis zur Abreise flogen nur so an mir vorbei. Zeit, um nachzudenken oder sich Sorgen zu machen über mögliches Heimweh, Krankheiten oder Unfälle gab es nicht. In jeder freien Minute vor, bei und nach der Arbeit wurde die Reise vorbereitet. Tagsüber telefonierte ich vom Büro aus mit dem Gesundheitsamt, mit der Visa-Agentur, mit Motorrad-Werkstätten, Outdoor-Ausstattern, Krankenkassen, Versicherungen und tausend anderen, so dass mich schon die Verwaltung auf meine ungewöhnlich hohe Telefonrechnung ansprach. Abends und nachts kümmerte ich mich um meine Wohnung, räumte sie aus, renovierte und putzte sie. Ich ging am Stock, war fertig, total am Ende mit Nerven und Kraft, doch irgendwann war es geschafft.

Und dann war er da, der Tag, an dem ich mich endgültig von meinem bisherigen Leben trennte. Noch einmal musste ich zur Firma,»auschecken«. Mein Büro wollte ich aufgeräumt und gesäubert von allem Persönlichen übergeben. Ich fuhr ein letztes Mal mit meinem Firmenwagen in die Tiefgarage und besorgte mir einen Karton, in den ich alles Private hineinlegte. Es war nicht viel. Ein paar Stifte, ein paar Unterlagen, mein Buch mit den Visitenkarten meiner Kontakte, zwei Krawatten und ein Ersatzhemd, das für den Kleckerfall immer in meinem Schrank lag ... und es gab noch das kleine Schildchen auf meinem Schreibtisch mit der Frage»Sind Sie vorbereitet?«.

Ich starrte das Schildchen an. Ich machte mich jetzt auf, um mit dem Motorrad einmal um die Welt zu fahren, und dieses Schildchen fragte mich allen Ernstes und in seiner gewohnt Art:»Sind Sie vorbereitet?«

Ich dachte daran, dass ich die meisten Sprachen der Länder, die ich bereisen wollte, nicht sprach, dass ich noch nicht mal einen Reifen wechseln konnte, dass ich noch nie offroad gefahren war, dass ich nicht wusste, wie gut mein Körper mit den fremden Viren und Bakterien klarkommen würde, dass ich nicht wusste, woran ich Malaria oder Dengue-Fieber erkennen könnte, dass ich mir noch nicht mal selbst richtig einen Verband anlegen konnte, dass ich nicht wirklich über die politische Sicherheit in den Ländern informiert war und dass ich für den Notfall nicht einmal ein Satellitentelefon dabei hatte, sondern nur ein einfaches Handy und das Nähzeug von Dr. Biermann.

»Nein, Schildchen, ich bin gar nicht vorbereitet, und weißt du was? Es macht mir nichts aus!« Das erste Mal in meinem Leben erlaubte ich mir, nicht vorbereitet zu sein und mich dennoch gut dabei zu fühlen. Ich warf das Schildchen in den Papierkorb, nahm meinen Karton und ging zur Verwaltung, um alles abzugeben, was der Firma gehörte.

Auch meinen Wagen ließ ich dort, und so lief ich die drei Kilometer zurück zu meiner Wohnung, nachdem ich den Karton mit den Überresten meiner beruflichen Vergangenheit vom nahen Postamt aus an meine Eltern geschickt hatte.

Am nächsten Tag war Wohnungsübergabe. Die letzte Nacht verbrachte ich im Schlafsack auf meiner Reiseluftmatratze auf dem Parkett meines leergeräumten Schlafzimmers. Mit dem Hausmeister hatte ich verabredet, dass ich die Wohnungsschlüssel in den Briefkasten werfe. Als es so weit war, ich mein Motorrad bepackt hatte, steckte ich meine Hand in den Briefschlitz. Noch hing der Wohnungsschlüssel an meinem Finger.

Ich zog die Hand langsam zurück und hörte, wie der Schlüssel auf den Blechboden des Kastens fiel. Als ich langsam aufblickte, spiegelte sich mein neues Zuhause bereits in den Glasscheiben der Haustür. Langsam, ganz langsam drehte ich mich um. Mein voll bepacktes Motorrad stand auf der Straße. Das war jetzt alles, was ich noch hatte.

Ich setzte mir den Helm auf und klemmte mich erstmals zwischen den Tankrucksack vorn und den auf meiner Packtasche festgezurrten Ersatzreifen hinter mir. Ein letzter Blick auf das Haus, in dem ich acht Jahre verbracht hatte. Die Nachbarin winkte mir durch ihr Küchenfenster zu. Ich holte tief Luft, bevor ich langsam die Kupplung kommen ließ. Ich war auf dem Weg zu Martin, um mit ihm am nächsten Morgen unsere Reise zu beginnen.

Die Georgische Tafel

Es war der erste Mai, als wir gemeinsam unser Abenteuer von Bonn aus starteten. Vielleicht zehn von Martins und meinen Bekannten ließen es sich nicht nehmen und begleiteten uns mit ihren Motorrädern auf den ersten zweihundert Kilometern unserer langen Reise. Seit einer halben Stunde waren wir auf der A5 Richtung Süden unterwegs. Mit einhundertzwanzig Stundenkilometern zogen wir über die Autobahn. Viel schneller ging es auch kaum mit meinem kleinen, vollgepackten »Möbelwagen«. Schwerfällig, voluminös und ungelenk brummte meine BMW mit ihrem einzigen Zylinder die Autobahn entlang.

Unsere Mitfahrer schwirrten mit ihren schlanken, gepäcklosen Motorrädern schnell um mich herum, sie überholten mich, ließen sich zurückfallen, überholten mich wieder, die Beifahrer schossen Fotos, winkten. Doch ich winkte nicht zurück, hatte keinen solchen Spaß wie sie, denn für mich würde es bald ganz anders sein. Sie würden später noch irgendwo in einem Café zusammensitzen und danach zu ihren Freunden und Familien zurückfahren. Ich hingegen wäre mit einem Mal allein mit Martin, und das für die nächsten zwei Jahre.

Dann war es so weit. Etwa auf der Höhe von Heidelberg gaben sie sich ein Zeichen zur Umkehr. Sie überholten mich erneut, dieses Mal alle zusammen, winkten noch ein letztes Mal, hupten, gaben Gas und nahmen einen Kilometer weiter die Ausfahrt. Am liebsten wäre ich ihnen in diesem Moment gefolgt, doch ich blieb auf meiner Spur und sah, wie einer nach dem anderen verschwand. Sie waren weg.

Jetzt umgaben mich nur noch Autos und andere Motorräder, deren Fahrer ich nicht kannte. Selbst Martin war für mich immer noch ein Fremder.

Kein Wunder, dass ich mich trotz seiner Gesellschaft allein fühlte, allein auf den vor mir liegenden neunundneunzigtausendachthundert Kilometern, allein in den fünfzig auf uns wartenden Ländern, unter den vielen Menschen, die ich noch unterwegs treffen würde, und auch allein mit all den Gefahren, die mir vielleicht noch bevorstanden.

»München 312 km« stand auf dem Schild neben der Autobahn. Lächerlich. »Bangkok 36712 km« wäre angemessener für das, was ich vorhatte. »Ich habe es hier mit etwas anderem zu tun als mit einem Ausflug nach München«, schoss es mir durch den Kopf. Ich wollte doch viel weiter, bis zur Türkei, durch Saudi-Arabien, Iran, Pakistan, Indien. Weiter wagte ich in dem Moment noch gar nicht zu denken.

Plötzlich war mir danach umzudrehen, nach Zuhause, nach Sicherheit, nach Planbarem und Geregeltem. Ich wollte nichts lieber als zurück an meinen Schreibtisch, arbeiten, Geld verdienen, Cabrio fahren. Das Letzte, was ich jetzt wollte, war nach Pakistan.

Ich gab Gas, wollte Martin überholen, ihn herauswinken und mit ihm darüber reden. Ich näherte mich ihm, doch als ich in seinen Windschatten eintauchte, war es so, als hätte jemand einen Schalter in mir umgelegt. Es wurde ruhig in mir, und von einer Sekunde auf die andere war zu meiner Verwunderung alles wieder gut.

Ich betrachtete Martin, wie er fest in seinem Sattel saß und scheinbar unbeirrt der Welt entgegenfuhr, so als könnte nichts und niemand ihn erschüttern. Statt der Panik und der Sorgen über all das, was noch kommen mochte, breitete sich in mir ein Gefühl der Gelassenheit aus. Mehr noch, je länger ich Martin dort vor mir sah, fühlte ich mich sicherer, und in mir stieg ein Wissen auf, dass mir auf dieser Reise nichts passieren würde. Plötzlich war jeder Gedanken daran, aufzugeben, verflogen.

Verstanden hatte ich nicht, weshalb ich mich so schnell beruhigte, doch ich hatte verstanden, dass ich Martin in diesem Moment brauchte. Ich brauchte ihn, um wirklich loszufahren, um dieses Abenteuer wirklich zu beginnen.

Ich habe ihm nie von diesem Moment erzählt.

In den folgenden Monaten erfuhr ich viel über das Reisen. So lernte ich als Erstes, Schlafplätze zu organisieren. Martin war ein Meister darin. Drei Tage nach der Abfahrt – wir waren bereits in Serbien – fuhren wir am späten Nachmittag durch viele zum Teil sehr zerfallene Dörfer. Es war Zeit, eine Unterkunft zu finden, doch Herbergen oder Hotels gab es nirgends. »Komm mal mit!«, sagte Martin, als er vor einem kleinen Restaurant, einer Pizzabude aus Brettern, vom Motorrad stieg.

Neugierig lief ich ihm nach. Er blickte sich in der Gaststätte um, entdeckte einen Tisch mit fünf oder sechs älteren serbischen Frauen, ging gradewegs auf sie zu und, unterstützt von einer Vielzahl malerischer Gesten, fragte er die Runde auf Englisch, ob jemand einen Platz zum Übernachten kenne.

Eine von den Damen erhob sich, lächelte uns zu, nickte und winkte, ihr zu folgen.

»Siehst du«, sagte Martin, »so organisiert man eine Übernachtung!«

Zugegeben, das hat er wirklich gut hinbekommen, denn als sich das Hoftor eines zerfallenen Gehöfts, zu dem wir der Frau in ihrem klapprigen Skoda nachfuhren, öffnete, stand inmitten des Hofplatzes ein nagelneues kleines Einfamilienhaus. Sie winkte uns herein und überließ uns für die Nacht ein Haus mit Kamin, Fußbodenheizung, Designerarmaturen, zwei Schlafzimmern, einer Küche, und das alles völlig unbenutzt. Eine wahre Perle inmitten eines dieser hinterletzten Dörfer in Serbien. Hut ab, Martin! Wie wir später erfuhren, hatten sie und ihr Mann das Häuschen für ihre Kinder gebaut, die jedoch studierten und das Haus noch gar nicht bezogen hatten.

Auch bei Essensbestellungen machte Martin keine halben Sachen. Immer dann, wenn wir die Speisekarte in fremder Sprache nicht lesen konnten, klappte er sie sofort wieder zu, stand auf und stiefelte in seiner schweren Motorradkluft gleich zur Küche durch, grüßte kurz den in der Regel erschrockenen Koch und begann, die Deckel der Töpfe anzuheben, um anschließend auf das zu zeigen, was für ihn am leckersten – oder manchmal am wenigsten eklig – aussah.

Es war ungewohnt für mich, wie er auf die Menschen zuging, wie er sich in Hotels immer erst die Zimmer zeigen ließ, sie inspizierte, um dann hart über den Preis zu verhandeln. Es war ungewohnt für mich, wie er einfach in die Restaurantküchen durchmarschierte oder wie er mehr oder weniger deutlich nach einer privaten Übernachtungsmöglichkeit fragte. Ich hielt ihn für grob, sein Verhalten für ungehörig, doch ich unterschätzte die Gastfreundschaft der Menschen außerhalb Deutschlands gewaltig. Niemand empörte sich, niemand wurde sauer, im Gegenteil. Zu meiner Verwunderung gab es oft ein herzliches Willkommen. Oft durften wir einfach in der Küche bleiben und dort am Herd mit der Familie zusammensitzen und essen, und oft wurden wir dann auch noch zu den Mahlzeiten eingeladen. Selbst dort, wo ich das Gefühl hatte, dass wir uns für eine Übernachtung aufdrängten, ging es immer sehr herzlich zu.

Nervig allein waren die immer gleichen drei ersten Fragen der Menschen. Aus welchem Land kommst du? Wohin fährst du? Hast du Frau und Kinder? Egal in welchem Land wir waren. Das war es, was die Menschen interessierte.

Auch Ömer interessierte das. Ömer begegneten wir am zehnten Tag unserer Reise. Österreich, Slowenien, Kroatien, Serbien, Bulgarien und auch die Türkei hatten wir schnell hinter uns gelassen und kamen in Batumi an, eine Hafenstadt am Schwarzen Meer. Wir waren in Georgien.

Wann immer wir in eine neue Stadt einfuhren, war mir danach, erst einmal an einer Stelle anzuhalten, um die Atmosphäre, den Herzschlag dieses Ortes zu spüren. So war es auch in Batumi. Wir parkten unsere Motorräder am Straßenrand eines recht ärmlich wirkenden Viertels, und Martin machte sich zu Fuß auf in eine der vielen Seitenstraßen, um eine Bleibe für die Nacht auszukundschaften. Ich blieb und gab auf die Motorräder und unser Gepäck acht.

Es war schon dunkel, und die Straßen waren nur schwach beleuchtet von dem fahlen gelbweißen Licht der wenigen noch funktionierenden Straßenlaternen. Die hohen Bürgersteige waren in schlechtem Zustand, die mächtigen, losen Steinplatten lagen herum oder fehlten ganz. Einige alte Menschen gingen langsamen Schrittes vorbei, die

Haltung gebeugt, die Gesichter geprägt von dem harten Leben in diesem Land. So zogen sie an mir vorbei, die Menschen von Batumi. Und dann, dann sah ich sie.

Ich schätzte sie auf siebzig Jahre, obwohl das bei den schon verlebten und vom oft schweren Leben gefalteten Gesichtern kaum richtig einzuschätzen war. Gebückt lief sie in ihrer dunkelvioletten Strickjacke die Straße entlang. Ein schwarzer, halblanger Rock aus dickem Filz hielt ihre Beine warm. Dunkelblau und schon an einigen Stellen geflickt waren ihre langen Wollstrümpfe, die in ihren alten und schon löchrigen braunen Lederschuhen endeten.

So kam sie mir entgegen. Sie sah mich nicht, ihr Blick war leer auf den Bürgersteig vor ihr gesenkt, ihre Schritte waren langsam, wirkten mühsam. In ihren beiden Händen vor sich hielt sie nichts als ein paar Blumen, die sie wohl von der Wiese gepflückt und zu kleinen Sträußchen gebunden hatte. Sie musste den Tag damit verbracht haben, einen Teil davon auf dem Markt oder auf der Straße zu verkaufen.

Vor mir blieb sie stehen. Sie hob den Kopf, schaute zuerst auf die Motorräder und dann auf mich. Ich glaubte in ihrem traurigen Blick einen Hauch von Verwunderung, vielleicht sogar ein leichtes Erschrecken zu erkennen, das ich nicht deuten konnte. Sie begann zu sprechen. Ich verstand sie kaum, so leise sprach sie, doch das schien ihr nicht wichtig zu sein. Sie wollte jetzt reden, und tat es. Langsam kamen die Worte über ihre trockenen, aufgesprungenen Lippen. Nichts von dem, was sie auf Georgisch oder vielleicht auch Russisch sagte, verstand ich, und dennoch bildete ich mir ein, zu wissen, wovon sie sprach.

Sie erzählte von einem Mann, von ihrem Mann. Er musste Soldat gewesen und vor langer Zeit gefallen sein. Sie sprach davon, wie nach seinem Tod alles anders, alles schlimmer geworden war. Wie wenig Geld sie und ihre zwei Kinder hatten und – was noch viel schlimmer war – wie unendlich sie ihn auch heute noch vermisste, wie sehr er doch ihr Leben war und wie sehr sie sich wünschte, ihm das noch einmal sagen zu können. Dann wurde sie still. Ihr Blick ruhte auf meiner Brust, sie sagte nichts, ich sagte nichts. Dann, ganz langsam, glitt ihr Blick nach oben, bis er den meinen traf.

Ihre traurigen, trüben Augen füllten sich mit Tränen. Schweigend stand sie vor mir, und eine Träne machte sich auf den Weg über ihre fleckige, alte Haut. Dabei lächelte sie traurig. Sie sagte nichts, schaute mich nur an. Eine zweite und ein dritte Träne rollten über ihre Wange. Sie stand einfach nur da, ich stand einfach nur da, und wir schauten uns an.

Langsam erwachte sie aus ihrer Stille, griff zu den Blumen, nahm eines von den Sträußchen und reichte es mir mit leicht zitternder Hand. Als ich meinen Arm langsam ausstreckte, um die Blumen zu nehmen, ergriff sie meine Hand, umschloss sie mit ihren Händen und beugte sich langsam nach vorn. Ihre Lippen berührten kurz meine Finger. Dann blickte sie zu mir auf, lächelte wieder und weinte gleichzeitig eine große Träne. »Sergej«, sagte sie ganz leise, und ich glaubte sie dabei gar ein wenig kichern zu hören. Nie zuvor hatte ich so viel Sanftmut und Liebe in den Augen einer alten Frau gesehen wie in diesem kurzen Moment. Sergej war vielleicht der Name ihres Mannes, des so früh gefallenen Soldaten.

Dann ließ sie mich langsam und mit immer noch zitternden Händen los, strich mir noch einmal kurz mit ihren Fingern über die Wange und ging an mir vorbei. Ich drehte mich langsam um, mein Blick folgte ihr stumm, wie sie langsam den holprigen Bürgersteig entlangging, bis ihr gebückter Körper schließlich in einer Seitengasse verschwand.

Was war das? Woher kam diese Geschichte? Ich kannte doch ihre Sprache nicht, kein einziges Wort, und doch war sie mit einem Mal da. Als wäre ihre Geschichte nicht über meinen Verstand, sondern über ein Gefühl in mich hineingelangt. Das Seltsamste war: Ihre Geschichte fühlte sich nicht neu für mich an. Ja, das war es, was mich irritierte, es war, als hätte ich ihre Lebensgeschichte schon gekannt und die Begegnung mit ihr hätte sie nur wachgerufen in mir, hätte mich an sie erinnert.

»Ich hab einen Schlafplatz«, hörte ich Martin plötzlich dicht und laut neben mir und wurde aus meinen Gedanken gerissen. An seiner Seite stand ein kleinerer, etwas untersetzter Mann.

»Das ist Ömer«, stellte Martin ihn mir vor, »wir können bei ihm übernachten. Ich habe ihn drüben vor einem Kiosk getroffen, spricht sogar ein bisschen Englisch und wohnt gleich um die Ecke.«

»Hallo Theo. Und du? Hast du Kinder?«, fragte Ömer.

»Nein, habe ich nicht«, antwortete ich, »die mache ich, wenn ich wieder zu Hause bin.«

Am nächsten Tag setzten wir unsere lange Reise fort. Wir hatten etwas mehr als viertausend unserer geplanten hunderttausend Kilometer hinter uns, als wir Batumi verließen und bald darauf in Tiflis oder Tbilissi, wie die Georgier ihre Hauptstadt nennen, einfuhren. Spätestens hier merkten wir beide, dass sich unsere Pobacken noch an die Sattelform gewöhnen mussten. Ein wenig wundgescheuert waren sie, und so wollten wir ihnen und uns ein paar Tage Ruhe gönnen.

Ein gutes, aber vor allem günstiges Hotel war schnell gefunden. Günstig musste es sein, denn ich hatte mir nur vierzig Euro pro Tag als Budgetrahmen für die gesamte

Reise gesetzt. Das musste reichen für Unterkunft, Benzin, Essen, Reparaturen, einfach für alles, was anfallen würde. Bislang ging die Rechnung auf, da Benzin und Übernachtungen in den meisten der bisherigen Länder erheblich günstiger waren als in Deutschland. Zwanzig Euro kostete unser Zimmer in der Innenstadt von Tiflis, und das war für unsere Verhältnisse schon recht teuer.

Ich hatte schon mein gesamtes Gepäck vom Motorrad in unser großes Doppelzimmer geräumt, meine verstaubten T-Shirts, Socken und Unterhosen im Waschbecken mit der verfügbaren Flüssigseife durchgewaschen und anschließend an den Fensterläden aufgehängt, als Martin mit unseren Pässen von der Rezeption zurückkam und mit seinen schweren Motorradkoffern ins Zimmer polterte.

»Komm, Martin, ich hab Hunger. Lass uns hier mal ein ordentliches Stück Fleisch in der Hotelküche bestellen«, sagte ich, als mir mein Magen mit unüberhörbarem Knurren beipflichtete.

Martin ging es ähnlich, und kurze Zeit später saßen wir in dem kleinen terrassenartig angelegten Garten des Hotels und machten uns über ein saftiges Rindersteak her, zu dem wir ein paar georgische Biere tranken.

»Ich zieh morgen los, um mir ein paar Kirchen und Ruinen hier anzuschauen«, meinte Martin.

»Ja, mach das, aber bitte ohne mich. Ich weiß nicht, was an alten Kirchen und Gemäuern so spannend sein kann. Ich bleib hier. Mach du, was du willst.«

Mir kamen Martins Ambitionen ganz recht, denn einmal ein Tag nur für mich, ohne ihn um mich herum, tat mir bestimmt auch mal ganz gut.

So schlenderte ich am nächsten Morgen allein durch die Innenstadt von Tiflis. Kaum war ich in der Altstadt, durchzog ein köstlicher Kaffeeduft aus einem der edleren, sehr europäisch eingerichteten Cafés zu mir herüber. Ich konnte einfach nicht wiederstehen nach den vielen Tagen wirklich üblen Kaffees auf unserem Weg. Die Tasse Kaffee kostete zwei Euro, was schon fünf Prozent meines Tagesbudgets ausmachte; dennoch suchte ich mir einen sonnigen Platz und bestellte einen großen Cappuccino mit einem Muffin.

Ich beobachtete einige Geschäftsleute, wie sie in ihren feinen Anzügen am Nachbartisch über irgendwelche Preislisten gebeugt waren, heftig diskutierten und anschließend begannen, wild in ihren übervollen Terminkalendern zu blättern, nur um noch weitere Termine hineinzuquetschen.

Ich schloss die Augen, ließ mein Gesicht von den Sonnenstrahlen wärmen und musste schmunzeln. Vor ein paar Wochen ging es mir noch genauso, da war ich auch einer von denen. Ein schnelles Mittagessen, dabei Gespräche über Akquisitionen und Projektfortschritte und in der Tasche ein voller Terminkalender.

Aber was wäre, überlegte ich, wenn ich jetzt einen Terminkalender hätte, was würde ich dort eintragen? Mir fiel nichts ein. Es gab keine Geschäftstermine mehr, aber nicht nur die nicht, es gab auch keine Geburtstage, Familienfeiern, Valentinstage, keine Zahnarzt- oder Friseurtermine, keine Abgabetermine, die eingehalten werden mussten, keine Anrufe, die ich noch erledigen müsste, nein, nichts davon gab es.

Für heute hatte ich nichts vor. Auch für morgen nicht und auch nicht für die nächsten zwei Jahre. Nichts, nur reisen, nur schauen, nur das tun, was ich wollte. Entspannt breitete ich meine Arme rechts und links auf der Rückenlehne der Bank aus, schloss die Augen, ließ das helle Licht der Sonne rot und warm durch meine Lider dringen und sog die Frühsommerluft tief in mich hinein.

Dann, mit dem nächsten Atemzug, wurde es seltsam leicht in meiner Brust. Völlig schwerelos füllten sich meine Lungen wie von selbst randvoll mit frischer Luft, und es war, als fluteten sie auch meinen Bauch, meine Arme und meine Beine mit ihrer Schwerelosigkeit, so dass sich in meinem ganzen Körper ein unsagbar leichtes Gefühl von Freiheit ausbreitete.

Jetzt erst merkte ich, woher es kam, jetzt erst realisierte ich, dass die steinige Mauer aus Verpflichtungen, Terminen und vor allem Erwartungen, die mich jahrelang umgeben hatte, zusammengebrochen war und es das war, was mir das unbeschreibliche Gefühl der Freiheit verschaffte.

Niemand erwartete mehr von mir, dass ich eine Rolle einnehme, denn hier, auf der Reise, gab es sie nicht mehr, die Rolle des Beraters, des Kollegen, des Sohns, des Clubmitglieds, des Freundes. Ich war außer Reichweite, hatte mich verabschiedet, keiner rechnete mehr mit mir. Ich musste nicht pünktlich sein zu einem Termin, musste keine Leistung erbringen, mich vor niemanden für irgendetwas rechtfertigen, musste zu keiner Geburtstagsfeier, zu der ich nicht wollte, und musste keine Freunde anrufen, nur weil es wieder mal Zeit wurde.

Hier auf der Reise war ich frei von alledem. Ich musste mich nicht mehr an ein vorgegebenes Drehbuch halten.

Doch war es wirklich so? Fühlte ich mich frei, weil ich jetzt tun konnte, was ich wollte? Was wollte ich denn tun? Mir fiel gar nichts ein, was ich unbedingt tun wollte, wozu ich diese Freiheit brauchte.

Und dann erst wurde mir hier in diesem Café in Tiflis klar: Ich brauchte keine Weltreise, um mich wirklich frei zu fühlen. Denn wirkliche Freiheit besteht nicht darin, endlich tun zu können, was ich will, sondern nicht tun zu müssen, was ich nicht will.

Am nächsten Morgen erzählte mir Martin, dass er auf seiner Tour durch die Kirchen zufällig Kathia und Sigrid kennengelernt habe. »Die sind total in Ordnung«, erklärte er mir. »Sie kommen gleich hier vorbei und wollen uns das Umland von Tiflis zeigen. Komm mit, wenn du willst.«

Kurz darauf hielt ein klappriger Golf mit den angekündigten Damen darin vor dem Hotel. Sigrid war Deutsche und vor ein paar Tagen aus Hamburg angereist. Ich schätzte sie auf etwa sechzig Jahre, sie war vollschlank, hatte schneeweißes Haar, trug knallroten, großzügig aufgetragenen Lippenstift, versprühte eine enorme Lebensenergie, hatte ständig gute Laune und wirbelte hier für ein paar Tage durch Tiflis, um ein kleines, von ihr gegründetes Kinderhilfsprojekt zu besuchen. Kathia war ihre Freundin, eine Georgierin mit braunen langen Haaren und braunen Augen, etwa fünfunddreißig und Deutschlehrerin an einer Militärakademie.

»Ich wollte, meine Schüler hätten so viel Power im Unterricht wie die Sigrid!«, lachte Kathia, als Sigrid ein Feuerwerk von Vorschlägen abbrannte, wohin wir alles fahren könnten. Dabei zwinkerte Kathia mir zu, um anzudeuten, dass auch ihr Sigrids Unternehmungslust manchmal etwas zu viel war.

In Kathias uralter Kiste schaukelten wir bald schon über die schlechten Straßen einigen verfallenen Schlössern und Klöstern entgegen. »Alles historisch wichtige Plätze!«, erklärte Sigrid begeistert mit leuchtenden Augen und nicht ohne Stolz in der Stimme auf das, was »ihr« Land zu bieten hatte.

Fast drei Stunden waren wir unterwegs, und mehr und mehr Ruinen, historische Brücken und Wandmalereien bekam ich zu Gesicht. Alles war »ganz nett«, doch historische Daten und die Geschichten von früher langweilten mich schnell. Geschichten von heute, wie heute hier gelebt wird, was die Menschen jetzt bewegt, das mochte ich lieber. »Was haltet ihr von einer Pause in einem Biergarten?«, fragte Kathia gegen Mittag endlich.

»Gut, Kathia, sehr gut!«, strahlte ich ihr entgegen und hoffte auf Erlösung. »Vielleicht kennst du einen, den die Touristen noch nicht ausfindig gemacht haben. So eine richtig typische georgische Kneipe.«

»Ja, so eine gibt es. Ist nicht weit weg«, sagte sie, wendete auf der Stelle ihr Auto und holperte mit uns über ein paar Feldwege. Eine Viertelstunde später kamen wir an einen Ort, der Ähnlichkeit mit einem deutschen Biergarten hatte. Und hier begegnete ich Achiko.

Er saß an einem Tisch zusammen mit vielleicht zwanzig anderen Männern und Frauen. Alles Kollegen, die zusammen in einer Spezialeinheit der Polizei in Tiflis arbeiteten. Sie feierten die Beförderung von zwei Kollegen, wie uns Kathia später übersetzte. Der Tisch war übersät mit Flaschen, Gläsern, Tellern, Töpfen, und die Stimmung war ausgelassen.

Achiko entdeckte uns, als wir uns nach einem freien Tisch umschauten. Er stand auf, winkte uns herbei und forderte uns auf, bei ihnen Platz zu nehmen. Mit einem einladenden Lachen rückten seine Kollegen für uns zusammen, so dass ich Achiko genau gegenübersaß.

Überhaupt saß ich das erste Mal an einer »Georgischen Tafel«. Die Georgische Tafel ist eine besondere Art zu feiern. Man bestimmt einen Tamada, der als »Tischherr« die Feier leitet und dessen Aufgabe es ist, ständig sein immer wieder mit Tschatscha gefülltes Schnapsglas zu erheben und es mit einem Trinkspruch, einem *Sadregrzelo*, auf Georgien, den Frieden, die Familie, die Liebe, die Hoffnung, die Frauen, die Helden, die Heimat, die Vergangenheit oder die Zukunft zu leeren. Zu den Aufgaben des Tamada gehörte auch, die anderen an der Tafel zum Mitmachen aufzufordern, so dass immer wieder ein neuer Trinkspruch zu hören war, nickend zugestimmt und natürlich getrunken wurde.

»Tschatscha«, erklärte mir Kathia, »ist ein aus Früchtetrester gebranntes starkes Gesöff. Den Kater morgen wirst du am besten wieder los mit einer Brühe aus Pansen und Knoblauch.«

Mit gequältem Gesicht stellte ich mir gerade den Geschmack dieser Brühe vor, als ich bemerkte, dass Achiko mich schon eine Weile genauer zu beobachten schien. Als sich unsere Blicke trafen, hellte sich sein Gesicht auf, und er begann zu erzählen und zu fragen. Wie denken die Deutschen über ihre Polizei? Leben deine Eltern noch? Was machen deine Geschwister? Was führt dich nach Tiflis? Und natürlich: »Warum hast du noch keine Kinder?«

Er wollte alles wissen, und Kathia übersetzte geduldig meine langen Antworten. Ich hätte ihm gern direkt geantwortet, denn Achiko strahlte ein unglaubliches Interesse aus, konnte sich so sehr auf mich einlassen und ich mich auf ihn. Es war, als würde ich ihn schon ewig kennen.

Seit vielen Jahren war er schon bei der Polizei. Er war verheiratet und hatte zwei kleine Töchter, von denen er mit Stolz erzählte. Er genoss offensichtlich den Respekt seiner Kollegen und war ein Mann mit Ausstrahlung, einer, der etwas zu sagen hatte. Ich fühlte mich geehrt, hier so herzlich aufgenommen zu werden und ihm gegenüberzusitzen.

Wir hatten schon ein paar Tschatschas hinter uns, als Achiko in die Brusttasche seines rotkarierten Hemdes griff und ein kleines, vielleicht sechs mal acht Zentimeter großes Holztäfelchen herauszog. Darauf war etwas abgewetzt der heilige Georg zu erkennen, Drachentöter und Schutzpatron der Georgier.

»Den heiligen Georg hier habe ich von meinem Vater bekommen, als ich auf die Polizeischule ging. Er meinte, dass der Beruf gefährlich ist, dass mich der heilige Georg immer beschützen wird und ich ihn immer bei mir tragen soll«, übersetzte mir Kathia, während Achiko mit seinen Fingern fast schon liebevoll über das kleine Täfelchen strich.

»Viele Jahre ist das schon her, und es ist seither kein Tag vergangen, an dem ich dieses Täfelchen nicht bei mir hatte. Siehst du, selbst heute habe ich es hier mit mir«, fuhr er fort.»Ich habe es immer dabei, und ich glaube, dass es mich schützt. Es ist in all den Jahren nie etwas passiert.«

Dann wurde er für einen kurzen Moment still, blickte auf und sah mir in die Augen.»Ich möchte«, sprach er weiter,»dass du dieses Täfelchen mitnimmst auf deine Reise. Ich möchte, dass es dich beschützt vor all den Gefahren, die vielleicht noch auf deiner Reise auf dich warten. Ich glaube, ich kann mittlerweile sehr gut selbst auf mich aufpassen.«

Mit allem hatte ich gerechnet, doch nicht damit. Nein, das kann ich nicht annehmen, durchzuckte es mich, das geht nicht. Wie konnte er dieses Täfelchen, das er so lange bei sich getragen hatte und an dessen Schutz er glaubte, wie konnte er es so einfach weggeben an einen Fremden, an einen, den er erst eine halbe Stunde zuvor kennengelernt hatte. Ich würde morgen wieder weg sein und er würde nie wieder etwas von mir hören. Warum nur wollte er das tun?

Es sträubte sich alles in mir, dieses Geschenk anzunehmen, es war viel zu groß, viel zu bedeutsam für mich, für unsere kurze Bekanntschaft. Ich lehnte ab, sagte ihm, dass ich es nicht annehmen könne, dass das Täfelchen viel zu wertvoll sei und sein Vater es vielleicht auch nicht gewollt hätte. Achiko schwieg, hielt mir das Täfelchen hin und schaute mich lange und ernst an.

Sein entschlossener Blick verunsicherte mich. Ich wusste nicht, was ich tun sollte, bis Kathia von der Seite zischte: »Nimm es! Du musst es nehmen! Du musst!« Ihre Nachdrücklichkeit erschreckte mich. Vielleicht durfte ich etwas so Persönliches nicht ablehnen, vielleicht gehörte es sich nicht, war beleidigend? Und Achiko zu beleidigen war das Letzte, was ich wollte.

Zögerlich streckte ich die Hand aus. Als ich das Täfelchen nehmen wollte, glaubte ich zu spüren, wie schwer es ihm fiel, loszulassen. Völlig ergriffen saß ich dort mit meinem Täfelchen in der Hand zwischen Tschatscha-Flaschen und Suppentassen. Um mich herum ging die Feier weiter, und wie aus der Ferne hörte ich die Stimme des Tamada. Schließlich stieß mich Kathia an: »He! Träum nicht, du bist dran, er will, das du was sagst.«

Ich war noch getragen von einer fast seligen Stimmung, als ich mich langsam erhob. In diesem Moment wusste ich nicht, was ich sagen sollte, ich war nicht darauf vorbereitet, etwas zu sagen, aber es machte mich nicht einmal nervös. Ich stand einfach am Tisch mit meinem Täfelchen in der Hand, um mich herum wurde es still, und mein Mund begann wie von selbst zu reden, die Worte kamen einfach, ohne dass ich darüber nachdenken musste.

Auch wenn ich mich heute nicht mehr genau an alles, was ich sagte, erinnere, dann doch aber an den Schluss meiner kleinen Ansprache. Ich sagte: »Selbst wenn ich meine Weltreise aus irgendeinem Grunde jetzt und hier in Georgien nach nur ein paar Wochen beenden müsste, dann könnte ich heute nach der Begegnung mit euch schon sagen, dass sie es wert war, sie je angetreten zu haben.«

Die Menschen am Tisch schauten mich an, lauschten still, auch wenn sie nichts von dem verstanden, was ich auf Deutsch sagte. Nachdem ich fertig war und mich gesetzt hatte, schwiegen sie noch ein paar Sekunden, bevor sie klatschten und das Glas erhoben. Dann erst übersetzte Kathia.

Mir kam es vor, als hätten sie mich auch ohne Übersetzung verstanden, so, als hätte ich in einer Sprache geredet, die nicht für ihren Verstand, sondern für ihre Herzen bestimmt war. Vielleicht war es die Sprache, in der auch die Blumenfrau zu mir geredet hatte, vielleicht gibt es so etwas wie eine »universelle Sprache« in dieser Welt, eine Sprache, die nichts mit unserem Kopf und unseren Kenntnissen zu tun hat, sondern in der unsere Seelen direkt miteinander verbunden sind.

Als ich zwei Jahre und drei Monate später von meiner Reise wieder zurück in Deutschland war, nahm ich das Täfelchen aus meinem Tankrucksack, wo ich es immer in der kleinen Seitentasche aufbewahrte, und fand dabei einen Zettel, auf dem Achiko mir damals die Telefonnummer seiner Dienststelle notiert hatte, falls ich mal seine Hilfe brauchte.

Ich wollte ihn anrufen, ihm sagen, dass »Georg« gut auf mich aufgepasst hatte und ich ihm das Täfelchen gerne wieder zurückgeben möchte, denn schließlich hatte es seine Aufgabe, für die es mir überlassen wurde, gut erfüllt. Es sollte wieder auf Achiko aufpassen, so wie es sein Vater gewollt hatte.

Ich wählte die Nummer, landete bei einer Dame, die etwas Englisch sprach, und fragte nach Achiko. Sie schien zu wissen, von wem ich redete, zögerte etwas, bis sie mir schließlich sagte: »Achiko ... er ist nicht da.«

Ich fragte: »Wo ist er? Wann kann ich ihn erreichen?«

Die Stimme am Telefon wurde leiser und wiederholte »Achiko ist nicht da, er arbeitet hier nicht mehr, er ist vor einiger Zeit bei einem Verkehrsunfall ums Leben gekommen. Es tut mir leid.« Dann wurde die Verbindung unterbrochen.

Wie gelähmt von dieser Nachricht, war ich nicht in der Lage aufzulegen. Leise tutete der Hörer vor mir auf dem Schreibtisch. Das Täfelchen in meiner Hand wurde plötzlich ganz schwer. Ich dachte an den Tag, an dem Achiko es mir mit leichtem Zögern überreichte, und fühlte mich jetzt so schuldig. Ich hätte es nicht annehmen dürfen, hätte Nein sagen sollen. Ich hielt dieses Stückchen Holz in der Hand und es schien, als blickte mich der heilige Georg mit strafenden Augen daraus an. Mir war unheimlich zumute.

Hatte ich mir etwas vorzuwerfen? Trug ich vielleicht Mitschuld an seinem Tod, weil ich das Täfelchen genommen hatte? Kann ein solches Stückchen Holz wirklich das Schicksal eines Menschen bestimmen, oder ist es auch nur Bestandteil seines Schicksals? Vielleicht gibt es auch kein Schicksal, keine Vorbestimmung, und alles ist doch nur Zufall. Tausend Fragen schossen mir durch den Kopf. Tausend Fragen, die ich damals nicht beantworten konnte, vielleicht nicht beantworten wollte.

Doch egal wie die Antwort wäre, tröstete ich mich, bei einem war ich sicher: Es war Achikos Wunsch, dass ich es tragen und es mich beschützt sollte. Und genau das hat es getan.

Der Zufall

Zehn Tage verbrachten wir in Tiflis. Kathia und Sigrid kamen am Abfahrtsmorgen zum Hotel, umarmten uns herzlich zum Abschied und wünschten uns alles erdenkliche Glück.

»Ich hoffe, wir sehen uns ganz bald wieder«, sagte Sigrid, als wir die Maschinen starteten und in Richtung türkische Grenze aufbrachen. Dabei ahnte Sigrid noch nicht, wie schnell ihr Wunsch in Erfüllung gehen sollte.

Gern wären wir noch ein paar Tage geblieben, doch die Einfuhrpapiere für unsere Motorräder erlaubten nicht, auch nur einen einzigen Tag länger in Georgien zu bleiben. Wir mussten genau an diesem Tag bis Mitternacht das Land verlassen haben, sonst war eine Strafe von 700 US-Dollar je Motorrad zu bezahlen. Eine ganz Menge Geld, also sahen wir zu, dass wir außer Landes kamen. Geplant war noch einmal eine kurze Strecke durch die Türkei und dann wollten wir Richtung Süden, nach Syrien.

Gegen vier Uhr am Nachmittag erreichten wir die georgisch-türkische Grenzanlage. Etwas verlassen lag sie und war nur über ein paar Feldwege zu erreichen. Es gab eine große Abfertigungshalle, in der niemand anders war als vier Zöllner in Uniform, die sich die Zeit mit Kartenspielen vertrieben. Wahrscheinlich hatten sie schon ewig keine »Kundschaft« mehr gehabt. Als wir mit den Motorrädern in die Halle fuhren, setzten sie ihre Dienstmützen auf, richteten ihre Uniformen und rückten ihre Pistolen zurecht, bedeuteten uns, wo wir anhalten sollten, und verlangten sofort mit ernstem Gesicht und ohne zu grüßen unsere Papiere.

Ganz genau schauten sie sich alle Dokumente an. Reisepass, Visa, Einfuhrgenehmigung, Fahrzeugschein, Versicherungsschein, Garantieerklärung, Kennzeichen, selbst die Rahmennummer der Motorräder glichen sie mit den Papieren ab. Ein grimmig dreinschauender Beamter, der mit den meisten Streifen auf der Schulter, kam nach der Inspektion auf uns zu. Verständliches Englisch sprach er nicht, stattdessen fuchtelte er mit den Händen herum, zeigte abwechselnd auf unsere Papiere und in die Richtung, aus der wir kamen. Dabei grunzte er so etwas wie »Here, no. Go to Sadakhlo, only Armenia.« Erst nachdem er es zweimal lautstark wiederholt hatte, begriff ich mit leichter Blässe im Gesicht, was er uns sagen wollte.

»Scheiße, Martin, der lässt uns hier nicht raus«, sagte ich, »in den Dokumenten steht angeblich, dass wir nur über Armenien ausreisen dürfen. Ich kann das hier nicht prüfen, ist alles auf Georgisch geschrieben. Schau doch mal bitte auf der Karte nach, wie weit es bis zu diesem Sadakhlo ist.«

Während Martin in der Straßenkarte blätterte, meldete sich unser Oberzöllner wieder: »Here no! Go to Sadakhlo!«, wiederholte er den anscheinend einzigen Satz, den er auf Englisch konnte, und zeigte erneut und nachdrücklicher in die Richtung, aus der wir kamen.

»Sadakhlo …?«, sagte Martin und rollte mit den Augen. »Das sind etwa dreihundert Kilometer Landstraße von hier. Bald wird es dunkel, dann können wir nur langsam fahren. Ich schätze, wir brauchen dafür noch mal fünf oder sechs Stunden. Wenn wir das nicht schaffen … Bingo, dann sind tausendvierhundert Dollar weg.«

»No, no, no!«, rief ich energisch den Zöllnern zu, die mittlerweile alle um uns herumstanden. »He, kommt, Leute, wir müssen Georgien bis Mitternacht verlassen, sonst wird es teuer für uns, versteht ihr?«, erklärte ich fast schon verzweifelt und deutete in den Dokumenten auf die Stelle, an der ich *700 USD* lesen konnte.

»I know«, sagte der Oberbeamte mit einem feisten Grinsen im Gesicht und verschränkte die Arme vor der Brust. »Go to Sadakhlo!«

Ich war sicher, er hätte uns durchlassen können, wenn er denn gewollt hätte. Doch er schien Spaß an diesem Machtspielchen zu haben.

Die Zeit spielte klar gegen uns, dennoch diskutierten wir weiter und hofften, doch noch ausreisen zu können. Ich bot ihnen Zigaretten an, überredete sie, mit Achiko zu telefonieren, doch auch er konnte sie anscheinend nicht überzeugen.

Es war bereits kurz vor sechs Uhr, als wir schließlich einen 50-Euro-Schein falteten, in meinen Pass legten und dem Chef das Dokument herüberreichten. Ungefährlich war das nicht, hatten wir doch mit Bestechungsversuchen noch so gar keine Erfahrung. Der Beamte nahm überrascht das bereits kontrollierte Dokument erneut in die Hände, blätterte darin herum, sah den Schein, lächelte, klappte den Pass wieder zu, gab alles an uns zurück und sagte mit gleichgültiger Mine und tiefer ernster Stimme: »Go to Sadakhlo, it is time!«

»Hier ist nix mehr zu machen, Martin«, gab ich auf. »Komm, lass den Arsch und lass uns versuchen, dass wir es bis Mitternacht zu diesem Sadakhlo schaffen, auch wenn es knapp wird.«

Martin war einverstanden. Schon etwas erschöpft von fünf Stunden Fahrt, traten wir den langen Rückzug an. Beim Verlassen der Abfertigungshalle sah ich noch im Rückspiegel, wie die vier Beamten nebeneinanderstanden, unsere Zigaretten rauchten, feixten und uns hinterherwinkten. Scheißkerle!

Der Weg nach Sadakhlo führte über Tiflis. Bis zur Hauptstadt war der Weg einfach zu finden, er war gut beschildert, doch danach sollte unser Weg laut Karte nur noch durch schlecht ausgeschilderte Dörfer bis zur Grenze führen. Davor grauste mir schon, denn bei Nacht konnten wir nur langsam über die schlechten Landstraßen vorwärts kommen und würden unsere Straßenkarte vor uns auf unserem unbeleuchteten Tankrucksack kaum sehen können. Wir müssten bei jedem Blick auf die Karte anhalten. Das würde Zeit kosten.

Allein die Strecke nach Tiflis zog sich, und die Zeit rannte uns nur so davon. Stunde um Stunde verstrich, eine Pause gönnten wir uns nicht. Gegen zehn Uhr abends waren wir wieder völlig übermüdet und verstaubt in der Hauptstadt. Wie gern wäre ich jetzt zurück in unser Hotel gefahren und hätte mich einfach ins Bett gelegt, doch es half nichts, 1400 US-Dollar Strafe saßen uns im Nacken, wir mussten weiter.

An einer Ampelkreuzung irgendwo mitten in Tiflis schaffte es Martin noch bei Grün hinüber, doch ich entschied mich, an der gerade auf Rot umspringenden Ampel zu halten. Völlig fertig legte ich meinen müden Kopf auf den Tankrucksack vor mir und wünschte mir nur, dass das heute gut ausgeht. In dem Moment hielt gleich neben mir ein älterer Mercedes an der Ampel. Ich wurde erst auf ihn aufmerksam, als die Scheibe auf der Beifahrerseite mit einem leichten Surren herunterfuhr. Ich blickte nach links und traute meinen Augen nicht. Nein, das konnte nicht sein. Das gibt es doch nicht. Ich war wieder hellwach. Es war das Gesicht von Sigrid, das mir aus dem Mercedes verwundert entgegenstrahlte.

»Was macht ihr denn hier? Ich denke, ihr müsst um Mitternacht hier raus sein?«, rief sie zu mir herüber.

Ich konnte kaum antworten, so verwirrt und gleichzeitig so erleichtert war ich, sie zu sehen. Ich hätte sie auf der Stelle aus dem Auto zerren und küssen können, so froh war ich, ihr Lachen zu sehen.

Martin wartete in einer Haltebucht hinter der Kreuzung auf mich. Dort endlich konnte ich Sigrid in den Arm nehmen und erklärte ihr, was uns passiert war.

»Keine Frage, wir bringen euch zur Grenze, ist doch klar!«, sagte sie in aller Selbstverständlichkeit. »Timo hier ist mein Freund, der kennt sich aus. Timo, was meinst du, schaffen wir das bis Mitternacht nach Sadakhlo?«

»Ja, vielleicht«, antwortete Timo kurz und nickte zuversichtlich.

»Ja, dann los!«, rief Sigrid. »Wir fahren vor, so schnell es geht, und ihr hinterher. Bleibt immer dicht hinter uns, damit wir euch nicht verlieren.«

Ich konnte mein Glück einfach nicht fassen. Tiflis hat über eine Million Einwohner. Und in dieser Stadt kannte ich gerade einmal eine Handvoll Menschen. Und wie wahrscheinlich war es, dass ich ausgerechnet in dieser Nacht, in dieser Minute an einer roten Ampel irgendwo in dieser Metropole genau neben Sigrid zu stehen kam? Nicht ein Auto davor oder dahinter, sondern genau neben mir hielten sie. Auch hätte es nicht eine Ampelphase früher oder später sein dürfen, sonst hätten wir uns verpasst. Wie wahrscheinlich war das nur?

Ich raste hinter dem Mercedes her und konnte das alles nicht glauben. Das war kein Zufall, das konnte keiner sein, nein, so einen Zufall gab es nicht, das konnte, das wollte ich in diesem Moment nicht glauben. Es musste irgendetwas oder irgendjemanden geben, der das arrangiert hatte für uns, einer, der nicht müde wurde, uns zu beobachten und uns genau das brachte, was wir in dem Augenblick brauchten.

Es war ein etwas unheimliches Gefühl, dies so zu glauben, und doch war es gleichzeitig so unendlich tröstlich, einfach davon auszugehen, dass es so etwas wie Schutzengel gab, die mit uns fuhren.

Wir rasten weiter durch die Nacht. Timo schaltete das Fernlicht ein, so dass wir die vielen Schlaglöcher besser erkennen und dadurch schneller fahren konnten. Es war nicht einfach zu finden. Selbst Timo verfuhr sich zweimal und musste in den Dörfern nach dem Weg fragen. Die Uhr tickte, es war schon zwanzig nach elf. Hoffentlich sind wir bald da! Halb zwölf, und Timo hielt noch einmal an, um nach dem Weg zu fragen. Wie weit sollte dieses Scheiß-Sadakhlo denn noch weg sein?

Dann endlich, es war schon viertel vor zwölf, ein Schlagbaum. Die Grenze war erreicht. Tränen der Erleichterung schossen mir in die Augen. Timo stieg sofort aus und rannte zu den Zöllnern, um sie zu informieren. Gerade hatten wir unsere Helme abgezogen, da kam er schon mit einer Dame vom Zoll wieder, die uns winkend aufforderte, sofort mitzukommen. Es seien noch einige Formalitäten zu regeln, bevor es den Stempel gebe, und der müsse vor Mitternacht im Pass sein. Ich hatte nicht mal mehr Zeit, mich bei Sigrid richtig zu bedanken. Ich umarmte sie nur kurz, küsste sie ganz fest auf die Wange und lief rüber zu meinem Motorrad, um es in die Grenzanlage zu fahren.

Es war kurz vor zwölf, als ich mit Martin an dem Zollhäuschen stand. Müde lehnte ich meinen Kopf an die Glasscheibe und war einfach nur glücklich darüber, wie alles gekommen war an diesem Tag. Ich beobachtete Martin vor mir, der fingertrommelnd und ungeduldig wartete, bis die Beamtin ihre Arbeit getan hatte. Dann drückte sie uns kurz vor Mitternacht mit einem lauten »Rums« den Ausreisestempel in die Dokumente. Wir hatten es geschafft.

Ich erzählte der Zöllnerin von unserem Erlebnis an der anderen Grenze, und sie zeigte sich sehr erstaunt. »Die hätten nur hier anrufen müssen, dann hätten wir den Ausreiseort getauscht, wäre kein Problem gewesen. Aber die Kollegen wussten das wohl nicht«, erwiderte sie.

»Was für ein Scheiß-Tag. Warum hat uns der Typ nur nicht in die Türkei ausreisen lassen? Alles Schikane, der wollte nur nicht?«, fluchte Martin leise, als er die Uhrzeit auf dem Ausreisestempel prüfte.

»Martin«, erwiderte ich, »Martin, nein, das war ein absolut guter Tag, und weißt du was? Ich glaube, irgendeine höhere Macht hat Spaß an unserer Weltreise.«

Martin erwiderte nichts und ging schweigend zu seinem Motorrad. Ich packte meine Dokumente in den Tankrucksack, gleich neben Achikos Täfelchen, und folgte Martin hinüber zum armenischen Zoll. Die Einreise dort verlief ohne Schwierigkeiten. Gleich hinter dem Schlagbaum, keine 200 Meter weit, sah ich ein großes Schild an einem neuen Gebäude leuchten. »Hotel« stand in großen Lettern darauf. Genau das, was wir beide jetzt so dringend brauchten.

Die Optiker

Ich liebte es, auf guten Straßen dahinzurollen, wie wir es ausgiebig in den nächsten Wochen bei unserer Fahrt durch Syrien und Jordanien, durch Saudi-Arabien, durch Katar, Oman und durch die Vereinigten Arabischen Emirate tun konnten. Ich liebte es, wenn die Menschen, die Dörfer, die vielen unbekannten Gerüche, die Natur langsam an mir vorbeizogen, und ich liebte die Freiheit, alles einfach nur betrachten zu können, ohne dabei einen Auftrag zu haben, ohne dabei etwas tun zu müssen, ohne ein Ziel zu verfolgen, ohne irgendeine Absicht. Einfach nur fahren und betrachten, einfach nur schauen, wie in einem Kinofilm, den ich mit allen Sinnen erleben durfte.

Ob Martin das ähnlich empfand oder ob ihn das tagelange Fahren gar langweilte? Ich wusste es nicht. Doch in einem war ich mir sicher. Ihm reichte es nicht, nur um die Welt zu fahren, er brauchte das Abenteuer. Viel mehr, als ich es brauchte. Und dazu gehörte auch das Offroad-Fahren, also das Fahren auf Schotterpisten, Schlammstraßen oder Sandwegen, etwas, mit dem Martin immer liebäugelte, worauf er aber aus Rücksicht auf mich verzichtete.

So fand die Spam-Mail, die Martin eines Tages in seinem Postfach fand, auch genau den richtigen Adressaten. In der Mail bot man ihm die Teilnahme an der »9th Himalayan Raid« an, einer traditionellen mehrtägigen Auto- und Motorradrallye in den Bergen Nordindiens. Er war sofort Feuer und Flamme. Ich, als Schönwetterfahrer, der sich zudem Gedanken machte, ob das Motorrad die Weltreise selbst bei pfleglichem Gebrauch überstehen würde, war deutlich weniger euphorisch.

»Und, bist du auch dabei?«, fragte er mich, während er auf dem Bildschirm starrte und bereits online die Anmeldeformulare dafür ausfüllte. »Es geht 1.800 Kilometer offroad durch die Berge. Von Shimla über Leh in Ladakh bis nach Shrinagar. Und das in sieben Renntagen«, fuhr er mit leuchtenden Augen fort.

»Ehm, also Martin, ich weiß nicht. Eigentlich will ich meinem Motorrad so eine Strapaze nicht zumuten, schließlich muss es mit mir noch ganz um den Globus«, antwortete ich. Martin seufzte laut und tippte dann schweigend weiter. Er schien nicht verstehen zu können, wie man sich so etwas entgehen lassen konnte. Ich schon.

Dennoch füllte ich ebenso die Formulare für eine unverbindliche Anmeldung aus, konnte ich mich an Ort und Stelle doch immer noch dagegen entscheiden.

Von den Vereinigten Arabischen Emiraten aus setzten wir mit der Fähre über nach Bandar Abbas in den Südiran. Von dort war es mit etwa 1.500 Wüstenkilometern nur noch ein Katzensprung entlang der afghanischen Grenze bis nach Quetta, der Hauptstadt von Belutschistan, der westlichsten Provinz Pakistans.

Knapp neunhunderttausend Einwohner zählt Quetta, und alle schienen sie zusammen mit ihren Eseln, Pferden, Rikschas, Mofas, Fahrrädern, Autos, Trucks und Bussen auf den Straßen unterwegs zu sein. Hupend und rufend suchten sie sich hektisch ihren Weg durch die oftmals schmalen Gassen, in deren Dreck und Müll sich die Ratten ihre Reviere teilten.

Soeben waren wir in diese Stadt eingefahren, und irgendwo an einem Straßenrand, mitten in diesem Gewimmel, hielten wir an, um im Reiseführer nach einem Hotel zu blättern. Ich wollte gerade den Helm abnehmen, als ein Auto neben mir hielt. Die Seitenscheibe wurde heruntergekurbelt, und ein ungewöhnlich seriös wirkender Mann mit Anzug und Krawatte darin rief mir zu:»Hotel? Hotel?« Ich nickte nur, und er gab uns ein Zeichen, ihm zu folgen.

Zehn Minuten später hielt er vor dem»Bloom Star Hotel«, zeigte auf das Gebäude, winkte mir noch einmal zu und war wieder in dem Gewimmel der Straßen verschwunden. Warum hat er uns geholfen, fragte ich mich. Ihm schien weder das Hotel zu gehören, noch wollte er ein Trinkgeld für seine Dienste.

Noch während ich verwundert auf meinem Motorrad saß, öffnete sich vor mir das stabile Eisentor des Hotels, das mit einer hohen Mauer rundherum gesichert war, und ein Wachmann deutete mir mit einladender Handbewegung an, hineinzufahren.

»Haben wir hier eine Pauschalreise gebucht, oder wieso läuft hier alles so wie für uns organisiert?«, fragte ich mich verblüfft, als wir im sauberen Innenhof einen Parkplatz suchten.

Ich zog den Helm vom Kopf. Mein Blick fiel auf einen beigefarbenen VW-Bus mit österreichischem Kennzeichen.

Seinen Besitzer lernten wir kurz darauf im Garten des Hotels kennen. Hans hieß er, und Hans hatte noch einiges vor. Er war mit seinem Bus auf seinem Weg von Österreich nach Indien, ein Land, das er ausgiebig erkunden wollte, um dann wieder den langen Rückweg in die Heimat anzutreten, natürlich mit seinem Gefährt.

Hans hatte für seine siebenundvierzig Jahre einen sehr sportlichen, drahtigen Körper. Zusammen mit den wenigen Haaren, der Nickelbrille in seinem runden Gesicht und seiner schlanken Figur wirkte er auf mich sehr asketisch und durch sein breites Lachen vom ersten Moment an sehr sympathisch. Martin und ich verstanden uns auf Anhieb mit ihm, und so dauerte es nicht lange, und wir beschlossen, Pakistan gemeinsam zu durchfahren.

Es war unkompliziert, mit ihm zu reisen, und so erlaubte er auch, dass wir unsere schweren Motorradkoffer in seinen Bus luden. Dabei entdeckte ich hinten im Wagen vier große Plastikboxen.

»Was fährst du denn da mit dir rum?«, fragte ich ihn verwundert, und mit einem leichten Schmunzeln öffnete Hans eine Kiste nach der anderen. Wir staunten nicht schlecht, als wir schließlich auf Hunderte von Brillen starrten.

»Eine Menge Ersatzbrillen für dich. Du gehst ganz auf Nummer sicher, was?«, fragte ich ihn. Hans erklärte uns, dass er vor seiner Abfahrt in seiner Heimat über siebenhundert nicht mehr benutzte Brillen verschiedener Stärke eingesammelt hatte. Er wollte sie in den Gegenden der Welt verteilen, in denen die Menschen keinen Optiker finden oder einfach kein Geld für eine Brille besitzen.

»Wow, geniale Idee. So einfach, kostet nichts und kann so viel helfen«, beglückwünschte ich Hans zu diesem Einfall. Wir schoben die Kisten beiseite und packten unsere Motorradkoffer daneben.

Am nächsten Morgen brachen wir auf, und bald schon schlängelten wir uns durch die Bergwelten des Karakorum im Norden des Landes. Etwa zweihundert Kilometer vor der chinesischen Grenze hielt Hans an, kurbelte die Scheibe herunter und rief uns zu:»Kommt, lass uns doch mal irgendwo abbiegen, in die Berge hinein, und ein paar Dörfer besuchen, ich will mir mal anschauen, wie es dort zugeht.«

»Ja, klar, ich bin dabei!«, rief ich ihm aus meinem Helm heraus zu. Martin hingegen verspürte nicht viel Lust auf diesen Ausflug, und wir vereinbarten, dass wir uns am Abend in der vor uns liegenden nächsten Stadt wiedertreffen würden.

Als Hans und ich nach ein paar Kilometern holpriger und sandiger Piste an einer der vielen Polizeikontrollen vorbeikamen, reichte es mir schon wieder mit den schlechten Straßen. Die beiden Beamten erschienen mir vertrauenswürdig, und so fragte ich sie, ob ich mein Motorrad für ein paar Stunden neben ihrem Holzverschlag, in dem sie sich vor Sonne und Regen schützten, parken dürfe, denn ich wollte zusammen mit Hans in seinem Bus weiterfahren. Die Polizisten waren einverstanden und versprachen mir in schlechtem Englisch, gut auf das Motorrad aufzupassen.

Wir holperten weiter über die schlechten Bergstraßen. Dabei fuhr Hans besonders langsam, um seinen treuen Gefährten die vielen Schlaglöcher nicht so spüren zu lassen, wie er mir mit einem Augenzwinkern erklärte. Lässig hing er über dem Lenkrad, als er in eines der kleinen Bergdörfer einfuhr, sich plötzlich aufrichtete und auf eine winzige, ganz aus Holz gebaute Moschee deutete.

»Hey, komm, lass uns das Ding mal anschauen«, schlug er vor. Ich war sehr damit einverstanden, denn von der ewigen Schaukelei war mir schon übel.

Hans hielt am Rande des staubigen Platzes in der Mitte des Dorfes. Es schien wie ausgestorben, als wir quer über den Platz gingen und uns dem Gebäude näherten. Wir traten ein, die große Holztür fiel hinter uns ins Schloss, es wurde dunkel, und ein muffiger Geruch schlug uns entgegen. Es gab kein elektrisches Licht, keine Kerzen brannten, und fast alle Fenster waren mit löchrigem Stoff zugehängt. Kaum etwas war zu erkennen.

»Komm, lass wieder gehen! Hier gibt's nichts zu gucken, viel zu dunkel hier«, sagte Hans gelangweilt und machte auf der Stelle kehrt.

»Ja, nix los hier«, stimmte ich enttäuscht zu und folgte ihm. Als wir heraustraten, stand mitten auf dem Vorplatz ein etwa sechzig Jahre alter Herr. Wir konnten uns beide nicht erklären, woher er in dieser kurzen Zeit gekommen war. In der Hand hielt er einen kleinen Zettel, und es schien, als wartete er auf uns.

Als wir näher kamen, hielt er uns mit beiden ausgestreckten Armen sein beschriebenes Blatt Papier entgegen und deutete mit einem Nicken kurz an, dass wir lesen sollten.

In perfektem English stand darauf:

Mit Respekt spreche ich Sie an,
weil ich kurzsichtig bin.
Ich kann ferne Objekte nicht erkennen.
Daher bitte ich Sie, um eine passende Brille
für meine Augen.
Wenn Sie keine Brille dabeihaben,
geben Sie mir doch etwas Geld,
damit ich mir eine Brille kaufen kann.
Vielen Dank.
Hochachtungsvoll x.y.z.

Hans und ich blickten uns an, blickten noch einmal auf den Zettel und blickten uns wieder an.

»Sag mal, Hans, wusste der, das wir kommen? Hast du hier Bescheid gesagt?« Hans zuckte nur mit den Schultern. Natürlich war der Herr bei »Theo Fielmann« und »Hans Apollo« goldrichtig. Bestimmt hatte er nicht damit gerechnet, dass unser VW-Bulli siebenhundert Brillen beherbergte, und spekulierte stattdessen darauf, Geld zu bekommen, welches er vielleicht zweckentfremdet nutzen könnte. Doch nicht mit uns.

»Wenn Sie uns bitte folgen wollen …«, sagte ich zu ihm mit der Routine eines Brillenfachverkäufers und mit einer einladenden Handbewegung hinüber zum Bus. Wir öffneten die Heckklappe und die Boxen mit den Brillen darin. Beim Anblick der Gestelle bekam er große Augen.

»Na, das wollten Sie doch, oder haben wir etwas überlesen?«, fragte ich ihn. Hans und ich grinsten in uns hinein, und dann konnten wir nicht mehr anders und mussten so richtig laut lachen.

Wir reichten dem Herrn die schönsten Fernsichtmodelle zur Anprobe. Da er nicht mit uns sprach, beobachteten wir gespannt, ob sich seine Mimik veränderte, wenn seine Augen durch neue Gläser die Landschaft abtasteten. Lange regte sich nichts in seinem Gesicht. Schließlich setzten wir ihm das fünfte Modell auf die Nase, und plötzlich wurden seine Augen größer. Aufgeregt blickte er hin und her, kniff die Augen zusammen, riss sie dann wieder weit auf, nahm die Brille ab, betrachtete sie kurz, nur um sie dann sofort wieder aufzusetzen und uns aus einem dunkelbraunen Horngestell heraus freudig anzustrahlen.

»Hey, Hans, ich glaub wir haben gerade das Passende für den Herrn gefunden, was meinst du?«, Hans nickte, der Herr lächelte, und alle waren wir sehr zufrieden mit dem Ergebnis.

Schon während der »Anprobe« näherten sich noch andere Dorfbewohner. Schließlich waren wir umzingelt von etwa zwanzig weiteren Interessenten. Hans griff noch einmal in die Kiste und verteilte etliche Brillen an die Leute. Es begann ein wildes Gucken und Tauschen, und irgendwann hatten die meisten von ihnen ein passendes Modell auf der Nase und liefen freudestrahlend zu ihren Häusern zurück.

»Sag mal, Hans, war das nicht ein ganz unglaublicher Zufall gerade? Ich meine, wir sind hier am Arsch der Welt, hier gibt es kaum Menschen, und den einen, den wir treffen, der fragt uns nach einer Brille. Und was haben wir?«

»Wir haben siebenhundert Brillen dabei«, lachte Hans.

Ich konnte es immer noch nicht glauben. Niemals zuvor und niemals nach diesem Tag auf meiner Reise wurde ich um eine Brille angebettelt oder um Geld dafür. Und niemals zuvor und niemals nach diesem Tag war ich mit siebenhundert Brillen unterwegs.

Ich dachte über die letzten Wochen nach. So viele Zufälle gab es. Es war, als hätte Sigrid in ihrem Mercedes fast schon auf uns mitten in Tiflis gewartet, nur um uns sicher zur Grenze zu begleiten. Und hier in Pakistan fuhren wir in das Gewimmel von Quetta hinein, hielten irgendwo an, sofort wurden wir angesprochen, und jemand führte uns zu einem bestimmten Hotel, so als wäre es seine Aufgabe gewesen. Dann öffnete sich das Tor des Hotels, und wir wurden hineingebeten, als hätten sie uns erwartet. Drinnen trafen wir Hans, und mit ihm erlebte ich nun diesen Tag, der mich nach alledem an meinem Glauben an den Zufall zweifeln ließ.

Irgendwie kam es mir so vor, als hätte das alles so sein sollen, als wäre das alles schon genauso für mich vorgesehen. Vielleicht gab es so etwas wie ein »Reisebüro des Universums«, das alle Programmpunkte schon fest für mich gebucht hatte, auch wenn ihr Sinn und Zweck für mich noch nicht erkennbar war.

Wohin auch immer mich meine Reise noch führte, was immer sie auch noch mit mir vorhatte, mir gefiel der Gedanke, nicht zufällig unterwegs zu sein, und mir gefiel der Gedanke, dass sie es gut mit mir meinte, dass das Leben es gut mit mir meinte. Hier oben in den Bergen Pakistans begann ich meinem Leben mehr und mehr zu vertrauen und dem Zufall immer weniger als großen Weichensteller meines Daseins zu sehen.

Die beiden Polizisten an der Straßenkontrolle hatten tatsächlich gut auf mein Motorrad aufgepasst. Als kleines Dankeschön dafür gab ich jedem von ihnen ein paar Rupien, startete das Motorrad und folgte Hans in den nächsten Ort, in dem Martin bereits auf uns wartete.

An diesem Abend erklärte uns Hans, dass er noch zwei oder drei Wochen in den Bergen Pakistans die Dörfer erkunden wolle. Martin und ich jedoch hatten noch fast die ganze Welt vor uns, und so wollten wir bald schon weiter nach Indien. Wir beluden die Motorräder wieder mit unseren Koffern und fuhren allein weiter, um kurz darauf im Nordosten Pakistans, nahe der Stadt Lahore, den Grenzübergang nach Indien zu nehmen.

Neben mir

Amritsar war die erste indische Stadt, in die wir einfuhren, nachdem wir Pakistan verlassen hatten. Sie ist Pilgerort für die über 20 Millionen Anhänger der Sikh-Religion, von denen die meisten hier im Norden Indiens leben. Täglich versammeln sich Tausende von Gläubigen in der Nähe des Goldenen Tempels, den sie Harmandir Sahib, »Haus Gottes«, nennen. Wir hatten erfahren, dass es dort eine Unterkunft für Reisende gebe, in der wir gegen eine kleine Spende übernachten und essen könnten.

Es dauerte nicht lange, und wir hatten jenes Guesthouse gefunden und fuhren mit unseren Maschinen in den Innenhof. Kaum hatten wir die Motoren abgeschaltet, waren wir eng umzingelt von über fünfzig neugierigen Indern. Weniger als einen Meter standen sie von mir entfernt. Es war nicht einmal Platz zum Absteigen. Also blieb ich einfach mit offenem Helmvisier auf der Maschine sitzen und wartete, was passieren würde. Alle starrten sie nur mich und die Maschine an, sagten nichts, beobachteten, staunten mit großen braunen Augen und offenem Mund, als wäre ich – wie Highlander – vom Himmel in ihren Innenhof geplumpst.

Ein oder zwei Minuten saß ich dort und schaute in ihre Gesichter, beobachtete selbst, unter welchen Leuten ich hier gelandet war. Dann löste sich zaghaft eine erste braune Hand aus der schweigenden Menge. Ihr Besitzer begann, meinen Motorradanzug am Ärmel zu befühlen, rieb das Leder zwischen den Fingern und nickte fachmännisch in die Runde. Daraufhin kam eine weitere Hand, dann noch eine, und bald schon zupften vier oder fünf Inder an mir herum. Andere begannen, auf meine Aluminiumkoffer und den Motorradtank zu klopfen, wohl um zu erkunden, was für ein Material es war. Einer schaltete sogar wie selbstverständlich meinen Blinker ein.

Was für eine Situation sich doch ergab, wenn ich einfach nur da saß und nichts sagte oder tat. Ohne Kommunikation, ohne ein Lächeln, ohne ein Wort waren wir nur Untersuchungsobjekt füreinander. Trotz der Berührung und der Nähe hatte dieses Kennenlernen nichts Warmes, nichts Freundliches, nichts Menschliches. Die Inder erforschten mich, und ich erforschte die Inder. Wir sahen uns, sie befühlten mich, doch wir blieben einander fremd.

Dann nahm ich den Helm vom Kopf, und mit einem breiten Lächeln und einem lauten, aber freundlichen »Namaste« beendete ich dann doch das Experiment. Erschrocken wichen die Menschen erst ein paar Zentimeter zurück, doch dann lächelten auch sie, nickten, lachten mit einem Mal und begannen zu reden, stellten mir sogar Fragen. Von einer Sekunde auf die andere wurde es gelöster, wurde es wärmer, war eine Art Beziehung zwischen uns, und allen war klar, dass wir es freundlich miteinander meinten. Wie es doch möglich war, innerhalb von einer Sekunde, nur mit einem kleinen Lächeln, mit einem kurzen Gruß all das zu vermitteln, was ausreicht, um eine völlig neue Atmosphäre zu schaffen, selbst zwischen so unterschiedlichen Kulturen wie den unseren.

Mit einem Schmunzeln über diese Erkenntnis stieg ich vom Motorrad, nahm mein Gepäck und folgte Martin, der in dieser Zeit bereits ein kleines Zimmer für uns besorgt hatte.

Das Areal des Goldenen Tempels lag genau gegenüber unserem Guesthouse. Inmitten einer etwa zweihundert mal zweihundert Meter großen Wasserfläche war der goldgelb schillernde Tempel erbaut. Ein mit endlosen Warteschlangen aus Pilgern übervölkerter Steg verband ihn mit dem Rand des Bassins.

Angezogen oder in Badekleidung, standen Hunderte von Menschen bis zur Hüfte oder gar bis zum Hals im Wasser, beteten, übergossen sich mit dem heiligen Nass, tauchten darin ein, kamen wieder hoch, murmelten, summten vor sich hin, falteten die Hände und verneigten sich. Es heißt, durch das Baden im Heiligen Wasser kann man sein Karma verbessern. Wir beobachteten das religiöse Treiben bis zum Abend, bis wir Hunger bekamen. Kostenloses Essen gab es für alle Pilger und Besucher in einem Gebäude am Eingang des Areals.

Kaum hatten wir es betreten, drückte uns jemand einen Teller aus Aluminium, Besteck und einen Becher in die Hand. So ausgestattet, folgten wir den anderen Hungrigen in eine riesige Halle, in der nebeneinander etwa dreißig rote und grüne Teppichläufer verlegt waren. Sonst gab es darin nichts. Wir taten es den etwa fünfhundert Pilgern gleich, setzten uns im Schneidersitz auf die Teppiche und stellten erwartungsvoll unsere Teller und Becher vor uns hin.

Dann flogen ein paar Türen auf, und herein eilte eine Mannschaft von etwa zwanzig Bediensteten, ausgerüstet mit je einem Eimer und einer Kelle in der Hand. Die Fütterung begann, und Erinnerungen an meine Kindheit auf dem Bauernhof wurden wach.

Es dauerte nicht lange, und ich erhielt, ohne dass ich wählen oder mich wehren konnte, vier verschiedenfarbige warme Breie aus den Eimern auf meinen Teller geschippt. Ein grüner, gelber, roter und ein brauner Pappkleks breiteten sich vor mir aus, und alle dufteten sie irgendwie nach nichts. Skeptisch betrachtete ich das Arrangement.

»Was meinst du, Martin. Sterben wir davon?«, fragte ich mit Blick auf die undefinierbare Materie vor mir.

»Nee, tun wir nicht, ist doch alles gekocht, das geht schon«, beruhigte er mich, und wir beide begannen, das Zeug in uns hineinzulöffeln.

Es war halb zwei Uhr in der Nacht, als mich ein schmerzhaftes Ziehen in der Magengegend weckte.

»Oh Shit, ich habe es doch geahnt!«, flüsterte ich, ohne den neben mir leise und offenbar beschwerdefrei vor sich hin schlummernden Martin zu wecken. Doch es schien mehr zu sein als eine gewöhnliche Magenverstimmung. Ich hob den Kopf an, alles begann sich sofort zu drehen, die Nackenmuskeln schmerzten bis hinunter zu den Schulterblättern, erneut krampfte der Magen, unsägliche Hitze verspürte ich im Schlafsack und merkte dann erst, dass die gesamte Unterwäsche bereits von Schweiß durchtränkt war. Nur schwer bekam ich Luft, sie war so warm, so stickig, so ohne Sauerstoff. Ich musste hier raus!

So wie ich war, taumelte ich zur Tür. Als ich sie öffnete, sah ich im Innenhof dicht an dicht gedrängt etwa zweihundert schlafende Inder vor mir, dazwischen einen streunenden Hund, der nach Essbarem suchte. Egal, ich musste unter freiem Himmel sein, atmen können, sonst würde ich wahrscheinlich doch sterben, so fühlte ich mich jedenfalls. Ich nahm meinen Schlafsack und quetschte mich zwischen ein paar Inder, die sich grummelnd zur Seite drehten und mir Platz machten. Ich lag still auf dem Rücken, den Blick in den indischen Sternenhimmel, atmete tief die jetzt kühlende Nachtluft und hoffte, alles werde bald wieder gut sein.

Meine beleuchtete Armbanduhr zeigte mir halb drei. Es war nicht mehr auszuhalten. Der Schwindel, die Hitze in mir, der kalte Schweiß auf der Stirn, die Schmerzen in den Gelenken. Das ist doch mehr als ein verdorbener Magen! Es dauerte nicht lange, und neben dem Magen fingen auch die Därme an zu krampfen. Wo ist das Klo? Schnell! Ich stand auf, und gekrümmt von den Krämpfen stolperte ich über die schimpfenden Inder dem WC-Zeichen entgegen. Mann, war mir schlecht.

Dann erblickte ich das Massenklo. An die zwanzig verdreckte Toilettentüren nebeneinander, gegenüber etwa genau so viele Pissoirs. Doch viel weiter kam ich nicht. Etwa zehn Meter vor dem offenen Bereich mit den Pinkelbecken begann ein Ziehen, ein Stechen, als drehe mir jemand ein Messer im Bauch herum. Mein Magen krampfte mich zu Boden und zwang mich auf die Knie. Ich drehte mich auf den Rücken und lag auf dem kalten Steinboden, streckte die Beine von mir und hoffte darauf, dass der Schmerz schnell nachließ. Mir war so schwindelig, alles drehte sich, und schwarze Flecken begannen vor meinen Augen zu tanzen. »Ahaa, das zieht«, stöhnte ich laut, »komm lass nach … hör auf, Mann!«

Dann gab der Schmerz tatsächlich für ein paar Sekunden nach, ich atmete tief ein und aus und stöhnte dabei so laut, dass einige der Schlafenden in der Nähe davon wach wurden und sich gleichgültig auf die andere Seite rollten. Ich versuchte aufzustehen, doch keine Chance: Sobald ich ein Bein nur anhob, erfasste mich erneut mit aller Macht ein Krampf, zog brutal an meinen Gedärmen. Wieder stöhnte ich rhythmisch quer über den Innenhof und weckte Inder, bis der Schmerz erneut nachließ.

Über eine Stunde lag ich dort in Unterwäsche auf dem Steinboden. Einige Pilger fragten, ob sie mir helfen könnten, doch ich winkte ab, lag reglos auf meinem Platz und wollte mich nur nicht bewegen. Meine Augen starrten an die Decke, von der das weiße Licht der Neonröhren kalt auf mich herabschien, der Geruch der Pissoirs biss mir in die Nase, der Hund kam regelmäßig vorbei und schnupperte sabbernd über meinem Gesicht, und immer wieder durchfurchten die Darmkrämpfe meinen blassen Körper.

Was, wenn es etwas Ernstes wäre, Cholera vielleicht oder ein gefährliches Virus. Ich spürte, wie mir bei dem Gedanken eine weitere Hitzewelle aus meinem Bauch heraus bis hoch in den Kopf schoss, wie sich erneut alles drehte, und malte mir aus, wie ich in ein indisches Krankenhaus eingeliefert würde, wie ich auf schmuddeligen Betten läge, wie Ärzte um mich herum redeten, die ich nicht verstand und die mir irgendetwas injizierten. Und auch dort, stellte ich mir vor, wäre dieser Hund, der mir über das Gesicht leckte. Nein, bitte nicht. Nicht hier in Indien.

Doch mit einem Mal, ganz plötzlich, war etwas anders. Es war, als würden mir die Ohren verschlossen, so, als wenn Wasser hineingekommen wäre, in beide gleichzeitig. Alles war gedämpft, alles wurde leiser um mich herum, und ich nahm alles nur noch aus der Ferne wahr, mein Stöhnen, das Klappern der Klotüren, das Gemurmel der Inder. Doch auch in mir wurde es ruhiger, alles schien sich zu entspannen, zu entkrampfen, die Panik, die mich eben noch im Würgegriff hatte, war von einer Sekunde auf die andere verflogen. Alle Krämpfe und jeder Schwindel waren verschwunden, von jetzt auf gleich. Doch noch mehr veränderte sich. Ich spürte meinen Körper immer weniger, meine Sinne schienen nicht mehr zu arbeiten. Ich spürte nicht die Kälte des Steinbodens unter mir, nicht den beißenden Uringeruch nahm ich mehr wahr und auch meine Augen konnte ich nicht mehr bewegen, nichts. Ich starrte nur auf die Neonröhren über mir, konnte nicht anders.

Dann, mit einem Mal, veränderte sich meine Perspektive, es »ruckte« in meinem Blick, so als löste sich etwas in mir, obwohl ich mich selbst und auch meine Augen nicht bewegte. Mein Blickwinkel veränderte sich, als zöge mich jemand an den Schultern nach oben, zöge mich heraus aus meinem Körper und lehnte mich dann zwei, drei Meter weiter rechts an eine Wand. Aber nur mich, meinen Blick, meinen Geist, nicht aber meinen Körper. Diesen sah ich links von mir mit etwas Abstand auf dem Boden liegen. Ja, ich sah mich dort liegen, komplett, von Kopf bis Fuß, und ich schaute mir dabei selbst ins Gesicht.

Ich war so unbeteiligt, so distanziert von mir, von meiner Situation, war Beobachter meines Körpers, sah mich dort liegen und leiden, und doch spürte ich keinen Schmerz, keine Ängste. Im Gegenteil, alles war so unendlich ruhig und friedlich in mir. Die Panik vor Krankheit und Tod hatte mich losgelassen; stattdessen breitete sich ein innerer Frieden in mir aus, der mich diese Situation erleben und nicht erleiden ließ. Ich war bei vollem Verstand und verstand doch nichts.

Ich sah mich dort liegen, sah, wie ich jede Hilfe ablehnte, die mir die Fremden mitleidig zukommen lassen wollten. Nein, ich will keine Hilfe, will diese Situation zu Ende »genießen«, lasst mich liegen, mir passiert nichts, alles ist gut. In mir gab es eine unumstößliche innere Sicherheit, dass diese Schmerzen keine Bedrohung bedeuteten und er, der dort liegt, in ein paar Stunden wieder auf den Beinen war. Ich sah die Pilger, die nachts noch im Sanitärbereich unterwegs waren, sah jetzt erst, dass ich im Weg lag und Inder über mich wegstiegen, sah die sorgenvollen und mitleidigen Blicke, hörte das Stöhnen aus meinem Mund, sah eine Ratte ein paar Meter neben mir um eine Ecke verschwinden, und es ging mir unglaublich gut dabei. Denn ich stand neben mir, hatte mit meinem Körper und seinen Schmerzen nichts mehr zu tun, lächelte, staunte, schaute mich um, war hellwach, voll da.

Es war ein wunderbarer, ein leichter Moment. Es umgab mich eine unbeschreibliche innere Ruhe und innere Distanz zu meinem Leben und zu der Lage, in der ich mich befand. Und es gab ein tröstliches Wissen in mir über das, was in der Nacht noch passieren würde.

Vielleicht ein paar Minuten hielt der Zustand an, dann begann sich die Perspektive erneut zu ändern, zog meinen Blick zu Boden, wieder hin zu meinem immer noch krampfenden Körper. Nein, nicht! Ich wollte dort nicht mehr hinein, doch ich konnte nichts tun, und mit einem leichten »Rucken« war ich wieder eins mit ihm, blickte wieder hoch in die Neonröhren über mir, und ich begann die Schmerzen erneut zu spüren. Der Moment war vorüber.

Nach einer weiteren Stunde ließen die Krämpfe von mir ab, ich konnte mich wieder bewegen, aufstehen, mich zu den Toiletten retten, mich einem unglaublichen Durchfall überlassen und mich nach allen Regeln der Kunst so heftig übergeben, wie ich es noch nie zuvor in meinem Leben hatte tun müssen. Aber von diesem Moment an ging es mir von Minute zu Minute besser, so wie ich es bereits vorhergesehen hatte, wie ich es bereits wusste.

Was war das nur in dieser Nacht? Wieso hatte ich mich selbst gesehen? Wieso war alles mit einem Mal so anders, so friedlich, so schmerzfrei? Und wieso konnte es mich auch ohne meinen Körper geben? Das gehörte doch zusammen, oder etwa nicht? Und das erste Mal in meinem Leben ließ ich den Gedanken zu, dass ich vielleicht gar nicht abhängig bin von meinem Körper, dass ich nicht begrenzt bin durch meinen Körper, dass ich nicht mein Körper bin, sondern … ja, was? Ein Geist, eine Seele, ein Bewusstsein?

Ja, vielleicht ist es wirklich so, und wir alle können auch losgelöst von unserem Körper existieren, und übrig bleibt eine Art Bewusstsein, das sich ungeheuer gut und leicht und friedvoll anfühlt, vielleicht, weil es das Gefühl von Schmerz und Angst nicht kennt, nicht braucht. Behaupten nicht auch die Menschen, die eine Nahtoderfahrung gemacht haben, Ähnliches? Ist der Tod nicht vielleicht wirklich eine Erlösung von genau dem, was uns in unserem Leben oft so zu schaffen macht, nämlich der Angst? Und wenn die Angst genommen ist, bleibt dann vielleicht wirklich nur dieser unbeschreibliche innere Friede übrig? Ist dieses Gefühl, dieser Zustand vielleicht unsere echte Natur, die sich dann offenbart, wenn wir aus den Fesseln dieses irdischen Lebens hier befreit werden?

Ich weiß es nicht, wenn ich jedoch heute an Krankheit oder Tod denke, macht es mir etwas weniger Angst als zuvor, weiß ich doch jetzt, dass Krankheit und Tod nur dem

Körper etwas anhaben können, dem Körper, den ich für meine Existenz nicht unbedingt benötige.

Bis heute ist mir so etwas nie mehr widerfahren. Vielleicht musste man für solche Erfahrungen an einem heiligen Ort sein, wie hier in Amritsar, im Harmandir Sahib, im Hause Gottes.

Mit Martin habe ich nie über dieses Erlebnis gesprochen, fürchtete ich doch, er würde mich nicht verstehen und mich für völlig durchgeknallt halten. Doch er sah, dass es mir schlecht ergangen war in der Nacht, und obwohl er gerne weitergefahren wäre, besorgte er mir einige Medikamente und bestand darauf, dass wir noch einen Tag in dem Guesthouse blieben, damit ich mich richtig erholen konnte.

Ihr seid zu viele

Am dritten Tag in Amritsar wurde Martin nervös, er wollte weiter, nach Shimla, der 300 Kilometer entfernten Hauptstadt des Bundesstaates Himachal Pradesh. Es war die Stadt, in der in wenigen Tagen die Motorradrallye starten sollte, für die wir uns beide Wochen zuvor angemeldet hatten. Es dauerte nicht lange, und wir saßen Yanawar in seinem Büro gegenüber. Er war der Rennleiter und fütterte uns mit mehr Details zur »9th Himalayan Raid«.

»Also, Jungs«, begann er in gutem Englisch. »Wir fahren sieben Tage, Competition Distance sind eintausendachthundert Kilometer. Einschließlich Zwischenstrecken und Rückweg sind es satte zweitausendsiebenhundert Kilometer. Los geht's morgens um sechs, manchmal auch fünf Uhr, die Gebirgspässe sind bis zu fünftausenddreihundert Meter hoch, da ist es saukalt, bis zu minus dreiundzwanzig

Grad, nehmt euch genug warmes Zeug mit. Mit Regen rechnen wir nicht.«

»Na, wenigstens das nicht«, lächelte ich schon etwas gequält zu Martin hinüber.

»Ja«, grinste Yanawar. »Dafür sind wir zu hoch. Statt Regen gibt's wohl Schnee. Vor ein paar Jahren mussten wir vierzig Fahrer vom Pass evakuieren. Eingeschneit! Ganz übel. Aber das steht ihr schon durch. Wir sind dieses Jahr mit fünfzig Motorrädern und etwa achtzig Autos unterwegs. Die Straßen sperren wir für die Zeit.«

Das Leuchten in Martins Augen verriet mir, dass er durch diese Schilderungen nur noch heißer auf diesen Ritt wurde. Ich hingegen wurde immer sicherer, dass diese Rallye wohl ohne mich stattfinden müsse. Warum sollte ich das meinem Motorrad und vor allem warum sollte ich mir das antun?

»Aber«, ermahnte Yanawar, »ihr könnt nicht einfach drauflos rasen. Ihr könnt euch auf nichts verlassen, ihr seid hier in Indien. Denkt an Fußgänger, Kinder, Ziegen, Kühe, Schlaglöcher, fehlende Gullydeckel, Sand, Schlamm, Felsbrocken, Pannen-LKW, Baustellen, ungesicherte Abgründe, Trecker, Eselkarren, wilde Pferde … Do not go too fast! Safety first!«, sagte er eindringlich.

»Die Strecke findet ihr hier«, fuhr er fort und überreichte uns drei dicke Hefte. Einige hundert Seiten waren darin, voll mit Pfeilen nach links und rechts, die uns auf den Meter genau anzeigten, wann eine Rechts- oder Linkskurve vor uns lag und wie steil sie war. Toll, dachte ich, wie sollen wir so etwas während der Fahrt lesen, geschweige denn umblättern. Das ist ein Gebetbuch für Rallyefahrer mit Copilot, aber nicht für Biker. Was für ein Blödsinn.

»Was ist mit den Straßen? Sind die wenigstens gut in Schuss?«, nahm ich noch einen Anlauf und sah, wie Martin mit den Augen rollte und Yanawar mich fast schon mitleidig anblickte.

»Naja, es ist halt eine Rallye, je schlechter die Straßen desto besser. Sonst macht es ja keinen Spaß«, antwortete er. »Ach ja, alles klar«, erwiderte ich, »Also, ich bin nicht dabei. Ich brauch' so was nicht.« Yanawar lächelte, sagte nichts, nickte verständnisvoll und strich mich, ohne zu zögern, aus der Startaufstellung, während Martin ein letztes Mal an diesem Tag mit den Augen rollte, den Kopf senkte und schüttelte.

»Vorschlag!«, sagte Martin etwas gereizt, als er eifrig damit beschäftigt war, sein Motorrad von allen Seiten mit der Startnummer 143 zu bekleben. »Das Rennen dauert sieben Tage, dann brauch' ich vielleicht noch ein wenig Zeit für mich.« »Wir treffen uns in zwei Wochen in Delhi wieder. Einverstanden?«

Mir schien, als hätte Martin die Schnauze voll von meiner wenig abenteuerhaften Einstellung. Doch das war mir egal, um nichts in der Welt würde ich mein Motorrad und mich diesem Blödsinn aussetzen.

»Ja, gut«, stimmte ich seinem Vorschlag zu. »Mach dein Ding, und wir sehen uns in Neu-Delhi. Ich schreib dir eine Mail, wo ich dort untergekommen bin.«

Martin nickte nur, ohne aufzuschauen. Ich wünschte ihm viel Glück, fuhr zu unserem Hotel, packte meine Sachen und machte mich auf in die Hauptstadt Indiens.

Seit Wochen hatte ich in Restaurants oder an den vielen Bretterbuden in den Straßen der vergangenen Länder irgendetwas bestellt, das ich nicht kannte. Was hatte ich nicht alles schon auf dem Teller gehabt: Suppe mit undefinierbaren Innereien vom Schaf, Gerichte, in denen ich ganze Hühnerköpfe und -füße fand. Ich probierte Ziegenhoden, gegrillte Frösche und knabberte auch schon an frittierten Insektenlarven herum. Ich war recht experimentierfreudig, Hauptsache, es war gekocht, gebraten oder frittiert, damit mein Magen kein »zweites Amritsar« erleben musste. Nur einmal, als mir ein Ziegenauge glänzend von meinem Löffel aus zuzwinkerte, verweigerte ich die Nahrungsaufnahme.

Ich hatte Lust auf westliches Essen, auf Essen, das ich kannte. Ich wollte bestellen und warten, warten mit Vorfreude, weil ich genau wusste, was mir Gutes serviert wird. In meinem Reiseführer entdeckte ich mitten in Delhi den »Connaught Place«. Eine Gegend mit etlichen Hotels, mit McDonald's, Burger King, Subway und KFC. Ja, die alle kannte ich, wusste, was mich dort erwartete, und genau da wollte ich hin.

Schnell hatte ich ein kleines Hotel gefunden und geduscht. Ein paar Minuten später ließ ich mich auf einen Stuhl in einer Pizza-Hut-Filiale fallen. Ich erwartete meine Pizza Italian Style und eine große Cola. Keine Pizza Masala, keinen Reis Biryani, einfach nur Pizza Italian Style. Endlich atmete ich wieder den bekannten Duft einer Fast-Food Kette, war umgeben von sauberen Fußböden und professionell gestaltete Speisekarten in englischer Sprache und sah keine zerfledderten, fettigen, handgeschriebenen Zettel mit unbekannten Schriftzeichen, hinter denen sich »Tausendjährige Eier« oder »Schafsaugen in Tomatensuppe« verbergen konnten.

Auch wenn die Pizza nichts Besonderes war, für mich war es die göttlichste seit einer gefühlten Ewigkeit. Ein rundes Stück Heimat mit Käserand verbreitete vor mir seinen herrlichen Duft.

Kauend blätterte ich in meinem Reiseführer, der mir verriet, was der Tourist unbedingt in Delhi und Umgebung gesehen haben muss. Bis auf das Taj Mahal interessierte mich nichts. So gut mir Pizza Hut & Co. in dem Moment auch tat, ich war in Indien und wollte das sehen, was Delhi, was dieses Land wirklich ausmachte, was noch nicht touristisiert worden war, was noch nicht infiziert war von kitschigen Souvenirläden, aufdringlichen Riksha-Fahrern und nervigen Tourguides.

»Entweder du hasst Indien, oder du liebst es, ein Dazwischen gibt es nicht.« Das sagte mir jeder, der schon mal hier war. Bin ich der Liebhaber oder bin ich der Hasser? Noch hatte ich kein Gefühl für das Land, doch die Erlebnisse der nächsten Tage lieferten mir die Antwort, lauter, klarer und schmerzvoller, als mir lieb war.

Am späten Vormittag des nächsten Tages rollte ich mit der BMW durch die Straßen Delhis. Ich hatte nichts dabei, keinen Stadtplan und kein Ziel. Nur treiben lassen, sich in den Straßen verlieren, nur schauen, riechen, hören, staunen und spüren, was Indien mit mir machte.

Ich war in gelassener Stimmung, entspannt, neugierig, aufnahmebereit. Und so parkte ich im Stadtteil Neu-Delhi, um mich ein wenig vom bunten Getümmel durch die engen Kanäle eines riesigen Basars treiben zu lassen. Ich wollte die Andersartigkeit dieses Landes auf mich wirken lassen – und anders wurde mir schnell. Innerhalb weniger Sekunden war es vorbei mit meiner inneren Gelassenheit.

Mein Blick fiel in einen Fleischerladen. Kühlaggregate gab es nicht. Das Fleisch, die Innereien, die Köpfe lagen auf einer blutig durchsifften Pappe, und ein alter Inder dahinter vertrieb wedelnd die Fliegen darüber mit einem Stock, an dessen Ende er eine leere Plastiktüte gebunden hatte.

Dann ein betäubend lautes, kläglich hohes Meckern eines Tieres im hinteren Teil. Eine zottelig weiße Ziege war an den Hörnern angebunden, sie wehrte sich gegen das, was jetzt kam, zog mit aller Anstrengung an dem Seil, dabei streckte sich ihr Hals straff in die Länge, und genau darauf wartete der Metzger hinter ihr. In diesem Moment guillotinierte die blitzende Klinge eines säbelartig gebogenen Messers auf sie herunter, und mit einem kurzen, leisen und einzigartig widerlichen Geräusch durchschlug sie mit einem Hieb das angespannte Fleisch, wodurch die Beine, die eben noch den Körper angstgetrieben nach hinten stemmten, jetzt blitzartig zusammensackten und ihr Kopf samt Gehörn mit einem dumpfen Poltern erst gegen die Wand und dann auf den Betonboden schlug.

Der Schlachter ergriff den offenen Hals des Tieres, aus dem noch das Blut in rhythmischem Strahl hoch gegen die gelbgekachelte Wand pulsierte, um dann rot herunterzuschmieren und dabei ein grauenhaftes, an Kapitalverbrechen erinnerndes Bild zu malen, während davor der kopflos zuckende und vom eigenen Blut getränkte Körper der Ziege auf dem kalten Beton sein Leben aufgab.

Ich griff mir selbst an den Hals, der Anblick würgte mich. Ich riss mich los von ihm, wendete mich ab, drehte mich nach rechts, wollte weiterlaufen, und erneut erstarrte ich, zuckte reflexartig zurück, noch bevor mir bewusst wurde, was oder besser wer dort vor mir stand. Es war ein völlig verbrannter Mensch. Sein Gesicht, es hatte kaum noch einen Unterkiefer, das rechte Augen konnte er nicht mehr schließen, sein Lid war verkohlt, sein Auge war trocken und trüb, die Haut spannte sich von der Hitze wie eine Folie geschrumpft über seine Knochen, so sehr, dass er seinen Mund längst nicht mehr schließen konnte. Dafür reichte die Haut nicht mehr. Auch sein Hals, seine Schultern, alles verbrannte, spannende, lederne Haut. An einer Stelle seiner Brust, an der die Pigmente aufgehört hatten zu funktionieren, war auf hellem Grund »HELP« eintätowiert. Was für ein schreckliches Bild.

Nur ein halber Meter trennte mein Gesicht von seinem oder dem, was davon übrig war. Sein naher Anblick, sein grässliches Entstelltsein, sein offener, fast lippenloser Mund, seine ebenso verloderten Hände, die er in diesem

Moment vor mir faltete, um mich damit um Geld anzubetteln, all das ließ mich für Sekunden erstarren, und gleichzeitig durchschlug mich eine Welle von Entsetzen und Mitleid. Ich riss meinen Blick los von ihm, blickte an ihm vorbei und sah den indischen Ladenbesitzer von gegenüber, der mich anschaute, und selbst er zog die Schultern hilflos hoch und richtete den Blick dabei zu Boden.

Ich wollte weg, weg von hier, weg von ihm, doch ich konnte ihn doch nicht einfach so stehen lassen. Wie mechanisch griff ich in meine Motorradjacke und mit ein paar hundert Rupien, die er mit seinen beiden verkrüppelten Händen mühsam griff, erlöste ich mich von seinem Anblick, kaufte mich frei, drehte mich weg und hastete zurück zu meinem Motorrad.

Ich musste raus aus dem Gewimmel, in dem mir solches Entsetzen auflauerte, fuhr einige Straßen weiter und tankte endlich meine Seele bei Starbucks wieder mit etwas westlicher Normalität auf.

Immer noch mit dem Bild des Bettlers im Kopf bestellte ich mir einen »Starbucks Bottled Mocha Frappuccino Coffee Drink«. Dann steuerte ich das Motorrad noch einmal ziellos durch das kranke Adergeflecht des Millionenmolochs Delhi. Hier und da hielt ich, um einen Chai zu trinken, ohne eine Ahnung davon zu haben, wo genau ich gerade war. Es war schon spät, und die ständig neuen Bilder von Dreck und Armut beschwerten mich mit Müdigkeit und Melancholie. Ich wollte zurück zum Hotel.

In einer kleineren Seitenstraße hielt ich und stieg ab, um nach dem Weg zu fragen. Müde rupfte ich mir den Helm vom Kopf und schaute hinein die Straße, in der kaum noch Häuser standen, vielleicht ein paar abgestorbene Bretterbuden, in denen ein Überleben versucht wurde.

Zehn, vielleicht zwanzig Kinder saßen dort am Straßenrand, spielten im Dreck, bettelten mich aus dem Müll heraus an. Mir schien, als hätten die meisten von ihnen kein Zuhause, vielleicht sogar keine Eltern. Abgemagert und zusammengerollt wie herrenlose Pakete lagen sie dort drin, in dem Dreck auf der Suche nach Erleichterung vor Hunger und Kälte. Suchen, Spielen, Schlafen, Sterben.

Auf sechs oder sieben Jahre schätzte ich die beiden kleinen Mädchen, die vor mir inmitten eines Müllhaufens von Milchtüten, Konservendosen, Plastikbechern, Bananenschalen und Schmutz saßen. Völlig verdreckt waren ihre Kleider, ihre Gesichter, ihre Haut, ihre Haare. Aufgekratzt waren ihre Arme, Ekzeme oder einfach nur Läuse hatten sie schon längst befallen. Ich blieb stehen vor ihnen in meinem Motorradanzug und schaute in ihre Gesichter. Ihre großen braunen Augen waren auf mich gerichtet. Sie leuchteten. Ja, aus diesem ganzen elenden Dreck leuchteten mir diese braunen Augen entgegen. Welch ein Kontrast. Alles war so unendlich verkommen und verdreckt, doch die Klarheit und das Funkeln ihrer Augen zeigte mir, dass innen drin kleine, wertvolle Seelen leuchteten. Seelen, die nicht verschmutzt waren, die sauber waren, die unschuldig waren, die nur gefangen waren in dieser Hülle aus Dreck. Und sich dennoch, wie jede andere kleine Seele nach Anerkennung, Wärme und Liebe sehnten. Doch wo nur sollte das herkommen hier in dieser Straße? Wo war sie, die Liebe und die Wärme, die doch so unabdingbar zu einem Kindersein dazugehörte?

»Was macht ihr hier?«, fragte ich für mich. »Was macht ihr nur hier? Gehört ihr nicht an einen Platz, der euch Kind sein lässt? Was macht nur die Welt mit euch?«

Wie gern würde ich ihnen die Chance auf ein würdigeres Leben bieten. Wie gern. Ja, vielleicht könnte ich es bei diesen beiden Mädchen hier vor mir tatsächlich. Doch dann schaute die kalte Straße entlang. Ich blendete den wenigen Verkehr und die Erwachsenen darin einfach aus, sah nur die verschmutzten Kinder Hunderte von Metern rechts und links am Straßenrand von Müll umgeben sitzen. Alle blickten sie mich an. Farblos wurde es um sie herum, nur das glitzernde Leuchten ihrer Augen, das hungrige Feuer ihrer vernachlässigten Seelen sah ich darin. Fragend und erwartungsvoll waren ihre braunen Seelenfenster auf mich gerichtet. Ich stand mitten auf der Straße in meinem Motorradanzug und konnte doch so gar nichts machen. Es waren zu viele. »Ihr seid zu viele«, war ich versucht zu rufen, »Ihr seid einfach zu viele.« Ich hob traurig meine Arme und ließ sie hilflos in die hängenden Schultern hinabsinken. Was für ein Alptraum. Ohnmacht befiel mich!

Ich ging hinunter in die Hocke, war auf Augenhöhe mit einem der Mädchen, vielleicht einen Meter entfernt waren wir voneinander, blickten uns an. Kein Lächeln gab es zwischen uns, keinen Laut, keine Berührung, keine Regung, nichts, nur Schauen. Sekunden-, vielleicht minutenlang schauten wir uns schweigend an. Ich sah, wie sie – noch während sie mich betrachtete – mit ihrer Hand die Reste aus einer weggeworfenen Bananenschale kratzte, sah, wie sie die verkrusteten, dünnen Finger langsam zum Mund führte und ableckte. Nein, sie war nicht dabei zu essen, sie war dabei zu überleben.

Und erst jetzt, als ich ihr so nah war, passierte etwas in mir, was ich nie zuvor so deutlich gespürt hatte. Die Ohnmacht ließ mich los, und in meiner Brust breitete sich eine wohlige Wärme aus. Ja, mit einem Mal war es wohlig in mir. Wie konnte das sein inmitten dieses Elends? Und dann, dann spürte ich woher es kam. Es war ein Verbunden-Sein mit diesem Mädchen, ich konnte sie spüren, es war ein unglaublich tiefes Mitfühlen, das mich überkam. Und mit diesem Mitgefühl war ich bei ihr in ihrem Elend, war mit ihr, war ihr so nah, ließ sie nicht alleine, leistete ihrer Seele Gesellschaft, hielt sie fest für einen winzigen Moment.

In dem Augenblick, als ich sie so nah bei mir spürte, bemerkte ich eine erste Regung, sah, wie sie begann zu lächeln, wie ihre Augen sich kurz schlossen, wie ihr Brustkorb sich weitete und sie tief in sich hinein atmete, wie sie langsam aus dem Müll heraus aufblickte und mich mit unglaublich warmen, milden Augen anschaute, so als wollte sie sich für etwas bedanken. Sie hatte meine Nähe gespürt, so wie ich ihre Nähe empfand, da war ich ganz sicher. In diesem Blick, in diesem Moment erkannte ich die ungeheure Kraft, das unsichtbare Band, den tröstenden Zauber des Mitgefühls. In diesem Moment lehrte mich dieses kleine Mädchen, was Mitgefühl wirklich ist. Mitgefühl ist die Umarmung der Seele.

Agra

Mein Bedürfnis danach, mich weiterhin einfach so in Eigenregie in die Straßen Delhis hineinzustürzen und mich dort von den Ereignissen überfahren zu lassen, war vorerst gestillt. Eine Touristenattraktion musste her, eine einfache, harmlose Tour mit Touristen. Also, auf zum Taj Mahal.

Ich nahm zusammen mit bestimmt hundert anderen Reisenden den Zug nach Agra, der Stadt, in der dieses Symbol der Liebe seine Heimat hatte. Nach etwas mehr als zwei Stunden Fahrt kamen wir an, doch von Liebe keine Spur. Denn schon am Bahnhof lauerten mir etwa vierzig Fahrer von Moped-Rikschas auf. Sobald ich das Bahnhofsgebäude verlassen hatte, war ich belagert von laut und hektisch rufenden, mich am Ärmel zupfenden Menschen, die sich gegenseitig im Preis unterboten, nur um mich für eine Fahrt in ihrem Tuk-Tuk zu gewinnen. Irgendeiner von ihnen rief mir einen Preis von drei Euro für einen ganzen Tag Fahrdienst zu. Irgendetwas stimmte nicht mit dem Preis. Er war erheblich günstiger als die anderen, und da ich nun doch etwas neugierig auf sein Geschäftsmodell war, entschied ich mich für Ajit, den Besitzer des gelben Tuk-Tuks, das er mit reichlich Bildern von Ganesha, dem »Elefantengott«, beklebt hatte.

Er fuhr mich zum Taj Mahal, wartete, wie verabredet, fast drei Stunden auf das Ende meiner Besichtigungstour und strahlte, als er mich wieder aus der Menge an Touristen heraustreten sah. Immer noch verwundert über den Fahrpreis für den ganzen Tag, ließ ich mich in die roten, rissigen Kunstlederpolster seines Gefährts fallen.

»Ajit, fahr mich doch einfach noch zwei Stunden durch die Stadt und dann zum Bahnhof zurück«, bat ich ihn, denn mein Rückticket nach Delhi war erst auf den Zug um neunzehn Uhr ausgestellt. Wir fuhren durch die engen Gassen Agras mit unzähligen Geschäften, und immer wieder empfahl mir Ajit den Besuch einer Teppichknüpferei, eines Juweliers oder eines Kunsthändlers, an denen wir vorbeikamen. Auch wenn ich nicht viel Lust hatte, tat ich ihm den Gefallen und folgte einer seiner Empfehlungen.

Ich betrat das Haus eines Kunsthändlers, vor dem er mich absetzte. Ich solle mir Zeit lassen, rief er mir noch hinterher. Als ich nach zwanzig Minuten das Geschäft verließ, schaute ich mich um, suchte nach Ajit, doch er war nicht zu sehen. Der Kunsthändler stand hinter mir und lachte, als er mich suchend auf der Straße sah.

»Ajit hat seine Provision bekommen. Er hat genug verdient für heute«, rief er mir zu und lachte immer noch, obwohl ich nichts bei ihm gekauft hatte.

»Macht nichts, jetzt habe ich wenigstens sein Geschäftsmodell verstanden«, sagte ich ebenso lachend und nahm mir vor, den Rest zu Fuß zu laufen.

»Bis zum Bahnhof ist es nicht mehr so weit, drei oder vier Kilometer vielleicht«, sagte der Händler und erklärte mir bereitwillig den Weg dorthin.

Nun war ich doch wieder mittendrin im pulsierenden Leben Indiens, quetschte mich durch die Menschenmengen eines völlig überfüllten Basars und trödelte durch die Gassen Agras in Richtung Bahnhof. Mittlerweile war es dunkel geworden, und ich fragte sicherheitshalber nochmal nach dem Weg. Die Inder deuteten auf eine lange, unbeleuchtete Straße. So ganz wohl war mir nicht dabei, dennoch, langsam löste ich mich von der letzten Straßenlaterne und lief los in die Dunkelheit. Nur selten brachte ein Auto etwas Licht in die Gasse, in dem ich einige der ärmlich aussehenden Menschen erkennen konnte, die mir langsam und gebückt entgegenkamen. Ein paar hundert Meter weiter schien jemand einen der Müllhaufen am Rande der Straße angezündet zu haben. Mich fröstelte so langsam, und als ich auf der Höhe des Feuers war, blieb ich stehen, wollte mich wärmen. Es stank erbärmlich, aber nicht so, wie wenn Plastik, Papier oder anderer Müll verbrannte, irgendwie anders.

Das warme Licht des Feuers hatte etwas Beruhigendes, und ich beobachtete, wie die Flammen eifrig an den Holzscheiten züngelten. Doch dann stutzte ich. Mir fiel auf, dass diese Holzscheite ungewöhnlich aussahen. Und dann erst erkannte ich es. Das, was ich für Holzscheite hielt, waren keine. Nein, das konnte doch nicht sein, mir gefror das Blut in den Adern. Oh nein, es waren Knochen, es war eine knöchrige Hand, an der die Flammen fraßen, einen brennenden Arm glaubte ich plötzlich zu erkennen. Nein, nicht doch. Hier verbrannte ein Mensch.

Ich starrte hinein in das Feuer. Dann erkannte ich den Kopf, die Augenhöhlen, den Kiefer. Das konnte doch nicht sein. Ich rieb meine Augen, blickte hinein in die dunkle Straße, dann wieder in das Feuer und immer noch war es so, als blickten mich aus den Flammen heraus die leeren Augen eines Schädels an. Es reichte, ich musste weg hier, wollte raus aus der dunklen Gasse, weg von dem Feuer, rein in den Bahnhof und hastete weiter die Straße entlang.

Ja, ich wusste, dass es in Indien die Feuerbestattung gab, doch einfach so, hier am Straßenrand? Das konnte doch nicht sein. Doch dann erinnerte ich mich daran, was ein Taxifahrer in Delhi mir Tage zuvor erklärt hatte. Es kommt vor, dass Menschen hier in der Gosse sterben, allein und unbemerkt. Und um sich vor noch mehr Gestank und Krankheiten zu schützen, schieben oft die Anwohner Holzscheite oder brennbaren Müll unter die Leiche und zünden sie an.

Was für ein trostloses, was für ein ehrloses Ende manche Leben hier finden. Wie ist das nur, auf diese Art und an einem solchen Ort zu sterben? Von niemandem gekannt, von niemandem vermisst, von niemandem begleitet auf ihren letzten Metern, schließen sie ihre Augen, machen sie ihren letzten Atemzug, während Autos und Menschen wie unbeteiligt dicht an ihren erlöschenden Leben vorüberziehen. Keiner schaut sie an, keiner bleibt stehen, nicht um zu helfen, sondern einfach nur um da zu sein, um nicht allein zu lassen, um dem Leben wenigstens vor den Augen des Todes ein klein wenig mehr Würde, ein klein wenig mehr Wert und Achtung zu geben.

Übrig ließen die Sterbenden nur einen Körper, dessen Wunden, Narben, Falten von einem Leben erzählten, das niemanden mehr interessiert. Gab es wirklich ein Leben, das so wenig bewirkte, so wenig berührte, so wenig geliebt hatte, dass es niemandem wert erschien, dieses Leben, diesen Menschen zu verabschieden?

Welch unendlich schmerzliche Einsamkeit musste einen Sterbenden überkommen, wenn der Tod so nahe war, ihn aufforderte, mit ihm zu gehen, er sich umschaute und in diesem so einzigartigen, endgültigen Moment keiner da war, dem er noch einmal in die Augen schauen konnte, keiner da war, der ihm die Hand hielt oder den er noch ein letztes Mal umarmen konnte, sondern sich einfach nur allein und unbemerkt von allen aus dem Leben stehlen musste?

Noch immer eilte ich die Straße entlang, fragte hier und da nach meinem Weg, und irgendwann sah ich endlich in der Ferne eine große Leuchtreklame. Ich steuerte darauf zu und erreichte ein paar Minuten später den Bahnhof. Endlich gab es wieder Licht und Leben um mich herum. Gleich vor mir sah ich die rot und weiß glitzernde Leuchtreklame, auf der ein indisches Telekommunikationsunternehmen für einen neuen Handy-Tarif warb. Groß und mächtig funkelte und leuchtete diese Reklame, in dessen Licht die Menschen starben.

Traurig und in mich versunken betrat ich die überfüllte Bahnhofshalle. Den Trubel und den Lärm um mich herum nahm ich nur weit entfernt von mir wahr. Die Anzeigetafel kündigte für meinen Zug eine Verspätung von drei Stunden an. Statt mich, wie früher, darüber aufzuregen, nahm ich es in diesem Moment einfach nur hin und ging langsam zu meinem Gleis.

Ich setzte mich auf eine Bank des Bahnsteigs, auf dem täglich Hunderte von Touristen Agra betraten, um das Taj Mahal zu besichtigen. Die Bahnhofskinder wussten das offenbar und bettelten hier. Nicht älter als acht mochten sie vielleicht sein, die drei Mädchen und zwei Jungen, die hier mit mir auf dem Bahnsteig waren.

Jeden Touristen sprachen sie an. Einige, wie ich auch, kauften ihnen etwas am Kiosk. Brot, Kekse oder eine Dose Cola. Dünn und schlabbrig hingen ihre verdreckten und löchrigen Kleidchen oder Hosen an ihren ausgemergelten Körpern herab. Schuhe hatten sie keine. Ihre kleinen und jungen Kinderbeine tippelten schnell und barfüßig auf dem schmutzigen Beton des Bahnsteigs, rannten von einem Touristen zum nächsten, bremsten, stellten sich ihnen in den Weg, streckten ihnen die Hände mit den Handflächen nach oben entgegen. Verfilzt standen die schwarzen, dicken Haarsträhnen von ihren Köpfen, darunter die oft von Krusten oder Schmutz überzogene Haut ihrer jungen, unverbrauchten Kindergesichter, die doch so wenig hier erlebten, was das Kindsein ausmachte.

Es war bald zehn Uhr. Längst schon Schlafenszeit für die Kinder, dachte ich. Ihre kleinen Körper sahen müde aus. Wo wohl ihr Zuhause war? Wo sie heute Nacht wohl schlafen würden? Ich wünschte mir, dass irgendwo jemand auf sie wartete und sie dort ein gutes Nachtlager fänden. Wann machen sie hier wohl »Feierabend«?

Um halb elf machen sie Feierabend, lernte ich in dieser Nacht. Ein vielleicht fünfjähriges Mädchen in einem kleinen geblümten und verdreckten Kleid ging zu einem Mülleimer und zog das Blatt einer großen Zeitung heraus. Sie breitete es auf dem Boden aus, ungefähr zwei Meter vor mir, vor der Bank, auf der ich saß. Sie ging auf die Knie, legte sich auf das Blatt und rollte sich zusammen.

Was? Hier? Das ist es? Ist das dein Nachtlager, meine Kleine? Komm, sag, dass das nicht so ist. Du willst doch hier nicht die Nacht verbringen, mitten auf dem Bahnsteig?

Doch ihr Kopf lag schon auf dem harten Beton des Bahnsteigs, kein Kissen, nichts. Die nackten, schon vor Kälte zitternden Beine hatte sie ganz nah an sich herangezogen. Ein weiteres Mädchen kam hinzu. Sieben Jahre vielleicht mochte sie sein. Sie kniete sich nieder zu ihrer Freundin und kuschelte sich in Löffelchenhaltung an sie heran, umarmte sie von hinten und wärmte sie ein wenig. Nein, kommt, bitte nicht! So schlaft ihr hier? Auf einem Blatt Zeitung auf dem Betonboden des Bahnsteigs? Ja doch, so war es.

Etwas später rollte mein Zug in den Bahnhof. Langsam ging ich an den Mädchen vorbei und stieg ein. Ich stellte mich ans Fenster und sah, wie ein kleiner Junge kam, zum Mülleimer ging und noch ein Blatt Zeitung herauszog. Er ging zu den beiden Mädchen und deckte sie zu, mit diesem Zeitungsblatt. Sie rührten sich nicht, schliefen vielleicht schon.

Der Zug rollte an, ich blickte zurück, sah sie dort immer noch liegen, und bevor sie aus meinem Sichtfeld verschwanden, sah ich noch, wie der Fahrtwind des anfahrenden Zuges ihnen das Zeitungspapier von ihren kleinen, frierenden Körpern wehte. Wie sehr wünschte ich mir in diesem Augenblick eine gerechtere Welt.

Das Bild dieser Mädchen ging mir nicht aus dem Kopf. Die ganze Fahrt lang dachte ich an sie. Werden sie sich erkälten, haben sie Hunger, fürchten sie sich, sind sie dort sicher, vermissen sie ihre Eltern, und leben diese überhaupt noch? Ich sehnte mich bei all diesen Gedanken nach meiner westlichen Oase in Delhi, meinem Connaught Place. Ich konnte es kaum abwarten, wieder das McDonald's-Logo zu sehen, um mir mit diesem Symbol selbst vorgaukeln zu können, dass ich heraus sei aus dieser Welt des Elends. Doch noch war ich es nicht.

Es war schon nach Mitternacht, als der Zug in den Bahnhof von New Delhi einrollte. Ich nahm mir ein Taxi zum Hotel. Ich hatte genug davon, allein durch die dunklen Straßen Indiens zu laufen.

Das Taxi setzte mich vor dem Eingang meines Hotels ab. An diesem Ort ließ es sich das »Incredible India« nicht nehmen, mir vor dem Zubettgehen doch noch eine letzte Szene vorzuspielen, in der die Armut Regie führte.

Eine Frau, vielleicht Mitte dreißig, lag dort zusammengerollt am Fuße einer Betonsäule auf den schmutzigen, kaugummibeklebten Platten des Bürgersteigs. Ihre Knie bis zur Brust angezogen, ihre Hände hatte sie unter ihren Kopf geschoben.

Sie rührte sich nicht, atmete seicht, sie schlief, war zu Tode erschöpft, oder vielleicht war sie auch dank Drogen für einen Moment in einer schöneren Welt als der, auf der sich ihr ausgehungerter Körper gerade vor Kälte zusammenkauerte. Ihre Glieder waren abgemagert, die Formen ihrer Beckenknochen und Rippenbögen drückten sich durch den nur dünnen Stoff ihres zerrissenen Rocks und ihres löchrigen Männerhemdes, unter dem nichts mehr war als ihre leicht zitternde, braune Haut. Arme und Beine, alles verdreckt, schorfig und fleckig, ihre langen Haare verteilten sich filzig auf dem Beton, und in diesen Haaren sah ich langsam und müde streichelnd die Finger einer kleinen Kinderhand. Es war die Hand ihrer vielleicht dreijährigen Tochter, die völlig nackt, ohne Hose, ohne Hemdchen, ohne alles, neben ihrer unerreichbaren Mutter kniete, sie besorgt und traurig mit ihren großen, braunen Kinderaugen anblickte, sie zärtlich anstupste und immer wieder leise »Ammi« flüsterte. »Ammi.«

Ich stand zwei Meter entfernt, doch sie nahm mich nicht wahr. Zu beschäftigt war sie damit, von ihrer Mutter endlich ein Lebenszeichen zu bekommen, damit die Sorge um sie aufhörte, damit das Alleinsein aufhörte, damit die

Angst aufhörte, nach dieser Nacht alleine in dieser Welt zu stehen.

»Nein«, dachte ich und wie gelähmt schaute ich auf die Frau, auf das kleine Mädchen, »Nein, das auch noch. Erst die brennende Leiche, dann die Bahnhofskinder, dann jetzt das hier. Mir ist das zu viel! Einfach zu viel, es reicht!« Und wieder beschlich mich dieses ohnmächtige Gefühl. »Was soll ich denn jetzt tun?« Vielleicht stand ich noch eine Minute vor ihnen, ohne etwas zu sagen, ohne etwas zu tun, und in mir, dort wo das Herz schlägt, dort wurde es so schwer, so unerträglich schwer und traurig, so sehr, dass ich mich einfach langsam von ihnen wegdrehte, um dieser Schwere zu entkommen, und lief über den roten Teppich auf der Treppe des Hotels hoch zu meinem Zimmer.

»Was bin ich nur für ein Arschloch!«, dachte ich. »Wieso tue ich denn nichts? Wieso besorge ich nicht irgendeine Decke, kaufe ihnen einen dämlichen Big Mac oder tue sonst was?«

»Tu was, Theo!«, rief es in mir, doch nein, ich tat nichts. Schloss einfach meine Zimmertür hinter mir und fiel auf meine weiche Matratze. Zu viele Elendsbilder hatten heute schon an mir gerüttelt, schwirrten noch, suchten noch ihren Platz in mir. Die Überdosis Armut wirkte noch, lähmte noch, betäubte noch, schickte mich einfach ins Bett, ließ kein Handeln, ja nicht mal Mitgefühl zu, nur Traurigkeit, ohnmächtige Traurigkeit.

Am nächsten Morgen waren sie weg, Mutter und Kind. Keine Ahnung, wohin. Ich hasste Indien für seine Armut, für den Dreck, die Ungerechtigkeit, für die Schonungslosigkeit und Plötzlichkeit, mit der es mir ungefragt seine Bilder vorführte. An diesem und am nächsten Tag trieb ich mich ziellos, aber immer ganz in der Nähe meines Hotels herum, erholte mich in guten Restaurants, aus denen man die Bettler verscheuchte, lungerte stundenlang in sauberen

Internet-Cafés, um Mails aus der Heimat zu lesen, und blieb in Reichweite meiner »Connaught-Oase«, um vorerst nicht wieder von »Indien« überfahren zu werden.

Martin war wieder da. Auch er hatte es nach seiner Rallye von Shimla nach Delhi geschafft.

»Und, wo ist der Siegerpokal?«, begrüßte ich ihn im Lokal, in dem wir uns verabredet hatten.

»Ach, vergiss es«, antwortete er frustriert, »gleich am ersten Tag war Schluss für mich. Bin irgendwo falsch abgebogen und dadurch völlig aus der erlaubten Zeit herausgefahren. Aber eigentlich ist es gar nicht so schlimm, denn an dem Tag waren nicht nur ich, sondern mehr als die Hälfte aller Fahrer ausgeschieden. Außerdem wurde später die gesamte Rallye wegen Schneefalls auf den Pässen abgesagt.«

Mitleid hatte ich nicht wirklich. Ich zuckte mit den Schultern und fühlte mich eher bestätigt: Abenteurer sein muss nicht sein. Nicht für mich.

Kurz darauf verließen wir Delhi, die Megastadt mit ihren mehr als 16 Millionen Menschen und waren auf dem Weg nach Nepal. Am Morgen unserer Abfahrt zickte Martins BMW. Sie hatte auf der Rallye wohl doch mehr gelitten als gedacht, der Motor sprang nur nach langem Orgeln an und schien auch nicht die volle Leistung zu bringen. Dass wir beide von Motorradtechnik keine Ahnung hatten, half uns sehr dabei, diese Warnzeichen zu ignorieren und Delhi gut gelaunt hinter uns zu lassen.

Nach 130 Kilometern war Schluss mit guter Laune. Irgendwo zwischen zwei indischen Käffern nebelte weißer Rauch aus Martins Auspuff. Immerhin wussten wir: Weißer Rauch aus dem Motorradauspuff ist nicht gut. Die Zylinderkopfdichtung konnte hinüber sein. Keine Chance. Das Motorrad musste zurück nach Delhi. Wir mussten eine

Werkstatt finden, Ersatzteile bestellen, auf deren baldiges Eintreffen hoffen und sie einbauen lassen. Das würde einen Monat dauern, mindestens!

Die Aussicht, nochmals vier Wochen in der Nähe delhischer Armut zu verbringen, war wenig verlockend. Es reichte mir, ich wollte weg. Ich musste mich entscheiden: Allein weiterfahren oder noch einmal zurück. Beide Alternativen würgten mich. Was wäre denn, wenn ich jetzt eine Panne hätte, allein irgendwo in Nepal? Ich hatte noch nie ein Rad ausgebaut und einen Reifen geflickt, kannte Nepal nicht, wusste nicht, wer oder was dort auf mich wartete. Dennoch, ich war inzwischen mutiger als noch vor ein paar Monaten, und ich entschied mich, allein weiterzufahren, schließlich war auf den letzten 25.000 Kilometern nie etwas mit meinem Motorrad passiert, also warum gerade jetzt? Zudem hatte ich das Gefühl, dass es Martin ganz recht war, auch die nächsten Wochen ohne mich zu verbringen.

So war auch der Abschied kurz. Martin qualmte ab in Richtung Westen. Wir wollten mailen und verabreden, von welchem Ort auf der Welt aus wir irgendwann wieder gemeinsam weiterfahren wollten. Martin verschwand aus meinem Sichtfeld, und von der Sekunde an war ich allein. Es war still auf der Landstraße, kein Verkehr, nichts, nur ich und mein Motorrad. Von jetzt auf gleich war ich ohne meinen »starken Martin«, ohne meinen Rückhalt, ohne jemanden, auf den ich mich im Notfall verlassen konnte. Ich stand irgendwo in Indien, und mir war, als hätte mir jemand während der Fahrt den Sicherheitsgurt gelöst, als hätte jemand das Sprungtuch unter mir zusammengefaltet, als wäre ich alleine in einer fremden Welt. Und so war es dann wohl auch. Ich war angespannt, nervös.

So nervös, dass ich auf den folgenden hundert Kilometern genauestens auf mögliche Störgeräusche des Motors achtete, mir überlegte, was ich tun würde, wenn ich hier mit einer Panne liegen bliebe. Martin war weg, und ich war dabei, etwas zu tun, was ich mir vor Monaten niemals zugetraut hätte, nämlich auf mich allein gestellt mit einem Motorrad durch Nepal, Thailand, Laos, Vietnam und Kambodscha zu fahren. Spießer und Sicherheitsdenker machen doch so etwas nicht.

Am nächsten Tag passierte ich problemlos die Grenze zu Nepal. Keine zwanzig Minuten rollte ich über die holprigen Straßen des neuen Landes, und es war, als hätte ich es herbeibeschworen. Mein Vorderreifen begann zu schwimmen, schien tatsächlich die Luft zu verlieren. Nein, bitte nicht. Nicht hier. Hier gab es nur ein paar armselige Hütten am Straßenrand und weit und breit keine größere Stadt, in der ich Hilfe finden würde. Nervös beobachtete ich den Reifen, doch es gab keinen Zweifel. Das Scheißding war gleich platt. Ich musste anhalten, konnte damit keinen Meter mehr fahren. Was tun? Fuck! Ich schaute mich um und traute meinen Augen nicht. Rechts von mir am Straßenrand, keine zehn Meter entfernt, stand eine heruntergekommene Hütte, vor der sich Reifen stapelten und in der Motorräder repariert wurden. Was für ein Zufall! Zufall?

Die ölverschmierten Nepalesen machten eine guten Job, entfernten den eingefahrenen Nagel, flickten den Schlauch, und eine halbe Stunde später rollte ich wieder über die Straße.

Genau 80 Kilometer später geschah es zum zweiten Mal. Diesmal war es der Hinterreifen. Platt. 25000 Kilometer lang hatte ich nie einen Plattfuß, und kaum war Martin nicht mehr bei mir, erlebte ich die zweite Panne innerhalb von zwei Stunden? Was sollte das?

Diesmal kam ich nicht vor einer Reifenwerkstatt zum Stehen. Links gab es Wald, rechts Felder. Nur ein winziges Gehöft, aus dessen türlosen Eingang heraus mich Karan anblickte. Er mochte vielleicht 25 Jahre sein. Mit seiner sauberen Kleidung, seinen gescheitelten Haaren und seiner Brille wirkte er fast schon intellektuell und weniger wie ein nepalesischer Landwirt. »Do you have any problems?«, hörte ich ihn sagen und konnte kaum glauben, dass hier im Nirgendwo einer so gutes Englisch sprach. Karan, so erfuhr ich von ihm, arbeitete im 12 Stunden entfernten Kathmandu, in einer Export-Firma, und war heute zu Besuch bei seinem Bruder, dem Besitzer jenes Gehöfts.

Karan verriet mir, etwa zwei Kilometer weiter schon mal einen Kompressor – oder so etwas Ähnliches – gesehen zu haben, also könnte da auch eine Reifenwerkstatt sein. Fahren konnte ich mit der BMW dorthin nicht mehr, ein Auto hatte er nicht, doch ein Kinderfahrrad bot er mir an.

Doch zuerst fingerte ich nervös und ungeübt das erste Mal mit dem Bordwerkzeug die schwere Motorradkette vom Ritzel und murkste das Rad irgendwie aus seiner Verankerung, wuchtete es auf den Gepäckträger des kleinen Fahrrades, bedankte mich bei Karan und strampelte ölverschmiert mit den Knien abwechselnd dicht unter dem Kinn in schwerer Motorradkluft auf einem viel zu kleinen, nur halb aufgepumpten, rosa beblümten Mädchenfahrrad, beladen mit dem schweren Rad, vorbei an den staunenden Gesichtern weiterer Nepalesen am Straßenrand in die Richtung, in der mir der Kompressor verheißen worden war.

Tatsächlich, nach drei schweißtreibenden Kilometern und mit von der Anstrengung tauben Oberschenkeln bot sich mir der erlösende Anblick eines Kompressors mit einem ölverschmiert reifenflickenden Typen davor. Genau das, was ich brauchte. Eine Stunde später strampelte ich mit einem breiten Grinsen und doch in geübt kläglich und bizarr anmutender Weise mit geflicktem Reifen im Gepäck auf dem rosa Gestänge zurück und war kurz darauf mit der wieder fahrtüchtigen BMW weiter auf meinem Weg in Richtung Kathmandu.

Ich weiß nicht, weshalb mir ausgerechnet so kurz nach der Trennung von Martin diese beiden Reifenpannen innerhalb von zwei Stunden passiert waren, doch sie hatten ihren Zweck, denn sie ließen augenblicklich das angstbeklebte Gefühl, mit Pannen nicht allein zurechtzukommen, verschwinden.

Damals, zu Beginn der Reise, da brauchte ich den »starken Martin«, seine Mut machende Ausstrahlung auf mich. Ich brauchte ihn, um diese Reise anzutreten. Jetzt aber schien ich ihn nicht mehr zu brauchen, schien allein klarzukommen. Es war, als hätte er seinen Teil zu meinem Lebensweg beigetragen, als hätte er mir zeigen sollen, wie man Grenzübergänge meistert, wie man sich Quartiere besorgt und das Essen in der Restaurantküche ordert, einfach, wie man »weltreist«.

Das alles aber konnte ich jetzt, und als ich es konnte, da verschwand er mit qualmendem Motorrad aus meiner Reise. Alles zur rechten Zeit. Ich war nicht mehr der »Mitfahrer«, wie er mich immer nannte, jetzt war ich selbst Weltreisender.

Danke für die Zeit, Martin.

Martin und ich trafen uns noch einmal in Kambodscha, um das offizielle »Aus« unserer gemeinsamen Tour zu besiegeln, und fuhren seitdem getrennt.

Wartehalle des Todes

Jeewan hockte hinter seinem Schreibtisch in seinem dunklen, fensterlosen Sales-Office mitten in Nepals Hauptstadt Kathmandu. Er war der Inhaber von »Eagles Eyes

Export Cargo Services«. Ich saß ihm gegenüber und beäugte ihn kritisch. Schließlich ging es darum, ihm mein Motorrad anzuvertrauen, um es mit seiner Hilfe per Flugzeug nach Thailand zu bringen.

Die 4000 Kilometer von Kathmandu nach Bangkok wäre ich gern selbst gefahren, vorbei an Teefeldern im indischen Darjeeling, quer durch die verwaldeten und vertempelten Berge Myanmars, doch ausgerechnet dieses Land erlaubte es nicht: No entry for big bikes! – so lauteten die Vorschriften. Warum auch immer.

»Und das klappt? Hast du das schon mal gemacht?«, fragte ich Jeewan, den kleinen, etwas dicklichen Nepalesen.

»Sure«, sagte er, nickte und zog im selben Moment – so als hätte er nur auf diese Frage gewartet – ein abgewetztes Fotoalbum aus einer Schublade hervor.

»Look here, and here, and here!«, sagte er und seine gepflegten Finger glitten seitenweise über Fotos von Reisemotorrädern, alle auseinandergeschraubt und bereit zur Verladung. Davor jedes Mal der Besitzer mit zufriedenem Lächeln, dahinter jedes Mal Jeewan mit nach oben gestrecktem Daumen. Er wusste, wie man Motorräder verfliegt, das beruhigte mich. Aber ich wusste nicht, wie man Motorräder auseinanderbaut, das beunruhigte mich. Es half nichts, Motorräder werden nur verflogen, wenn sie in einer Kiste verstaut sind, und um die Kiste klein und damit Kosten niedrig zu halten, war die Maschine auseinanderzubauen.

Wir trafen uns zwei Tage später in einer Lagerhalle am Flughafen. Jeewan fuhr mit einem Kleintransporter vor, zusammen mit einem Schreiner und seinen zwei Helfern. Hinten auf der Ladefläche einen Stapel Holzbretter für die Kiste.

Bis auf den Radausbau hatte ich bis dahin noch nie bei meinem Motorrad Hand anlegen müssen. Ich kramte das Werkzeug aus den Koffern und erstmalig das Buch »BMW

F 650 GS Reparatur und Wartung«, das ich mir damals am Abreisetag noch besorgt hatte.

Jeewan und seine Schreiner kletterten auf eine hohen Stapel Paletten, nahmen dort Platz und blickten zu mir herunter, wie ich fieberhaft in der Fibel blätterte, um eine Idee davon zu bekommen, wie man das Benzin ablässt, Schutzbleche und Lenker abbaut oder die Batterie fachmännisch entfernt.

Ich löste Schrauben, und einige Teile fielen ab. Allerdings welche, die nicht abfallen sollten. Peinlich. Ich zog die Schrauben wieder an und probierte andere. Mit breitem Dauergrinsen genossen die Herren in der Palettenloge meine Laienvorstellung und signalisierten mir mit gezwungenem Lächeln und einem Schuss Mitleid in ihren Blicken, wie toll ich das alles machte.

Nach etwa einer Stunde war es vollbracht. Erleichtert atmeten meine Zuschauer auf und bauten die Kiste um das demontierte Motorrad herum. Ich grinste zufrieden, Jeewan streckte seinen Daumen nach oben, und der Schreiner schoss das Foto für das Album.

Tage später – ich war im Cargo-Center des Airports Suvarnabhumi in Bangkok – sah ich die Kiste wieder. Unversehrt. Ich stemmte sie auf und schraubte mühelos alles wieder an seinen Platz. Dann stieg ich auf mein vollgepacktes Motorrad, kramte den »Lonely Planet«, meinen Reiseführer, aus dem Tankrucksack, spähte mir ein günstiges Hotel in einem Touristenviertel Bangkoks aus und fuhr los. Bei meinen Bummeln durch die Metropole entdeckte ich in den nächsten Tagen ein gigantisches Kaufhaus, in dem es nur um Elektroartikel ging. Es war genau das, was ich brauchte, denn mittlerweile hatte ich es satt, immer in überfüllten, verengten Internetcafés vor versifften Tastaturen herumzuhängen und meine Mails abzurufen. Die meisten meiner Unterkünfte boten WiFi an, und mit einem eigenen Laptop könnte ich auch allein abends ganz bequem im Bett im Internet unterwegs sein und meine Korrespondenz erledigen. Schnell war ein Gerät gefunden, eines, das mit seinem Zwölf-Zoll-Monitor auch noch problemlos in den Motorradkoffern Platz finden würde. Gleich am Abend richtete ich mir alles auf dem Rechner ein und saß mit meiner neuen Errungenschaft auf den Oberschenkeln auf meinem Hotelbett. Ab und zu schrieb ich auf, was ich unterwegs erlebt hatte, und versandte die Texte als Newsletter an alle, die sie lesen wollten. So saß ich auch damals vor dem Rechner und begann zu schreiben.

Ich schrieb vom Taj Mahal, von den bettelnden Kindern auf dem Bahnhof in Agra, schrieb davon, wie sich die kleinen Mädchen vor mir auf dem Bahnsteig auf einem Blatt Zeitungspapier zum Schlafen legten. Ich hatte kaum die ersten Zeilen getippt, schon war es so, als ob sich meine Finger selbständig machten. In meinem Kopf lief ein Film ab, sah sie wieder genauso vor mir. Ich fühlte den gleichen Schmerz, die gleiche Traurigkeit und das gleiche Entsetzen, wie damals auf dem Bahnhof. Und während all das passierte, tippten meine Finger, ohne dass ich es wirklich merkte, das Erlebte in den Laptop. Ich musste nicht überlegen, was ich schreiben wollte, ich schrieb einfach, so leicht flossen die Buchstaben in den Rechner, so als diktierte mir ein anderer einfach meine eigene Geschichte, als wäre mein Kopf gar nicht daran beteiligt, nur mein Herz. Es war, als erlebte ich all das in dem Moment noch einmal. An diesem Abend schrieb und schrieb ich, bis mir beinahe die Augen zufielen. Es war schon weit nach zwei Uhr in der Nacht, als ich den Rechner von meinen mittlerweile eingeschlafenen Beinen schob, mich zur Seite drehte und sofort einschlief.

Am nächsten Morgen, nach dem Frühstück, fuhr ich den Rechner hoch, wollte lesen, was ich alles in der Nacht getippt hatte. Und als ich den Text las, war es wieder so: Ich versank erneut in meine Geschichte, fand mich wieder am Bahnhof von Agra, sah die Mädchen wieder vor mir, ihre verfilzten Haare, ihre verkrustete Haut, den bettelnden Blick aus ihren braunglänzenden Augen, und wieder überfiel mich die unendliche Traurigkeit von damals. Ich saß auf meinem Hotelbett und heulte.

An diesem Tag entdeckte ich das Schreiben für mich. Bislang hatte ich zumeist Tagebuch geführt, schrieb jeden Tag ein paar Zeilen in ein Notizbuch, nur damit ich mich später an jeden Tag noch erinnern konnte, doch ich schrieb selten, was die Tage, die Begegnungen mit mir gemacht hatten, was mich bewegt, bestürzt, beglückt hatte. In den Texten hier am Laptop tat ich es. Ich konnte auf diese Weise die Tage meiner Reise zurückholen, sie wiederbeleben. Es war weit mehr als nur eine Erinnerung an irgendwelche Begegnungen oder Gefühle, was die Buchstaben in mir auslösten, es war, als würden sie mich schon nach ein paar Zeilen hineinsaugen in das Erlebte, mich zurückschießen in den Moment und mir damit erlauben, jedes Bild, jedes Detail, jeden kleinen Augenblick noch einmal zu erleben.

Von jenem Tag an saß ich häufiger in Cafés oder auf Hotelbetten und schrieb, vielleicht auch, um meine Reise auf diese Art zu konservieren, sollten irgendwann einmal die Erinnerungen daran blasser werden.

Und zu schreiben gab es genug, denn schließlich war ich schon mehr als acht Monate unterwegs, und kein Tag war wie der andere. Kein Tag war so wie früher, als ich schon beim Aufwachen recht genau wusste, wie die Bürotage oder die Wochenenden verlaufen würden. Auch wenn es mir damals wichtig war, zu wissen, was der Tag bringt, ich das meiste schon durchgeplant hatte, so war es heute anderes. Ich vermisste sie nicht, die Ganztagsroutine, die Regelmäßigkeiten, das Verlässliche, das vorher mein Leben angeordnet, es so vorhersehbar und berechenbar gemacht hatte. Im Gegenteil, irgendwie gefiel es mir, nach dem Aufstehen nicht zu wissen, was der Tag mit mir vorhatte.

»Reisen ist wie Geschenke einsammeln«, schrieb Andreas Altmann, einer der bekanntesten deutschen Reisebuchautoren. Stimmt. Dabei waren für mich die schönsten Geschenke die, die beim Auspacken explodierten, die plötzlich und unerwartet etwas mit mir anstellten, die mich fühlen ließen, die mein Herz erwärmten oder entsetzten, die es beglückten oder beschämten, die es beruhigten oder bei denen es vor Aufregung zu zerreißen drohte. Geschenke, deren Splitter mein Herz trafen, das waren die wertvollsten, die, die in Erinnerung blieben, die, über die ich schreiben wollte.

Ich begann nach diesen explosiven Geschenken zu suchen. Wollte Orte und Menschen finden, die mir Geschichten erzählen, ich wollte beobachten und zuhören und dann vor Entsetzen wegrennen, vor Mitgefühl zergehen, vor Innigkeit zerschmelzen oder vor Glück zerspringen.

So hörte ich von einem Ort, an dem ich solche Schätze vermutete: *Wat Prabat Namphu*, eine Tempelanlage in der Nähe von Lop Buri, etwa 160 Kilometer nördlich von Bangkok.

»Planet der Affen«, schoss es mir durch den Kopf, als ich in die etwa zwanzigtausend Einwohner zählende Stadt einfuhr. Hunderte, vielleicht Tausende von Affen waren in den Straßen. Bis zu einem Meter groß, hockten sie rechts und links der Straße oben auf den Dächern in ihrem graugrünen Fell, und mir war, als beobachteten sie mich, als folgten mir hunderte hellwacher Affenaugen. Einige huschten vor mir über die Straße, turnten an Verkehrsschildern, lauerten auf abgestellten Fahrrädern oder Autos und hangelten sich an Telefonleitungen entlang. Sie benahmen sich, als hätten sie hier längst schon die Herrschaft über die Stadt übernommen, ebenso wie über die Touristen. Im Vorbeifahren beobachtete ich, wie sie auf ihnen herumkletterten, ihnen die Sonnenhüte vom Kopf stießen, sie an den Haaren zogen, an Taschen zerrten oder versuchten, nach den Fotokameras zu greifen. Die Affen waren die Attraktion, und die Besucher wollten es scheinbar nicht anders. Was für ein Ort.

Ich fuhr noch einen Kilometer weiter, bevor ich in diesem Affenzoo ein Hotel ausmachte. Jetzt war in der Straße kein Tier zu sehen. Beruhigend. Ich hielt und nahm meinen Helm vorsichtig ab. Doch zu früh.

Noch auf dem Motorrad sitzend spürte ich, wie etwas Größeres hinten auf meine Gepäcktasche sprang. Blitzartig drehte ich mich um und blickte in die Augen eines Affen, so groß wie ein vielleicht zweijähriges Kind. Ich erstarrte, reagierte nicht, konnte nicht. Sekunden, endlose Sekunden stierte ich in das viel zu nahe Gesicht, roch fauligen Affenatem. Was soll das? Was will er? Was macht er als Nächstes: Komm, hau ab, Mann!

Sein Maul öffnete sich langsam, zeigte mir kurz seine spitzen Zähne, und mit einem Satz sprang er auf mich zu. Ich spürte einen Schlag an meinem Arm, so schwer war er, merkte, wie er sich hochzog auf meine Schulter. Panisch riss ich Schultern und Ellenbogen hoch, wollte ihn wegstoßen, doch er griff kräftig hinein in meine Haare, hielt sich fest und schrie schrill und bedrohlich, direkt hinein in mein Ohr.

Ich schlug um mich, schüttelte mich, spürte das enorme Gewicht des Affen, der noch haltsuchend nach meiner Sonnenbrille griff, bevor er hinunter auf den Bordstein stürzte, sich dort schnell wieder sammelte, die verlorene Brille neben sich griff und sich mit ihr auf und davon machte. »Hey, meine Brille, du Arsch!«, rief ich ihm noch hinterher. »Super, klasse Begrüßung hier, tolle Stadt.«

Er war weg. Die Knie zitterten noch nach diesem Angriff. Erst langsam legten sich die Härchen auf meinen Armen wieder und der Puls beruhigte sich. Weder in der Straße noch auf den Dächern sah ich noch mehr von diesen Biestern. Egal, ich wollte weg und nichts wie rein in das Hotel.

»Wie ich sehen konnte, hatten Sie schon Bekanntschaft mit unseren Affen gemacht«, begrüßte mich der Mann hinter dem Rezeptionstresen und lachte.

»Ja, der Blödmann hat mir sogar die Brille geklaut. Nur gut, dass es so eine billige war«, erwiderte ich, immer noch sauer auf das Vieh.

»Macaca fascicularis«, klärte er mich auf. »Javaneraffen, die Tiere sind eine wirkliche Plage, aber im Grunde sind sie ungefährlich, und vor allem sind sie eine Touristenattraktion. Nur deshalb werden sie geduldet. Hier haben schon viele ihre Brille abgeben müssen«, lachte er mich an.

»Ja, klasse, wahrscheinlich sitzen sie bei gutem Wetter alle mit Sonnenbrille in ihrem Affengesicht oben auf den Dächern, haben ihr breitestes Grinsen auf und planen wieder neuen Unsinn«, musste ich nun doch mitlachen.

Bevor ich mein Zimmer bezog, wagte ich mich noch auf die andere Straßenseite und betrat ein schmuddeliges, dunkles Internet-Café, wollte nur kurz Mails abrufen, da es in meinem Hotel kein WiFi gab. Auf dem Rückweg zum Hotel sprachen mich zwei etwa zwanzigjährige Backpacker an. »Have you been there, in that internet café?«

»Yes, why not?«, fragte ich.

»Well«, sagte einer der beiden, »congratulations to your fleas. Check your legs, man.«

Shit, tatsächlich, der zottelig rote Flokati der Internetbude lebte, war springlebendig, war randvoll mit Flöhen.

Ich hatte mein Hotelzimmer noch nicht erreicht, da biss der erste zu. Ich hatte mir Flöhe eingefangen, und damit hatte das zweitägige Wadenkratzen begonnen. Wenigstens mein Zimmer schien sauber. Ich schloss die Tür hinter mir und schälte mich verschwitzt und klebrig aus meiner verflohten, nach Schweiß und Benzin dünstenden Motorradkluft, duschte mich ausgiebig und legte mich nackt, alle viere von mir gestreckt, auf das frischgestärkte Bettlaken. Hygiene tat gut.

Ich schloss die Augen, die kalte Luft der Klimaanlage strömte wohltuend über meine Haut. Alles war gut. Solange bis ich SIE auf meinem Ellenbogen spürte. Ich öffnete die Augen und sah: eine Kakerlake, bestimmt fünf, sechs Zentimeter lang. Noch bevor ich sie abschütteln konnte, stürmte sie meinen Arm hinauf bis zur Schulter, stoppte dort kurz, eine Handbreit vor meinen Augen, gestikulierte insektenhaft mit den langen Fühlern, ließ sich dann kakerlakenschnell von mir herunterfallen und verschwand irgendwo zwischen Matratze und Bettgestell.

Ich schoss aus dem Bett, sprang wild im Zimmer umher, wirbelte dabei mit den Händen durch die Haare, schüttelte mich, rieb mir über Arme, Beine, Bauch, Rücken, wollte alles wegschleudern, loswerden, was nicht zu mir gehört. Der Affe, die Flöhe, jetzt noch diese Kakerlake, einfach ekelig. Bah! Sie alle haben ohne Erlaubnis meine persönliche Komfortzone durchlöchert, sind einfach eingedrungen, waren mir viel zu nah.

Ich war so angeekelt, dass ich noch einmal duschte. Während das saubere Wasser warm und klar über mein Gesicht rann, erinnerte ich mich an die Mädchen im Müll von Delhi und die Kinder vom Bahnhof in Agra. Wie um Himmels Willen hielten sie den Dreck und Schmutz um sich herum nur aus? Wie winzig nur musste ihre »Wohlfühlzone« sein? Kleingefressen von der unvermeidbaren Nähe von Ratten und Ungeziefer. Aufwachen im Dreck, Tag für Tag, umgeben von faulendem Müll und krankmachenden Keimen. Ich aber hatte das Privileg zu duschen. Was für ein Geschenk.

Nach einem spärlichen Frühstück am nächsten Morgen machte ich mich auf zum Wat Prabat Namphu. Es war mehr als ein einfacher Tempel, es war vor allem ein Ort, an dem gestorben wird. Es war ein Hospiz, ein Ort, an dem verarmte, an AIDS erkrankte Thais ihre letzten Tage verbrachten. Dort wollte ich als Volontär arbeiten.

Zehn Minuten später war ich dort, passierte die offene Schranke am Eingang des Geländes, hielt nach ein paar Metern an und schaute mich verwundert um.

Bin ich hier richtig? Andenkenbuden, Kioske, ein Museum, ein Theater, Geldautomaten, kleine Ferienhäuser, übergroße Buddha- und Drachenfiguren, ein kleiner Supermarkt, ein gepflegter Park. Es sah hier weder nach einer Tempelanlage noch nach einem Hospiz aus, eher nach Disneyland oder Center Parcs.

Das Verwaltungsgebäude war ausgeschildert. Freiwillige Helfer wurden gebraucht. Eine Thai mit Flecken an den Armen drückte mir ein Merkblatt in die Hand. Patienten waschen, massieren, füttern, Windeln wechseln, Medikamente verabreichen würden meine Aufgaben sein. »Kannst du das?«, fragte die Thai. Ich wollte den Job und gab mich kompetent. »Ja, sicher!«, sagte ich selbstbewusst und nickte gelassen, als wäre ich schon seit dreißig Jahren Krankenpfleger in den Slums von Kalkutta.

Tawatchai hieß der etwa fünfzigjährige AIDS-Patient, der mir als »Introducer« an die Seite gestellt wurde. Er sollte mir das Gelände zeigen und mich dem Pflegepersonal vorstellen. Wir verließen die Verwaltung. Zuerst führte er mich vorbei an diesen »Ferienhäusern«.

»Ein Bett, ein Tisch und eine Toilette gibt es jeweils darin«, erklärte er mir und deutete auf Haus Nr. 38. »Hier wohne ich«, sagte Tawatchai, und ich hörte etwas Stolz in seiner Stimme. »Hier wohnen alle die, die sich noch allein versorgen können, die noch laufen und etwas arbeiten können.«

»Gibt es auch Kinder im Hospiz?«, fragte ich Tawatchai »Nein, aber wir haben noch einen AIDS-Kindergarten etwa einhundert Kilometer entfernt von hier. Kinder sterben dort aber kaum noch an AIDS. Für sie gibt es gute Medikamente«, klärte er mich auf.

Wir folgten einem Schild »Center of Hope«. Ich wusste anhand des Lageplans, der mir in der Verwaltung mitgegeben worden war, dass dies der Ort war, an dem gestorben wurde. Kurz darauf stemmte sich Tawatchai gegen die schwere Glastür am Eingang des Centers. Der Geruch von Desinfektionsmitteln, frischer Wäsche, verbrauchter Luft und noch etwas anderem, etwas Staubigem, Morbidem, von etwas, das ich so noch nie in Krankenhäusern wahrgenommen hatte, schlug mir ins Gesicht. Wir standen in einem großen Saal mit weißen Fliesen und mit vielleicht dreißig belegten Betten. Alles wirkte sauber und steril, bis auf den Hund, der an einem vom Bett schlaff herunterhängenden Patientenarm leckte.

Menschen im letzten Stadium ihrer Krankheit lagen hier. Ich fand sie eingerollt, lethargisch, siechend, starrend und über allem – auf den Tod wartend. Ja, »Warten« ist hier die Überschrift. Leben ohne Plan, ohne Zukunft. Der Tod lag in der Luft. Ja, vielleicht war das der befremdliche Geruch, den ich nicht zuordnen konnte. Vielleicht roch so der Tod.

»Wartehalle des Todes« kam mir in den Sinn. Keine Sorge, jeder kommt dran, wir schließen nie. Der Tod ist immer im Dienst. Macht euch keine Gedanken. Und ich mitten darin. Sicher, ich hatte hier als Einziger keine Wartemarke, und ich würde auch nicht aufgerufen, solange ich mich vorsichtig verhielt, dennoch, so nah und so intensiv war ich noch nie vom Tod umgeben. Hier wurde gemäht, hier ließ der Tod seine Sichel kreisen.

Einige von ihnen waren schwere Tuberkulosefälle, doch eine Einweisung, wie ich mich jetzt zu verhalten hatte, gab es nicht. Ein Patient im Bademantel schluffte auf mich zu. Lachte mich schüchtern an, reichte mir seine verschwitzte, von blauen AIDS-Flecken übersäte Hand. Mir wurde anders, ich wusste nicht, was ich tun sollte. Hitze stieg in mir auf, ich spürte, wie mir die Röte in die Wangen schoss. Ich konnte ihn doch nicht anfassen, ihm diese Hand so einfach schütteln? Keiner hatte mir gesagt, wie ich mich hier schützen musste. Er hatte AIDS und ich hatte Angst – und keine Handschuhe. Auch Tawatchai sagte nichts.

Vor mir zitterte knöchrig die ausgestreckte fleckige Hand, bedrohlich streckte er sie mir entgegen. Ich wusste nicht, was ihre Berührung bedeutete. Um zu viel ging es hier, in der Wartehalle. Ich war vorsichtig. Solange ich die Spielregeln nicht genau kannte, ignorierte ich die ausgestreckte Hand und grüßte auf Thailändisch zurück: Ich faltete die Hände vor mir und verbeuge mich im Ansatz. Nur um ihn nicht anfassen zu müssen. Tawatschai spürte meine Angst, meine Ablehnung, und ich sah, wie er traurig den Blick senkte. Ich Feigling!

Wir verließen den Saal, endlich. Tawatchai zeigte mir den Rest der Anlage und übergab mich danach an das Pflegepersonal im »Center of Hope« als neuen Volontär. Ich bekam meinen ersten Job, und der hatte es bereits in sich.

Anchali war meine erste Patientin. Etwa fünfunddreißig Jahre alt. Lethargisch, mit zur Decke gerichtetem, starrem Blick, lag sie halb zugedeckt in ihrem Bett. Unter ihrem dünnen weißen Nachthemd zeichnete sich eine durchnässte Windel ab.

»Sie ist schon lange hier«, erklärte mir eine Schwester. Anchali war zusammen mit ihrem Mann hier angekommen. Beide hatten AIDS. Nach wenigen Monaten starb er. Etwas später lernte sie Wanchai kennen, einen weiteren Patienten hier in der Wartehalle. Sie waren ein sehr glückliches Paar, unzertrennlich. Doch auch er starb nach kurzer Zeit. Das war zu viel für sie. Sie wollte nicht mehr, wollte nicht mehr verlieren, wollte nicht mehr abwarten, nicht allein sein. Sie kletterte auf das Dach des Tempels und sprang.

Dabei brach sie sich beide Hüften. Seitdem saß sie im Rollstuhl, ihr vormals hübsches Gesicht war entstellt, ihr Hirn arbeitete nur noch mit halber Kraft, wenn überhaupt.

Ich sah ihre nässenden Wunden, ihre Flecken an Armen und Beinen, sah den Speichel, der aus ihrem Mund herauslief, starrte auf die Körpersäfte, die das tödliche Virus trugen. Was nur ist mein Job? Sollte ich sie etwa anfassen, sie waschen, ihre Windeln wechseln? Oh nein, ich konnte mir nicht vorstellen, sie zu berühren, hochzuheben, sie und das AIDS-Virus so nah an mich heranzulassen. Wollte nicht ihren kranken Atem riechen und ihre Ausflüsse auf meiner Haut spüren. Bitte nicht.

Ich atmete auf, als ich verstand, was ich tun sollte: spazieren fahren. Ich sollte sie einfach nur spazieren fahren.

Die Schwester legte sich Anchalis Arm um die Schulter und wuchtete sie gekonnt in einen Rollstuhl, wischte ihr den Speichel aus dem Gesicht und erklärte mir, wo ihre Lieblingsplätze seien. Ich solle auf keinen Fall vergessen, am »Life Museum« mit ihr vorbeizufahren, rief sie mir nach, als ich Anchali aus dem Center schob.

Im »Life Museum« waren fünfzehn Leichen ausgestellt. Kleine Tafeln neben ihnen verrieten mir ihren Namen, ihr

Alter und ihren Beruf. Fast alle waren sie »Sex-Worker« gewesen, bevor sie hierhergekommen waren. Blutleer und durchgespült mit Formalin standen sie dort nackt und senkrecht von Eisenstangen gehalten. Haare, Augen, Zähne, Geschlechtsteile, Tätowierungen, alles gut erhalten und sichtbar. Ein Museum, das den gesunden Besuchern dieses Hospizes zur AIDS-Aufklärung und zur Abschreckung dienen sollte.

Anchali deutete mir an, dass ich sie vor Präparat Nr. 9 schieben und dort stehen lassen solle. Ich schob sie dort hin, ging ein paar Schritte zurück und beobachtete, was geschah. Leise begann sie zu reden, dann flüsterte sie, dann schwieg sie, senkte den Kopf und betete. Dann wieder sprach sie lauter, und ab und zu, ja, da lachte sie sogar laut auf. Verwundert und etwas hilflos stand ich hinter ihr und verstand nicht. Was machte sie hier, mit wem sprach sie?

Ein anderer Volontär lief an mir vorbei, erkannte meine Ahnungslosigkeit, deutete auf Präparat Nr. 9 und sagte nur kurz: »Wanchai, war ihr Freund.« Jetzt wurde mir klar, ich musste für einen Moment die Augen schließen, hörte mich schlucken, hörte Anchali kichern und begriff, wie der Tod hier im Hospiz doch Hand in Hand mit dem Leben die Runden zieht. Ich brachte Anchali zurück und machte Feierabend für diesen Tag.

Einige Patienten schienen nur auf mich zu warten, als ich am nächsten Morgen im »Center of Hope« erschien. Sie wussten, ich war Volontär, und eine meiner Aufgaben war es, die gebeutelten Körper zu massieren. Zwei von ihnen zeigten sogleich auf ihre von Hautkrebs bereits dunkel gefleckten und schmerzenden Arme und Beine.

Ich quetschte mich in Gummihandschuhe. Größe »M«. Viel zu klein, wohl nur für die kleinen Hände der Thais gemacht. Andere gab es nicht. Also gut, muss auch so gehen, nur reißen dürfen sie nicht, auf keinen Fall. Mit Mundschutz und etwas Nivea-Creme bewaffnet näherte ich mich dem Körper, mein Herz klopfte heftig. Ich wusste, es konnte nichts passieren, wenn ich vorsichtig war. Dennoch. Vor mir eine offene, leicht blutverschmierte Wunde. Bloß nicht berühren. Der Patient hustete mir entgegen, ich spürte seinen ranzigen Atem in meinem Gesicht. Ruhig bleiben. Es ist nicht gefährlich. Ich bin geimpft, bestimmt auch gegen Tuberkulose. Mach deinen Job!

Ich massierte, vorsichtig, spürte mehr Knochen als Fleisch unter meinen Fingern, blickte mich um, sah überall fleckige Karzinome, noch mehr blutende Wunden, ausgemergelte Körper, das blutige Zahnfleisch, die schuppigen Häute, die wegdämmernden Blicke, das gelbe Weiß in den Augen. Die Leben, die hier lagen, steckten in Körpern, die nicht mehr konnten, die am Ende waren, in Körpern, auf deren endgültiges Versagen geduldig gewartet wurde, nur um sie dann in tausendfach geübtem Prozedere in Kisten zu legen und in Öfen zu schieben.

Am dritten und vierten Tag wurde Massieren zu meiner Hauptbeschäftigung. Bald wusste ich, was die Sterbenden mochten und was nicht, wusste, dass sie nie genug bekamen von den Berührungen, da sie von den Schmerzen und den Gedanken, an das, was kommt, ablenkten. Langsam gewöhnte ich mich an den Geruch von Desinfektionsmitteln, an die morbiden Anblicke und begann mich für die Geschichten der zum Tode Verurteilten zu interessieren, wie die von Daruni:

Sie war achtzehn, als sie ihrem ersten Freund begegnete. Sunte war einige Jahre älter, und sie vertraute ihm, sie war verliebt. Dennoch war sie vorsichtig, und so zögerte sie lange und ging noch nicht mit ihm ins Bett. Er lud sie zu sich nach Hause ein. Schließlich wollte sie auch seine Eltern kennenlernen. Der Besuch änderte ihr Leben. Änderte alles: Sie begrüßten sich herzlich, sie lachten zusammen, sie schauten Familienfotos, Sunte war stolz, sie vorzustellen, Suntes Schwester mochte Daruni sofort, Suntes Mutter kochte phantastisch, Suntes Vater vergewaltigte sie, Sunte half ihm dabei, hielt sie fest, Suntes Mutter schloss die Tür, ließ es geschehen. Suntes Vater war HIV-positiv. Er wusste es, er tat es dennoch. Er tat es dennoch! Weshalb? Warum nur?

Für mich so unbegreiflich. Ich sah Daruni hier vor mir, sah, was dieser Mann diesem Leben angetan hatte. So ganz ohne Grund, ohne Recht, ohne Moral, ohne Denken, einfach so ganz ohne alles, was das Menschsein ausmachte. Wie leichtfertig, wie achtlos doch mit Menschenleben umgegangen wurde, wie wenig sie doch zählten, wenn es nicht das eigene war.

Wut folgte meinem Entsetzen, meiner Ohnmacht. Doch Wut würde nichts bringen. Meine Rolle hier war die des Zuhörers, nicht des Richters, nicht des Anwalts, nicht des Polizisten. Ich war nur Zuhörer. Und so setzte ich mich an ihr Bett, betrachtete ihr ausgehöhltes, einst gewiss hübsches Gesicht, während sie schlief. Abermals schlich dieses warme Gefühl in meine Brust, das Mitgefühl, das Teilnehmen, so als könnte ich einen Teil ihres schweren Leides für einen Moment mittragen, sie erleichtern, bei ihr sein.

Die Geschichten der Sterbenden wirkten. Sie rührten und würgten mich zur gleichen Zeit. Und so saß ich wie benommen am vierten Tag auf irgendeinem unbelegten Bett, starrte mit leerem Blick hinein in die Wartehalle des Todes, des Todes, der in den letzten Tagen so oft und so nahe bei mir war.

Mit schwarzem, wehendem Mantel, hager, groß und etwas gebückt, schlich er um mich herum, doch nie meinte er mich, nie würdigte er mich eines Blickes, seine leeren Augen sahen mich nicht, glitten an mir vorbei, waren bereits auf den Nächsten auf seiner Liste gerichtet. Er interessierte sich nicht für mich. Ich war noch nicht an der Reihe.

Es war, als könnte ich ihn fühlen, ja, fast schon sehen, spürte einen Hauch von eisiger Luft in meiner Nähe, beobachtete ihn, wie er alleine auf dem Weg zu seiner Arbeit war. Nicht aufzuhalten, machtvoll, allgegenwärtig wie kein anderer in der Welt und doch fremd, kalt und furchteinflößend, wenn er so nah war. Unbeirrt, ja fast lautlos schwebend bewegte er sich durch die von Todesbetten gesäumten Gänge und wusste genau, an welcher Stelle, bei wem er als Nächstes halten musste und was er zu tun hatte.

So blieb er dann stehen vor einem Bett. Mit müden, traurigen Augen und einem milden, mitfühlenden Lächeln in seinem weißem Gesicht, so als würde es ihm fast leidtun, nahm er den Atem aus dem Leben, entfernte er den lebensnotwendigen Rhythmus, das nur noch zähe Auf und Ab des Zwerchfells, das müde Klopfen des Herzens aus der Brust des Sterbenden, indem er den Arm ausstreckte und langsam mit flacher, knöchriger Hand über Brust und Mund des Sterbenden fuhr und sie zur Faust ballte, in der er das vergehende Leben noch eine Weile hielt, so lange, bis das schwache Glimmen zwischen seinen Fingern erlosch und er mit einem Lächeln zuließ, wie ein kleiner sichtbarer weißer Hauch aus seiner Faust nach oben entwich.

Als ich aus meinen Gedanken erwachte und aufsah, schloss zwei Betten vor mir eine Schwester einem wohl gerade eben Verstorbenen die Augen.

Der fünfte und letzter Tag war ein Sonntag. Als wollte sich halb Thailand über HIV informieren, parkten um elf Uhr sieben große Reisebusse vor der Anlage. Sie und die zig Autos rundherum hatten bestimmt tausend Menschen hierher gebracht. Schulklassen, nein, ganze Schulen wurden hier durchgeschleust. Geordnet marschierten sie durch das Life Museum an den Leichen vorbei, auch an Wanchai. Souvenirshops, Supermarkt und Geldautomat hatten an diesem Tag ihren Zweck. Ein Altar wurde bestückt mit Gaben für Buddha. Schweinsköpfe, Hühner, Enten, Zigarren, Früchte, Süßigkeiten, Bier. Kein Genuss fehlte auf dem Tisch. Spendenboxen fanden sich an jeder Ecke, selbst ein eigenes Büro für Spender gab es. Daueraufträge, Banküberweisungen, Patenschaften, alles wurde dort arrangiert. Auch das »Center of Hope« war Teil der Führung. Einige Hundert Schüler strömten dort hindurch, blickten erschrocken auf die Wartenden, blickten verstört zu Boden und beeilten sich, die Halle, diese Darbietungen des Sterbens, schnell wieder zu verlassen. Was die Darsteller, die Todkranken, darüber dachten oder fühlten, war nicht wichtig, denn so wurde Sonntag für Sonntag das Überleben des Hospizes durch die Spenden der Besucher gesichert.

Meine Woche im Wat Prabat Nampu war zu Ende. Ich sehnte mich nach einer anderen Umgebung, nach mehr Leben mit Aussicht, mit Zukunft um mich herum. Ich wollte raus aus dem morbiden Dunst, weg von dem nicht verhandelbaren, verlässlichen Wirken des Todes. Ich wollte ihn zurücklassen in seinem Hospiz, in seiner Werkstatt, in seinem Zuhause.

Als ich die Stadtgrenze passiert hatte, die breite Landstraße vor mir sah, gab ich Gas, atmete tief durch und war auf dem Weg nach Bangkok, in eine pulsierende Stadt. Endlich fuhr ich wieder hinein ins volle Leben. Ich wühlte mich durch den Verkehr der Millionenstadt und gönnte mir nach diesen Tagen ein gutes, sauberes Hotel.

Frisch geduscht machte ich mich auf in das Nachtleben. Ich lief einfach los, ohne Ziel. Es dauerte nicht lange, und ich stand inmitten von Nana, einem in allen Farben funkelnden Vergnügungsviertel. Gibt es einen besseren Ort, um die leichenblassen Farben Lop Buris loszuwerden, um auf andere Gedanken zu kommen?

Endlich, ich spürte wieder das Gewühl in den Kneipen, Bars und Restaurants dicht um mich herum, sah Straßenzüge voll mit blinkend bunten Neonlichtern, verlor mich im Getümmel von Touristen und Thais, roch Prosecco und Parfum, hörte endlich wieder das Hupen der Autos und das Gebrabbel der Menschen, ja, ich war wieder mittendrin im Leben.

Doch irgendetwas stimmte nicht. Irgendwie hatte diese Lebendigkeit etwas Unechtes. Das Lachen, das Reden, die Berührungen, alles war nur auf eines aus. Und dann sah ich sie, die alten Männer mit den knackigen Thais an der Hand, sah ungleiche Pärchen in Hotels verschwinden, sah das Fummeln und Geifern der Männer an Tischen und Theken. Natürlich, hier ging es nur um Abschleppen, um Sex, um mehr nicht. Worum sollte es auch sonst gehen, in einem Vergnügungsviertel in Bangkok?

Und mit einem Mal verblassten die Farben um mich herum und der Geruch von Karbol kroch in meine Nase. Und als trotz dieser warmen Nacht plötzlich ein eiskalter Hauch an mir vorüber zog, da wusste ich, was ich übersehen hatte, da wurde mir klar, wo ich hier war.

Ich war nicht mitten drin im »vollen Leben«, nein, im Gegenteil, hier konnte ich ihn wieder spüren, ich hatte ihn nicht hinter mich gelassen, ich war mittendrin in seinem Reich, mitten drin in seiner Brutstätte, in der Brutstätte des Todes. Verdammt! Hier ist sie, hier ist seine Zentrale, hier arbeitet er wirklich, hier bestellt er eifrig seinen Acker, auf dem er großzügig das AIDS-Virus aussät, um später erst, drüben in Lop Buri, in aller Ruhe von Bett zu Bett zu gehen und die Ernte einzufahren.

Ich spürte ihn immer noch in meiner Nähe, mir wurde kalt, ich fröstelte und begann zu laufen, immer schneller.

Und plötzlich dachte ich an zuhause, an mein Elternhaus. Warum auch immer, aber ich wollte dort sein, jetzt! Wollte da sein, wo ich immer sicher war, wo der Tod noch nie in meiner Nähe war.

Ich hastete weiter durch die Straßen von Nana, wollte zurück zu meinem Hotel, suchte meinen Weg, und als ich in eine der Seitenstraßen hineinblickte, fiel mir ein ungewöhnlich hell beleuchtetes Restaurant auf. Es gab Hunderte von Restaurants, doch dort drüben am Ende der Sackgasse, an der Leuchtreklame blieb mein Blick einfach hängen. Langsam ging ich darauf zu, und dann las ich:»Possmanns Frankfurter Äbbelwoi Kneipe«.

Ich konnte es nicht fassen. War es nicht genau ein solches Stückchen Heimat, nach dem ich mich gerade noch so verzehrt hatte? Eisbein mit Sauerkraut, Frankfurter Würstchen, ja, selbst die Currywurst war draußen in einwandfreiem Deutsch auf einer Tafel, über der das Warsteiner-Logo leuchtete, angekritzelt.

Ich betrat das Lokal. Es gab die Frankfurter Allgemeine, natürlich auch die Bildzeitung, ein Regal mit Pokalen irgendwelcher Kegelclubs, Zapfhähne, Bierdeckel und Leuchtreklame mit den mir so bekannten Biermarken. Sitzbänke und Holzstühle, wie in einem Brauhaus. Und natürlich: Deutsche. Ich schloss die Tür hinter mir und atmete erleichtert auf, hatte das Gefühl hier sicher zu sein. Nein, hier war er nicht mit hinein gekommen, der Tod.

Ich suchte mir eine Sitzbank, die – wie in der Küche meiner Eltern – »über Eck« verlief. Sie grenzte mit dem Rückenteil an eine weitere Bank, auf der ein deutscher Tourist saß.

Etwas angestrengt tippte der beleibte Mitfünfziger mit dem Zeigefinger eine Nummer in sein altes Handy und wartete auf seinen Gesprächspartner.

»Ja, Hallo? Elsbeth? Bis du es? Hömma, ich bin's. Äh, ruf mich doch mal zurück, ich sitz hier grad. ... Was? ... Ja sicher hier auf Handy, wo denn sons, Elsbeth?«, blökt er ungehalten seine ersten Sätze in das Gerät. Elsbeth rief, wie ihr geheißen war, zurück.

Der Deutsche: »Ja, hallo, wollt mich nur melden. ... Was? Ja ... Ja, hab alles gekriegt. Zwölf Socken hab ich gekauft. Hä? ... Ja, ja, alle in XL... ja, auch weiße sind dabei. Dat hast du mir doch alles so aufgeschrieben, Elsbeth ... Wat denn? ... Ja ... schön ... der Hubert? ... Ja, soller doch machen, wat habbich damit zu tun ... ja ... gut, und sonst? Alles klar zu Haus? ... Ja, dann ist ja gut. ... Nee, sonst gibbet hier nix. Wenn ich noch wat seh, dann kann ich dat ja mitbringen, hörste, Elsbeth? ... Ja, verbleiben wir so ... ich meld mich ... jo ... jo ... is gut, Elsbeth ... jooho, ...jo ... Elsbeth, ist gut jetzt, wird zu teuer, hörste? ... jooh ... tschüss, tschüss.«

Ach, war das herrlich deutsch, diese Plauderei. Und mehr noch, dem Dialekt nach, schien er aus meiner Region – irgendwo vom Niederrhein – zu kommen. Heimat live! Oh ja, da, ich entdeckte Bratkartoffeln mit Bratwurst und Sauerkraut auf der Speisekarte. Mein absolutes Lieblingsgericht. Die Entscheidung stand. Ich schloss die Karte, und sofort eilte die thailändische Bedienung herbei. Gut gelaunt bestellte ich das Gericht bei ihr zusammen mit einem großen, hellen Weizenbier. Ja, heute wollte ich es einfach richtig deutsch.

Es dauerte nicht lange, da reichte mir die Kellnerin den dampfenden Teller mit meiner Bestellung. Dann jedoch passierte etwas, mit dem ich nicht gerechnet hatte. Der Duft der Bratwurst, der Bratkartoffeln zog mir in die Nase. Nein, nicht nur dorthin, zog mir in die Brust, erreichte mich tiefer, wirkte unerwartet anders, löste aus, keinen Appetit, sondern – Erinnerungen. Ich musste die Augen schließen, Tränen drückten durch die geschlossenen Lider, denn vor mir sah ich ein so unendlich vertrautes Bild aus meiner Heimat.

Ich sah mich zuhause, saß am Küchentisch vor einem Teller Bratkartoffeln mit Rübenkraut, so wie ihn nur meine Mutter machen konnte. Alles war so echt, so präsent, und so plötzlich schoss mir diese Erinnerung ins Herz. Sie war so hier, so nah, das Heimatgefühl so intensiv und etwas schon lange nicht mehr Gespürtes aus meinem Leben vor der Reise »beseelte« mich, umgab mich, verschlug mich zurück, plötzlich, ließ mich spüren, wie sehr doch Heimat in mir war.

Alles war so vertraut, ich war zuhause. Ich sah meine Mutter am Herd. Dann stand ich auf vom Küchentisch, lief durch mein Elternhaus, hörte das Geräusch, wenn die Klinke der Küchentür heruntergedrückt wurde, spürte, wie sich der Teppich im Wohnzimmer unter meinen nackten Füßen anfühlte, atmete den kalten Geruch des Flures, hörte genau, wie die einzelnen Stufen der Holztreppe knarrten, wenn ich sie hinaufstieg, vernahm aus der Ferne den Rührbesen, wenn meine Mutter in der Küche Eischnee in der gelben Plastikschale schlug. Alles so vertraut, mit allen Sinnen dabei und doch so weit weg und so lange her. All das nahm Form an und stieg aus meinen Bratkartoffeln hinauf und dann tief in mich hinein, ich fühlte Heimat, war da, spürte, wo meine Wurzeln waren, wo ich herkam und vielleicht auch, wo ich hingehörte.

Und jetzt, umgeben von diesem Heimatgefühl, merkte ich, wie die vielen düsteren und bedrückenden Bilder aus dem Hospiz und vom Tod verblassten. Ich spürte, wie ich hier meine losen Wurzeln für einen Moment wieder fest mit Heimaterde umgeben konnte. Und erst, als ich merkte, wie viel Halt sie mir gaben, da erst wusste ich: Es gab immer einen Ort in dieser Welt, an den ich zurückkehren konnte, an dem ich mich sicher fühlen würde, der meine

Komfortzone war. Und ich spürte, welche Kraft darin liegt und vielleicht auch, welche Gnade es war, eine wirkliche Heimat zu haben.

An diesem Abend in »Possmanns Frankfurter Äbbelwoi Kneipe« war mir das erste Mal auf der Reise nach Heimaturlaub. Ich wollte Eltern, Freunde und Heimat wiedersehen, wollte es unbedingt, so sehr und mit einem solchen Verlangen und einer solchen Vorfreude darauf, dass ich gebeugt über meine Bratkartoffeln an nichts anderes mehr denken konnte.

Dort, in dieser deutschen Kneipe, beschloss ich meine Auszeit von der Auszeit: Ich hatte eh geplant, mein Motorrad von Bangkok in die USA zu verschiffen. Und so wollte ich die Zeit, in der Schiff und Motorrad auf hoher See waren, zuhause verbringen.

Splitter

Doch noch war es nicht so weit. Von Bangkok aus wollte ich erst noch Kambodscha, Laos und Vietnam mit dem Motorrad erkunden. Die Grenzstation in Poipet, über die ich von Thailand nach Kambodscha einreiste, war etwa meine dreißigste. Inzwischen kannte ich mich aus mit dem Prozedere und den Formularen, manchmal besser als die Grenzer selbst. Das sollte mir bei meinem nächsten Landeswechsel helfen, denn die Kambodschaner hatten im Norden an der Grenze zu Laos vor kurzer Zeit eine neue Grenzanlage eröffnet.

Grenzanlage? Es war mehr ein kleiner Holzverschlag am Rande einer unbefestigten, staubigen Straße. Darin der einzige Grenzbeamte. Er war die »Immigration« und bedauernswert überfordert mit den Formalitäten bei der Einfuhr eines deutschen Motorrades.

Hilflos blätterte der Beamte in den nie gesehenen Unterlagen herum, die ich ihm auf die Bretter seines notdürftig zusammengenagelten Schreibtisches legte. Nach einiger Zeit blickte er mich bedauernd an, packte die Unterlagen zusammen und reichte sie mir zurück:»Emm … Entry here, no possible!«

Ich wusste genau, er sagte es, weil er keine Ahnung hatte von dem, was jetzt zu tun war. Ich musste lachen, so richtig laut, so dass mir fast die Tränen kamen. Dann fing auch er an, konnte nicht anders, weil auch er wusste, was für ein blödes Spiel hier gerade stattfand.

»Okay, ich helfe dir«, sagte ich immer noch lachend, und tatsächlich bot er mir verlegen einen Stuhl auf seiner Seite des Tisches an. Na, eine Grenzstation hatte ich auch noch nicht beraten, dachte ich, als ich mich zu ihm setzte und ihm half, die Formulare auszufüllen, die Stempel an die richtige Stelle zu setzen; ich zeigte ihm, welche Durchschläge ich bekäme und welche er für sich behalten müsse. Als wir alles erledigt hatten, bedankte er sich, begleitete mich noch zu meinem Motorrad und winkte mir lachend hinterher, als ich nach Laos einfuhr.

Luang Prabang hieß die im Norden des Landes gelegene Stadt, die ich ansteuerte, da mir schon einige Reisende davon vorgeschwärmt hatten. Und tatsächlich, es war eine saubere Stadt mit vielen einladenden Hotels, Cafés, Bars und Restaurants. Ein Ort zum Bleiben und Wohlfühlen.

Die Gastronomen und Geschäftsleute am Ufer des Mekong hatten sich auf Touristen eingestellt, und so war ich auch nicht erstaunt, als ich in einem der Straßencafés ein großes Regal mit Büchern in allen westlichen Sprachen fand. Mir war nicht nach Lesen zumute, als ich daran vorbeilief, ich wollte zur Theke, einen Kaffee bestellen. Und doch, irgendetwas in dem Regal zog meine Aufmerksamkeit auf sich. Ich blieb stehen und schaute mir die Bücher an dieser Stelle an. Sie waren alle in Englisch, nur ein einziges war in Deutsch. Das muss es gewesen sein, das mir aus den Augenwinkeln heraus aufgefallen war. Es war von Andreas Altmann, dem Reisebuchautor, und handelte von seinen Erlebnissen hier in Südostasien.

Ich kaufte es, blätterte darin herum und nippte ab und zu an dem göttlichen Kaffee. Bei einem Bericht über Vietnam blieb ich hängen. Dort hatte er eine US-amerikanische Hilfsorganisation gefunden, die von Spendengeldern Häuser für die ärmsten Familien dort baut. Altmann entschloss sich, Geld zu spenden, und durfte entscheiden, welche Familie das Haus bekommt.

Das könnte ich doch auch, schoss es mir durch den Kopf. Geld war nicht das Problem. Einige Freunde aus meiner Heimatstadt hatten bei ihrer Silberhochzeit oder an ihren Geburtstagen Geld gesammelt und mich gebeten, damit in der Welt etwas Gutes zu tun. So ein Hauskauf schien mir dafür genau das Richtige zu sein.

Ich hatte das Kapitel vom Altmann über den Hauskauf noch nicht zu Ende gelesen, da sah ich mich selbst schon durch Vietnam fahren. Ich stellte mir vor, wie ich mit Geld für ein Haus in den Taschen unterwegs war und Familien besuchte, um selbst vor Ort zu sehen und zu entscheiden, welche davon das Haus bekommen sollte.

Dieses Mal würde sie mich nicht befallen, die Ohnmacht, die mich schon in den Straßen Indiens gelähmt hatte. Dieses Mal brauchte ich mich nicht mies zu fühlen, mich überfordert vom Elend abzuwenden, denn dieses Mal hatte ich der Armut etwas entgegenzusetzen: ein ganzes Haus. Ja, es musste zweifellos ein gutes Gefühl sein, einer Familie gleich ein ganzes Haus zu schenken, gerade einer Familie, die es so sehr nötig hatte.

Dann brach der Berater in mir durch. Ich malte mir aus, wie ich die Familie auswählen würde. Nein, besser noch, ich würde es »berechnen«. Ich besuchte sie mit einem selbstentworfenen Kriterienkatalog, mit welchem ich die Armut der Familien »messen« würde. Die Kategorien wären: Gesundheitszustand, Einnahmen, Vermögen, Zustand der jetzigen Unterkunft, Anzahl und Alter der Kinder. Zudem würde ich es mit einem gewichteten »Scoring-System« verknüpfen und könnte dann Punkte für die Armut vergeben. Über einen noch zu definierenden Algorithmus würde ich die Punkteverteilung auswerten und den Scoring-Index ermitteln, der mir genau auswarf, welche die ärmste Familie war und welcher ich dann das Haus geben würde. Perfekt.

Das war einfach und gerecht, da konnte nichts schiefgehen. Und vielleicht könnte ich der Organisation noch ein paar Tipps geben für ihren Kampf gegen die Armut. Als Berater konnte ich mich schließlich in jedes »Business« einarbeiten.

Sofort schrieb ich eine Mail an die Hilfsorganisation in Vietnam. Keine Stunde später hatte Chim geantwortet. Er war Manager dieses »Compassion-House-Programs« und freute sich sehr auf meinen Besuch in Da Nang, einer Stadt in der Mitte Vietnams, dort, wo die Organisation ihren Sitz hatte.

Vietnam erlaubte – ebenso wie Myanmar – keine Einfuhr ausländischer Motorräder, und da die Flüge zwischen Laos und Vietnam sehr günstig waren, entschloss ich mich, das Motorrad in einem Schuppen meiner Herberge zu parken und nach Da Nang zu fliegen. Vierundzwanzig Stunden später war ich dort.

Chim hatte sein Büro mitten in der Stadt. Er war etwa fünfunddreißig Jahre alt, sprach sehr gut Englisch und wirkte äußerst gepflegt. Sein Büro war sauber und funktional eingerichtet. Kein Luxus, keine zu teuren Geräte oder Möbel. Es schien mir, dass die Leute hier vernünftig mit Spendengeldern umgingen.

Chim war mir von der ersten Minute an sympathisch, und nach einem kurzen Smalltalk stellte ich ungeduldig meine vielen Fragen.»Und wie findet ihr die, die es wirklich am nötigsten brauchen?«, fragte ich ihn.

»Das ist einfach. Die Gemeindeverwaltung in den Provinzen wissen genau, wo die Armut haust. Wir gehen mit ihnen zu den Leuten, befragen sie und prüfen, ob sie unsere Kriterien für ein »Compassion House« erfüllen. Also zum Beispiel mindestens zwei Kinder unter sechzehn Jahren; Einkommen, das gerade zum Leben reicht oder weniger; katastrophaler Zustand der Hütte und so weiter. Wir haben einen ganzen Kriterienkatalog, nach dem wir das prüfen.«

Aha, da war sie ja schon, meine Liste mit Kriterien, so wie ich es auch vorgehabt hatte, und auch sonst hatte alles Hand und Fuß, was mir Chim sagte. Es schien alles sehr professionell und seriös zu sein.

»Ein solches Compassion House ist aus richtigem Stein und Beton, hat achtundvierzig Quadratmeter, zwei Räume, Kochecke und Außentoilette«, fuhr Chim fort. »Morgen fahre ich raus, um Familien kennenzulernen. Ich muss prüfen, wer von denen für ein Haus in Frage kommt. Willst du mit?«

Sicher wollte ich das, genauso hatte ich mir es ja in dem Straßencafé ausgemalt, und schon am nächsten Morgen brachen wir auf. Ein Ortsvorsteher aus der Region, ein etwa fünfundvierzigjähriger hagerer Vietnamese in einem schlecht sitzenden dunklen Anzug begleitete uns. Er hatte drei Adressen von Familien dabei, die er für »arm genug« hielt.

Eine knappe Stunde später parkte Chim den geländegängigen Wagen vor einer baufälligen Hütte aus Stein.

Nguyen Dinh Bo hieß der einundvierzigjährige Hausherr und Vater der beiden acht und zwölf Jahre alten Kinder. Doch, nein, Hausherr war er eigentlich nicht. Es war nicht sein Haus. Sein Haus war vor einem Jahr von einem Wirbelsturm mitgenommen worden. »Es war nach dem Sturm einfach weg«, übersetzte mir Chim. »Von heute auf morgen stand ich mit meiner Familie auf ein paar Trümmern. Keine Wand stand mehr. Heute wohnen wir hier, bei einer Tante. Aber es ist nicht gut, sie kann uns nicht ausstehen, duldet uns nur.«

»Ständig gibt es Streit«, meldete sich Phan Thi Bon, seine Frau, zu Wort. »Sie will uns hier raushaben, macht uns das Leben zur Hölle, jeden Tag. Es ist ja auch kein Platz hier für alle. Wir sind zu fünft und haben zwei Betten. Wir gehen kaputt hier.« Für einen kurzen Moment richtete sie ihren Blick zu Boden, und als sie wieder aufschaute, blickte sie mir lange und traurig in die Augen. Ich war mir sicher, sie wusste, dass ich über das Haus zu entscheiden hatte. Fragend und hoffnungsvoll waren ihre Blicke, und ich wich ihnen aus, musste ihnen ausweichen, denn zu übermächtig erdrückten mich mit einem Mal ihre Erwartungen und ihre Hoffnungen, die nur ich erfüllen konnte.

Hinten im Raum sah ich, wie unten an einer halboffen stehenden Tür zwei Schuhspitzen hervorschauen, die sich nervös bewegen. Das muss sie sein, die Tante. »Da, sie belauscht uns«, flüsterte Nguyen Dinh Bo und deutet auf die Tür, hinter der jemand ein paar zischende Laute von sich gab.

Für einen Wiederaufbau des Hauses war kein Geld da. Fast alles wurde benötigt, um Heilkräuter zu kaufen. Phan Thi Bon litt an einer schweren Leberkrankheit. Ich saß dicht neben ihr, und jetzt erst sah ich, wie schwach sie war, wie gelb doch das Weiß in ihren Augen war und wie kränklich gelb auch ihre Haut gefärbt war. Ich blickte an ihr herunter und sah, wie sich die auf die Größe eines halben Fußballs angeschwollene Leber unter ihrem Kleid hervorhob. »Der Arzt meint, sie müsse eigentlich schon seit einem Jahr tot sein. Doch sie ist sehr zäh und gibt nicht auf. Aber er gibt ihr nicht mehr als noch ein paar Monate«, sagte uns Herr Bo traurig, als seine Frau kurz hinausgegangen war. »Ich bin so stolz auf sie, wir brauchen sie doch. Ich will nicht, dass sie geht«, fügte er leise schluchzend hinzu.

Seit vier Jahren war sie krank. Seit vier Jahren war dadurch auch zu wenig Geld für das Essen da. Herr Bo selbst war schwächlich, unterernährt. Er musste vor einem Jahr aufhören, auf den Reisfeldern zu arbeiten, da seine Wirbelsäule das nicht mehr mitgemacht hatte. Er hatte nicht mehr genug Muskeln. Eine Alternative gab es nicht. Er war nie in der Schule.

Ebenso knöchern wirkte Lehau, seine zwölfjährige Tochter, die neben mir stand. Sie konnte in der Schule nur noch schwer folgen, da es ihr an guter Ernährung mangelte und sie der Stress mit der Tante sehr mitnahm. »Wenn sich Lehau doch nur besser konzentrieren könnte, sie soll es doch besser machen als wir«, seufzte seine Frau, als sie wieder das Zimmer betrat.

Chim zog seinen Schreibblock hervor und begann, mit den Kriterien das Ausmaß der Armut zu ermitteln. Wie lange braucht ihr zum Wasserholen? Wie oft am Tag? Wie viel Geld gebt ihr im Monat aus? Wie viel Geld geben eure Ernten her? Wann sind die Kinder geboren? ... Kaum eine dieser Fragen konnte sofort beantwortet werden. Selbst das eigene Geburtsdatum wussten sie nicht, es hatte hier keine Bedeutung, und so schrieben wir es aus dem verlangten Familienbuch ab.

Für seinen Bericht benötigte Chim noch ein paar Fotos. Wir gingen zusammen zu der Stelle, wo ihre Hütte bis vor zwei Jahren gestanden hatte. Ein loses Steinfundament, ein

Bettgestell, ein paar Tonkrüge waren noch zu sehen. Die Familie stellte sich »hinein« ins Haus. Chim und ich schossen Bilder, bezeugten das Elend.

Als ich zum Fotografieren in die Knie ging, drückte etwas an meinem Gesäß. Die Geldbörse. Sie war dick, hatte ich doch heute Morgen noch drei Millionen Dong für meinen Rückflug aus dem Geldautomaten gezogen. Eine Menge Papier, das da drückte ... oder drückte dort doch etwas anderes? Das schlechte Gewissen vielleicht? Drei Millionen Dong waren hundertzwanzig Euro. Das war genug, um diese Familie mehr als zwei Monate mit allem zu versorgen oder vielleicht eine Operation für Phan Thi Bon zu bezahlen und ihr damit das Leben zu retten.

Ich spürte das dicke Portemonnaie, ich spürte die auf mich gerichteten Blicke der Familie und ich spürte schmerzhaft, wie diese schreiende Ungerechtigkeit mein Gewissen wachrief und mich aufforderte, sofort etwas zu tun. Etwas in mir wehrte sich, ich wendete mich ab von ihren Blicken, flüchtete in die Küche.

Ich schaute in die Töpfe. Sie waren leer, genauso wie die Regale und die Schränke, genauso wie die winzige Vorratskammer. »Was esst ihr heute Abend?«, fragte ich, und Chim übersetzte für mich. »Nichts, Reis für heute gibt es nicht mehr, der ist schon gegessen, es liegen noch vier Bananen hinter dem Haus.«

Es war erst elf Uhr am Morgen, und der Tag war noch so lang. So viele Stunden bis zur nächsten Mahlzeit, viele Stunden ohne Essen und mit Hunger. Jetzt wurde sie wieder konkret, die Armut, jetzt zeigte sie sich mir, hob ihren Schleier und rüttelte an mir, rief: »Komm, nicht wegschauen, hier bin ich, schau mich an, Theo!«, und dann drehte sie mir ihr hässliches Gesicht zu, lächelte mich hämisch an, wusste um ihre Macht und fasste mir an die Schulter. So als wenn ich ein kleiner Schuljunge in der Lehranstalt der Armut wäre, drehte sie mich herum und deutete stolz mit knöchrigem Finger hinüber zum Herd. Da, sieh hin!

Ich schaute hinüber, sah den leergekratzten Topf, die leergeleckten Teller, ich blicke in die hungrigen Augen von Lehau, das ausgemergelte Gesicht von Herrn Bo und auf die geschwollene Leber seiner Frau. Die Anblicke würgten. Ich wollte sie loswerden, die Hand der Armut, die immer noch lehrerhaft auf meiner Schulter lag. Und erst als sich mein ganzer Körper schüttelte, verschwand die Fratze der Armut mit einem zufriedenen Lächeln und einem Zwinkern, so als wollte sie sagen:»Siehst du, so geht das hier, du schlauer Unternehmensberater.«

»Ja, so geht das hier«, sagte ich leise zu mir. Noch viel mehr als zuvor spürte ich die Geldbörse. Schwer wie ein Stein, wie eine Last hing sie an mir. Ich fühlte mich schuldig, wenn ich nicht sofort etwas tat. Wenn ich nicht sofort dieser hässlichen Armut zeigte, wo es langging. Wieso stand ich noch hier herum und tat nichts, es war doch klar, was zu tun war: Reis besorgen.

Meine Gedanken überschlugen sich, machten schwindelig, mein schlechtes Gewissen stach hemmungslos auf mich ein.»Komm Chim, lass uns ein paar Säcke Reis kaufen!«, wollte ich sagen. Doch nein, ich sagte nichts, schwieg mit aller Kraft an gegen das schreckliche Schreien der Armut. Stumm waren die Schreie für meine Ohren, doch mein Herz konnte sie hören, so laut, so deutlich, dass es kaum auszuhalten war. Ich wusste, kaufe ich jetzt Reis, so füttere ich damit nur die Armut, so funktioniert der Kampf gegen sie nicht, ich muss sie mit anderen, sinnvolleren Maßnahmen aushungern, wie vielleicht mit meinem »Compassion House«.

Dennoch, ich hielt es nicht aus. Wollte der Armut wenigstens hier und jetzt etwas entgegenhalten, auch wenn sie nur über mich lachte, ich konnte nicht anders und legte

Phan Thi Bon, ohne dass die Tante es sah, eine Million Dong, also etwa vierzig Euro, in ihre von der Krankheit gelbgefärbte Hand.

Wir waren fertig, verabschiedeten uns. Sie lächelten freundlich, winkten und ich sah, wie die Tante hinter der Tür hervorkam, uns laut irgendetwas entgegenzischte und mit den Händen hinter uns her fuchtelte.

Nach einer weiteren Stunde Fahrt erreichten wir die nächste Familie. Die Situation war ähnlich. Bian war Mutter von drei Kindern und Ehefrau eines schwachsinnigen Mannes, der nicht mehr in der Lage war, zu arbeiten. »Früher hat er noch mitgeholfen, doch sein Zustand hat sich sehr verschlechtert, seitdem wir mit der Geburt unserer Zwillinge nicht mehr genug zu essen haben«, übersetzte mir Chim die Worte der Dreiunddreißigjährigen.

Ihr Mann hockte auf einer matratzenlosen Holzpritsche, die nachts das harte Bett für die ganze Familie, für fünf Menschen, zu sein schien. Die dünnen Beine, die knöchrigen Knie, die hohlen Wangen, der stumpfe, leere und abwesende Blick seiner müden Augen, das anhaltend apathische Hin-und-her-Gewippe seines Oberkörpers, sein unbeteiligtes Schweigen. Sein ganzer Anblick hatte schon lange nicht mehr die Gestalt eines Familienoberhaupts, das Frau und Kinder ernähren oder gar beschützen konnte. Nur ab und zu hob er den Kopf und lächelte dümmlich in die Runde der Besucher. Ich glaube nicht, dass er wusste, wer wir waren und wozu wir dort waren.

Bian war es, die alles regelte. Sie war es, die sich alleine um die drei Kinder und ihren Mann kümmerte, die kochte, wenn etwas da war, die sich täglich stundenlang in den Reisfeldern bückte und dadurch als einzige ein wenig Geld nach Hause brachte. Doch es reichte nicht. Nicht für einen Steinboden in der Hütte, damit sie alle nicht im Schlamm stehen mussten und sich erkälteten, wenn das braune Regenwasser vom Berg hinunter durch ihre Hütte floss, nicht für ein dichtes Dach, nicht für ein weicheres Bett, nicht für das tägliche Essen.

Bian beantwortete geduldig Chims Fragen. Sie wusste genau, worum es ging. Sie kannte ihre Ausweglosigkeit, und sie erkannte, dass sie jetzt, in diesem Moment eine Chance hatte auf ein würdigeres Leben. Sie wusste es und dabei schaute sie mich an, sie wusste, dass ich der Geldgeber war, zu entscheiden hatte, und mit jedem ihrer bittenden Blicke spürte ich, wie mir diese Aufgabe den Hals zuschnürte. Wer war ich denn, dass ich über so etwas entscheiden durfte?

Wir machten uns auf zur dritten Familie. Dieser Besuch sollte mir noch lange in Erinnerung bleiben. Wir hielten an einem ausgedehnten Reisfeld. Kleine Dämme teilten die wässrige Fläche des Feldes in vielleicht hundert Quadrate. Nachdem wir einige Zeit über die winzigen Wälle balanciert waren, gelangten wir auf die andere Seite des Feldes zu unserem Ziel. Wie zu erwarten, sah die Hütte sehr heruntergekommen aus, doch sie war – zu unserer Überraschung – unbewohnt. Die Fensterlöcher waren mit schwarzer Plastikfolie zugeklebt, die Wellblechtür verschlossen und das hohe Gras davor zeigte an, dass sie schon länger nicht mehr geöffnet worden war.

Vielleicht dreißig Meter weiter rechts davon sahen wir eine Frau und einen Mann. Ich schätzte sie beide auf fünfunddreißig Jahre. Bis zur Hüfte standen sie in einem Erdloch und gruben mit Spaten und Händen darin herum. Ab und zu warfen sie kleine rostige Teile, die sie in der Erde fanden, auf ein Tuch.

Chim fragte die Frau nach der Familie, die in dem Haus nach Angaben des Gemeindevorstehers gemeldet war. Sie lächelte uns bitter an, und in leisem Ton antwortete sie. Chim übersetzte.

»Mein Name ist Thao«, sagte sie, »und das hier neben mir ist mein Bruder. Ich selbst habe hier bis vor einiger Zeit gelebt mit meinen beiden Kindern ... und meinem Mann. Das Arbeiten auf den Reisfeldern reichte nicht zum Leben für uns alle, und so hatten wir uns entschlossen, Gemüse um unser Haus herum anzubauen.«

Was sie nicht wussten: Das Land um sie herum war noch verseucht. Keine Schwermetalle oder so etwas, Schlimmeres. Ihr Mann begann den Garten umzugraben, begann die feste Erde mit dem Spaten zu lockern. »Er kam gut voran«, übersetzte Chim mit Zynismus in der Stimme, »doch nur bis zum zweiten Tag. Sein Spaten traf etwas Hartes. Nichts Gutes. Es war eine Landmine. Sie war eine von den größeren, kräftigen. Er hatte keine Chance.

Thao erzählte weiter, und Chim übersetzte: »Das Schlimmste ist, dass seine beiden fünf- und sechsjährigen Mädchen es mit ansehen mussten. Sie spielten hinter dem Haus, als die Mine explodierte. Splitter schlugen um sie herum ein. Thao sagt, auch wenn ihren Körpern wie durch ein Wunder nichts passiert ist, so haben doch ihre Seelen große Löcher bekommen.«

Ich vergrabe mein Gesicht in den Händen. Will das denn gar nicht aufhören? Mir reichen diese Geschichten. Zu viele für einen Tag. Doch Chim fragt weiter: »Und wo wohnt ihr jetzt?« Sie erklärt, dass sie weggezogen sei, zu ihrem Bruder in einen anderen Distrikt. Hier ist es ihr zu gefährlich so weit draußen, allein mit den Kindern ... und den Minen.

»Und was machen sie jetzt hier?«, will ich wissen. »Sie brauchen dringend Geld und wollen Metall verkaufen«, sagt Chim und schaut mich mit angehobenen Augenbrauen an.

»Nein, ... komm, bitte nicht«, brachte ich heiser hervor, schlug die Hände erneut vors Gesicht und schaute ihn durch meine Finger hindurch entsetzt an. »Komm, sag mir nicht, dass sie hier nach den Splittern der Mine gräbt, die ihren eigenen Mann zerfetzt hat. Und das nur, um diese für ein paar Cent an Schrotthändler zu verkaufen.« Chim schaut mich betroffen an. »Doch ...«, sagte er und nickte »so ist es. What a sad story, hm?«

Ich merkte, wie diese Geschichte begann, mir die Kehle zuzuschnüren, wie sie in mir einwirkte, in mich eindrang und vergeblich ihren Platz in mir suchte. Es reichte mir, mehr wollte ich nicht wissen, konnte nicht mehr vertragen heute.

Wo war ich nur hineingeraten? Gestern und heute Morgen fühlte ich mich noch so großartig, kam ich mir vor wie früher, wie der schlaue Unternehmensberater, der professionell mitreden wollte, wie man die Armut am besten bekämpft. Ich dachte an meinen tollen »Scoring-Index« zur Bewertung des Elends, dachte dann an das übermächtige, hässliche Grinsen der Armut, sah, wie ich ihr die Liste zum Kampf entgegenhielt, und schämte mich unsagbar für diese Idee, sie war so lächerlich, jede meiner Ideen wäre lächerlich gewesen.

Wie ein Anfänger kam ich mir vor, ein Anfänger, der keinen blassen Schimmer hatte von dem übergroßen, unmenschlichen Krieg gegen die Armut, in dem Chim seine Arbeit tat. Unbrauchbar erschien mir mein Können, hier war ich auf einem anderen Spielfeld mit ganz eigenen Regeln und Gesetzen. »Theo, are you okay?«, hörte ich Chim sagen und tauchte wieder aus meinen Gedanken auf. Wir standen noch bei Thao, und ich sah, wie sie weitergrub, einen braunen Splitter aus der Erde zog und ihn langsam zu den anderen legte. Hinter ihr bemerkte ich, wie ihr Bruder mit einem Spaten ausholte und ihn tief in die weiche Erde schlug. Mir wurde heiß und kalt gleichzeitig. »Hey«, rief ich, »ich denke, hier liegen Minen! Komm, lass uns hier verschwinden, jetzt!«

»Wait, wait, wait ...«, rief ich ihrem Bruder zu, der erstaunt den Spaten senkte und mich dann mit einem fast gleichgültigen Lächeln anschaute.

Dann wurde auch der Gemeindevorsteher nervös. »Richtig, das Gebiet wurde nie auf weitere Minen untersucht«, sagte er, drehte sich um und eilte davon. Auch Chim schaute mich besorgt an. Er hob die Hand, um dem Mann mit dem Spaten zu signalisieren, er solle warten, bis wir weg sind.

Meine Anspannung ließ erst nach einigen hundert Metern nach, als Chim mir beruhigend auf die Schulter klopfte und sagte, dass wir hier sicher seien. »Für uns gibt's hier nichts mehr zu besichtigen«, sagte er und strich sie von der Liste. »Thao wohnt jetzt in einem Distrikt, für den ich nicht zuständig bin. Sie kommt daher für ein Compassion House nicht mehr in Frage.«

Wir waren wieder in Da Nang. Ich saß mit Chim in seinem Büro. Dann stellte er mir die Frage, die ich schon den ganzen Tag fürchtete. »Also«, sagte er, »von unserer Seite erfüllen beide Familien die Kriterien und könnten ein Haus bekommen. Aber bislang haben wir nur dein Geld für ein Haus. Wem möchtest du ein neues Zuhause geben?« fragte er. »Gib mir Zeit bis morgen, dann sag ich es dir«, erwiderte ich.

Die Stunden in meinem Hotel bis zum Morgen waren schlaflos. Bis tief in die Nacht hatte ich mir meine Notizen und die Fotos angeschaut. Alle haben sie es bitternötig, doch Geld für zwei Häuser hatte ich nicht.

Alles war jetzt ganz anders, als ich es mir ausgemalt hatte. Nichts war mehr übrig von dem edlen Gefühl als Wohltäter, der großzügig einer Familie die Zusage für ein neues, besseres Leben gab. Schlimmer noch, es hatte sich ins Gegenteil verkehrt, denn mit einem Mal wurde mir klar: Ich darf nicht entscheiden, wer ein Haus bekommt, sondern ich muss entscheiden, wer KEIN Haus bekommt.

Wer war ich denn, der darüber zu entscheiden hätte? Darüber, wer wegen meiner Entscheidung, wer meinetwegen, weiter im Dreck leben musste. Diese Verantwortung schnürte mir die Kehle zu. Zu nah war ich dran an dem Elend, zu sehr war das allgemeine Elend Vietnams zur Person geworden an diesem Tag.

Kein Auge hatte ich zugetan in dieser Nacht, und erst im Morgengrauen traf ich nach bestem Gewissen die Entscheidung. Wie auch immer ich mich entschied, ich fühlte mich schlecht, denn ich wusste, damit zerstöre ich die Hoffnung der Familie, die leer ausgehen wird.

Ich entschied mich für Nguyen Dinh Bo. Der Familie, die wir zuerst besucht hatten. Ich rechtfertigte meine Entscheidung damit, dass es hier überhaupt kein eigenes Haus gab, dass aus eigener Kraft nichts mehr geschaffen werden konnte und die Kinder in absehbarer Zeit als Halbwaisen ein eigenes Dach für ihre Zukunft benötigten.

Völlig übermüdet betrat ich ein paar Stunden später Chims Büro. Er war umgeben von zig Ordnern mit Namen von Familien, denen die Organisation half. Er wühlte sich durch einen Berg an Unterlagen und tippte gelegentlich auf seinem Computer herum.

»Ich arbeitete schon an den Protokollen zu unseren Besuchen«, sagte er, als er mich sah. »Muss schließlich alles seine Ordnung haben. Und du? Hast du dich entschieden?«

»Ja«, sagte ich, »es war wirklich nicht einfach, doch ich denke die Familie Bo soll das Haus bekommen.«

»Ja«, meinte Chim zu meiner Erleichterung, »so hätte ich auch entschieden.«

Fünf Monate später erhielt ich eine Mail von Chim. Es war die Dokumentation über die Fertigstellung und Übergabe des Hauses. Nochmals drei Monate später bekam ich eine weitere Mail von ihm.

Er hatte die Familie in ihrem neuen Haus besucht und wollte mir davon berichten. »Alles ist so viel besser geworden«, schrieb er. Die Familie sei regelrecht aus der Lethargie erwacht und kaum wiederzuerkennen. Der Gesundheitszustand der Mutter habe sich erheblich gebessert, seitdem es keinen Stress mehr durch das eingepferchte Wohnen bei der Tante gebe.

Die Leber sei kleiner geworden und die medizinischen Werte würden wie durch ein Wunder immer besser. Sie gehe sogar schon wieder arbeiten. Lehau sei weniger krank und mache in der Schule gute Fortschritte. Und Mr. Dinh Bo sei vom ersten Tag an damit beschäftigt gewesen, das Haus in Ordnung zu halten.

Hermann

Wieder zurück in Laos gönnte ich mir die guten Restaurants und Cafés in Luang Prabang, lungerte in den Gassen der Stadt herum, las »den Altmann« zu Ende, genehmigte mir eine Fuß- und eine Rückenmassage und ließ es mir gut gehen.

Ich ließ es mir gut gehen? Nicht einmal vierundzwanzig Stunden war es her, da stand ich noch mitten drin in Elend und Hunger, stand der Familie Bo gegenüber, wurde gefoltert vom eigenen schlechten Gewissen, und jetzt? Jetzt saß ich hier, ließ mir die Füße kraulen und dachte nicht einmal darüber nach, dass man von dem Geld für die Massage auch Bian und ihre Familie mindestens zehn satte Mahlzeiten hätte besorgen können. Von dem erdrückenden, miesen Gewissen war mit einem Mal keine Spur mehr. Stattdessen schnurrte ich unter den sinnlich pressenden Fingern der laotischen Masseurin wie ein Kätzchen. Ist es nicht erstaunlich, wie unser Gewissen arbeitet? Erstaunlich, dass unser Gewissen kaum noch schmerzt, dass unser Moralkompass nur noch wenig ausschlägt, sobald wir die Armut auf Distanz halten?

Doch wäre es anders, wäre das Leiden der Menschen bis in den letzten Winkel unseres Planeten zu hören, dann wäre die Welt für uns vielleicht nicht auszuhalten, und wir würden daran zu Grunde gehen … oder aber wir würden beginnen, sie zu ändern.

Drei Tage blieb ich in der Stadt, dann schob ich mein Motorrad aus dem Schuppen und machte mich auf in den Norden des Landes. Am »Goldenen Dreieck«, dort, wo Laos, Myanmar und Thailand aneinandergrenzen, wollte ich Laos verlassen und durch den Norden Thailands wieder zurück nach Bangkok reisen, um dort die Verschiffung des Motorrads in die USA zu organisieren.

Doch erst einmal hatte ich Luang Namtha ins Auge gefasst. Ein Ort, der mir auf der Karte groß genug erschien, um in der dünn besiedelten Region in Nordlaos eine Herberge zu finden. Nach etwas mehr als 300 Kilometern war ich dort und quartierte mich im Guesthouse »Zuela« ein.

Motorrad parken, Zimmerpreis verhandeln, Gepäck abladen, Zimmer beziehen, duschen, Abendessen. Alles war bis dahin Reiseroutine und ich ahnte noch nicht, dass dieser Abend so völlig anders als die übrigen verlaufen würde. Ich nicht … und auch Hermann nicht.

Zusammen mit zwei Studenten aus den Niederlanden und einer jungen Iranerin, die als Backpacker unterwegs waren, saß ich nach dem Essen draußen auf der Terrasse des Guesthouse. Wir tranken »Beerlao« und zeigten uns gegenseitig Reisefotos. Es war ein lauer, sehr angenehmer Abend, einfach so richtig zum Wohlfühlen. Doch das Wohlfühlen sollte bald schon ein Ende haben. Zumindest für mich.

Noch aus dem Augenwinkel sah ich es. Ein kleiner schwarzer Punkt kam von links auf mich zu. »Tack«, ein Insekt traf mein Ohr. Es schien schon ein etwas größeres Tier zu sein, so wie es sich anfühlte. Ich wischte mit der Hand über mein Ohr, um es zu vertreiben.

Das Insekt war nicht mehr zu sehen. Gut. Doch gerade als ich wieder zu meinem Beerlao griff, hörte ich ein tiefbrummendes, lautes »Bssssssssdd« in meinem linken Ohr, mehr noch, ich spürte es, es vibrierte in meinem Gehörgang. »Fuck!«, rief ich und sprang auf. Mit einem Mal war mir alles klar. Das Tier war nicht gegen mein Ohr, sondern direkt in mein Ohr geflogen, und es war noch drin, steckte dort irgendwo.

Ich rannte umher, schüttelte meinen Kopf wie wild, versuchte es herauszuschleudern. Oh, shit! Was jetzt? Was passiert jetzt? Was macht es? Was gibt es hier für Viecher? Ist es gefährlich? Ist es giftig? Was könnte es tun darin? Stechen, beißen, graben, Eier legen, sich zum Hirn durchfressen? Oh Gott, und das in meinem Kopf. Bitte nicht, komm raus da, sofort, jetzt!

Die anderen Backpacker verstanden nichts, schauten sich verwundert an. »Scheiße, Mann, hab'n Insekt im Ohr!«, rief ich und sprang weiter herum.

Doch nichts kam heraus. Was für ein Mist. Es war noch drin, ich kam nicht dran, konnte nichts tun außer hoffen, dass es harmlos war. Das Rumgehopse jedenfalls hatte keinen Zweck. Dann stand ich einfach nur still, hörte und wartete, was passieren würde. Angespannt wartete ich auf einen Stich, auf einen Schmerz in meinem Ohr, in meinem Kopf, irgendwo, doch, nichts tat sich. Noch ein paar Minuten, und ich beruhigte mich: Nein, stechen kann es wohl nicht, denn sonst hätte es das schon getan.

Die Iranerin kramte eine Pinzette aus ihrer Kosmetiktasche, irgendjemand reichte eine Taschenlampe, doch beides half nichts, denn niemand konnte das Tier im Gehörgang entdecken. Ja, das Ohr durchspülen, das würde helfen. Ich hielt mir den Wasserstrahl des Gartenschlauchs ins Ohr. Doch das machte es noch schlimmer, das Brummen wurde lauter, und ich spürte deutlich, wie sich das Tier in meinem Ohr bewegte, weg vom Wasser, also weiter nach innen. Shit! Komm raus, ich meine es doch nur gut, für uns beide!

Dann ein »guter Tipp« der Kellnerin des Guesthouse: »Insekten gehen immer zum Licht«, sagte sie und reichte mir die Taschenlampe. Ich solle sie an mein Ohr halten, dann werde es schon herausrauskommen. Das habe auch schon mal bei ihrem Sohn funktioniert. Was tat man nicht alles, in einer solchen Situation. Ich hielt mir also tatsächlich diese Taschenlampe ans Ohr. Brachte natürlich nichts. Das Insekt hatte andere Sorgen. Es steckte kopfüber in meinem Gehörgang und hatte sich den Abend sicher anders vorgestellt. Da waren wir schon zwei.

Irgendwann reichte es mir. Ich brauchte einen Profi. Ich wollte zum Arzt. Der Inhaber des Guesthouse erklärte sich bereit, mich zu einem Mediziner zu fahren. Es war schon dunkel, und es begann zu regnen, als er sein Moped aus der Garage fuhr und mir einen Regenschirm in die Hand drückte. Ich saß hinten auf. In der rechten Hand den Schirm, in der Linken noch die Taschenlampe am Gehörgang, die dem Insekt heimleuchten sollte. Doch es quittierte mir die Erleuchtung nur mit einem vitalen und schrecklich lauten: »Bssssssdd«.

Nach fünf Minuten Regenfahrt gab es die erste ärztliche Stellungnahme. »Nein, das muss ein Spezialist machen, fahren Sie zum Krankenhaus.« Noch einmal fünf Minuten Fahrt durch den Regen. Das Mofa brummte, das Insekt brummte, und ich brummte mittlerweile auch, wollte es loswerden, JETZT! Es war in mir, bewegte sich Richtung Hirn, lebte in mir, wie in diesen ekligen »Alien«-Filmen.

Im Krankenhaus empfing mich die diensthabende Ärztin. Sie hatte ein Kind auf dem Arm. Ihr eigenes. Sie stillte es gerade in aller Ruhe und ließ sich auch von meiner Not nicht aus ihrer Gleichmütigkeit bringen. »Nein«, sagte sie, »der Spezialist, der da helfen könnte, ist nicht da. Der wohnt im Nachbardorf.« Also weiter ging es über schlammige Straßen. Der Regen prasselte mittlerweile stärker auf uns herunter, wir verließen das Dorf, die Straßenbeleuchtung hörte auf, der Wind spielte mit dem Schirm in meiner Hand, und mit einer kurzen, heftigen Böe schlug er ihn mir gefaltet um den Kopf. Na, Klasse! »Bssssssssssd.«

Es war dunkel um uns, das Insekt brummte, summte, kratzte, schabte, flatterte in mir, meine Füße waren nass, die Straße wurde merklich schlechter, Schlaglöcher nahmen zu. Der Hausherr hatte ein Einsehen, denn es gab eine Alternative. Wir kehrten um, fuhren zurück zum Hotel und stiegen um in seinen Minivan. Warum denn nicht gleich so?

Nach fünfzehn weiteren Minuten erreichten wir das Haus des Arztes, das eher eine Hütte war. Keiner da, alles war dunkel. »Och nee, sollte das alles umsonst gewesen sein? Das alles für nichts?«, dachte ich. Dann doch: Ein Mofa knatterte um die Kurve. Ich sah einen Mann im weißen Hemd mit dem Rotkreuz-Zeichen darauf. Ja, das musste er sein, der Spezialist. Die Befreiung ist nah, so hoffte ich. Doch dann – kaum war er vor mir zum Stehen gekommen

– umwehte mich eine respektable Bierfahne. Der Doktor war stramm wie tausend Mann.

Egal wie schlecht es mir geht, aber in einem solchen Zustand handwerkte mir keiner an meinem Trommelfell herum. Doch erst mal abwarten. Wir betraten seine Hütte. Ärmlich sah es dort aus. Wie viel verdiente hier eigentlich ein Arzt? Oder war es vielleicht überhaupt kein Arzt? Er suchte sein Gerät, mit dem er ins Ohr leuchten und hineinschauen konnte, kramte in einer Kiste herum, und irgendwo unter ein paar Spielsachen seiner Kinder fand er es. Die Batterien funktionierten nicht. Der Arzt zeigte sich darüber verwundert. Ich nicht. Ich reichte ihm die Batterien aus der Taschenlampe, und die Untersuchung konnte beginnen.

Der Mediziner kam mir näher, sein übler Atem rauschte über mein Gesicht, er zog mir leicht zittrig am Ohrläppchen und blickte blinzelnd den Gehörgang entlang. »Er kann die Beine sehen«, übersetzte mir mein Fahrer das Gebrabbel des Arztes. »Was ist es?«, wollte ich wissen. »Schwarz!«, war seine Antwort, mehr wisse er auch nicht, schließlich sei er Arzt und kein Insektenforscher. Ich solle morgen zu ihm ins Krankenhaus kommen, dort habe er andere Instrumente. Jetzt sei er zu betrunken, um ins Krankenhaus zu fahren. Was, Morgen erst? Ich soll die Nacht mit dem Tier verbringen?

Wir fuhren zurück. Es war schon spät, und ich legte mich gleich schlafen. Die Stunden bis zum Morgen waren grauenhaft. »Bssssd«, »Chrap Chrap Chrap«, dann wieder »Sssssst« oder »Tak Tak Tak«.

Ah, GIB RUHE!!!! Es war so nah, so in mir, ich hörte es, ich fühlte es, wenn es sich bewegte, ich war so ausgeliefert, nichts konnte ich tun, nicht mal die Ohren konnte ich mir zuhalten. Und auch kein Auge machte ich zu. Das Insekt wahrscheinlich auch nicht. So tief war auf der ganzen Reise noch nichts und niemand in meine Komfortzone eingebrochen, keine Kakerlaken, keine Flöhe, keine Affen.

Mit einem Mal war Ruhe, bestimmt schon seit zwanzig Minuten. Ungewöhnlich lange. War es raus, tot oder eingeschlafen? Vorsichtig hörte ich nochmal hin, was blieb mir auch anderes übrig. Zwanzig Minuten Ruhe. Machen wir einen Test. Ich hielt mir die Nase zu, und vorsichtig presste ich Luft durch die eustachische Röhre ins Ohr. Dadurch bewegte sich das Trommelfell, müsste sich in Richtung Insekt wölben ... und?

»BSSSSSSSSSSSSSSSSD«

SHIT! Es war so lebendig wie eh und je. Kein Anzeichen von Schwäche. Es war erst drei Uhr, ich konnte nicht schlafen, konnte an nichts anderes denken als an dieses Insekt. Es ging mir einfach nicht aus dem Kopf. Noch fünf Stunden, bis das Krankenhaus öffnen würde. Gegen vier begann ich mit ihm zu reden. Gegen sechs gab ich ihm einen Namen, taufte es »Hermann«. Schließlich war unser Verhältnis mittlerweile sehr tiefgehend, sehr »innig«, und in dem Fall hielt ich einen persönlicheren Umgang für angemessen.

Endlich. Acht Uhr. Das Krankenhaus öffnete, und ich war der Erste an der Tür. Verschlafen konnte ich nicht, Hermann sei Dank. Der Medizinmann von gestern war schon da. Ich durfte gleich mit ihm kommen, und er begann sofort mit der Rettungsaktion. Er saugte mit einer starken Vakuumpumpe schmerzhaft in meinem Ohr umher. Doch Hermann blieb bei mir. Der Arzt präparierte Pinzetten und anderes mit Klebeband und dokterte damit in meinem Gehör herum. Ich spürte, wie Hermann strampelte und sich weiter in Richtung Trommelfell aufmachte. Na, wenn das mal alles so richtig war.

Noch drei weitere Ärzte und zwei Schwestern wurden zu Rate gezogen. Zu sechst versammelten sie sich vor mir, steckten die Köpfe zusammen, überlegten, schmunzelten, lachten, diskutierten, bastelten an Instrumenten – und das Schlimmste: Ich verstand sie nicht, alles war Laotisch. Erneut fühlte ich mich so ausgeliefert, so unbeteiligt. Dabei war es doch mein Ohr und mein Hermann. Ich konnte nichts sagen, nichts fragen, nur abwarten, was sie mir als Nächstes an Selbstgebasteltem ins Ohr stecken wollten. Oh, Mann. Die Instrumente wurden immer ausgeklügelter und abenteuerlicher. Doch nichts half. Nach etwas mehr als einer Stunde entschied das erfolglose Ärzteteam, mich als unheilbar zu entlassen.

Sie wollten Hermann durch eine Überdosis Öl, das sie mir ins Ohr träufelten, töten. Ich gab meine Einwilligung, auch wenn es mir irgendwie leidtat. Sie träufelten, und ich hörte Hermanns Todeskampf, ob ich wollte oder nicht. Dann war Ruhe. Der Rat des Ärzteteams:»Suchen Sie ein gutes Krankenhaus in Thailand, die können das entfernen.«

Am Nachmittag setzte ich mich mit Hermann auf mein Motorrad und verließ Luang Namtha in Richtung Thailand.

Es war eklig. Hermanns Leiche gammelte in meinem Kopf vor sich hin. Ich sah ihn schwarz mit langen haarigen Beinen und von dem totbringenden Öl verschmiert, eingequetscht in meinem Gehörgang seine letzte Ruhe finden. Ich musste mich oft schütteln, so widerlich war mir die Vorstellung. Wie sehr hatte ich mir damals»Dr. House« gewünscht. Dem wäre sicher etwas Besseres eingefallen.

Etwa zwei Wochen war ich mit Hermann unterwegs, fuhr mit ihm durch den Norden Thailands an der burmesischen Grenze entlang und hörte in dieser Zeit nichts mehr von ihm. Nur einmal erschrak ich, dachte, er sei wiederauferstanden. Ich saß schon seit ein oder zwei Stunden wieder auf dem Motorrad und fuhr durch irgendwelche abgelegenen Dörfer, als ich plötzlich ein lautes Pfeifen hörte. Zuerst dachte ich, es sei etwas mit dem Motorrad. Ich hielt an, schaltete den Motor ab, doch das Pfeifen blieb. Ich nahm den Helm vom Kopf, schaute mich um nach etwas, das dieses Geräusch verursachen konnte, doch ich entdeckte nichts.

Wart mal, Theo, das ist doch nicht etwa … Ich hielt mir meine Ohren zu, und tatsächlich, das Pfeifen blieb, es war in mir drin. Shit! Hatte Hermann doch etwas in meinem Ohr angestellt, etwas kaputt gemacht, das Trommelfell angefressen oder so etwas? Bitte nicht!

Doch dann merkte ich, dass das Pfeifen auf beiden Seiten war, also nicht nur in Hermanns Ohr, und damit konnte es nicht an ihm liegen. Hermann war also unschuldig. Gott sei Dank. Doch was war es dann? Es war laut, es war unangenehm und wollte nicht weggehen. Tinnitus, kam mir in den Sinn. Shit. So etwas muss doch schnell behandelt werden, hatte ich mal gehört, sonst bleibt es, vielleicht ein Leben lang. Es gab Menschen, die dadurch keinen Schlaf mehr finden, die daran kaputt gehen, depressiv werden. Bitte nicht so etwas hier irgendwo im Nirgendwo, nicht hier bei einer solchen Krankenversorgung, wie ich sie mit Hermann erlebt hatte. Ich spürte schon Panik in mir aufkommen, als in dem Moment das Pfeifen leiser wurde und schließlich ganz aus beiden Ohren verschwand.

Bis zurück nach Bangkok waren es noch fünf Tage, und weder Hermann noch mein Tinnitus meldeten sich noch einmal zurück. Alles blieb ruhig in meinem Kopf. Dann erreichte ich die Millionenstadt und endlich auch die Notfallstation eines guten US-amerikanischen Krankenhauses, die mich von Hermann befreien sollte. Dr. Soyan führte die Operation erfolgreich durch. Mein Kopf lag auf dem OP-Tisch zur Seite gedreht. Der durchsichtige Schlauch der Vakuumpumpe direkt vor meinem Auge. Und dann sah ich ihn, zum ersten und zum letzten Mal. Hermann rutschte langsam an mir vorbei. Er war dicht vor mir, meine Augen bewegten sich mit ihm den Schlauch entlang und begleiteten ihn auf seinen letzten Zentimetern in den Filter des Gerätes.

»Tschüss, Hermann.«

Die Ordnung des Glücks

Hermann war ich los. Jetzt gab es hier in Bangkok nur noch eines zu organisieren: den Transport des Motorrads in die USA. Am günstigsten war das Angebot, es mit einem Containerschiff nach Seattle zu verfrachten. Es würde vier Wochen unterwegs sein, genug Zeit also, um zuhause, in Deutschland, meine »Auszeit von der Auszeit« zu nehmen.

Ich sagte dem Spediteur zu, schraubte das Motorrad mittlerweile geübter auseinander, verpackte es in eine Holzkiste, die ich von einer Schreinerei anfertigen ließ, buchte meinen Flug nach Düsseldorf für die nächste Woche, da ich noch auf die Transportdokumente für das Motorrad warten musste. Eine Woche, in der ich nichts weiter tat, als mich durch die Cafés und Restaurants, durch die Geschäfte und Märkte der Metropole treiben zu lassen.

An einem Morgen gönnte ich mir den Frühstückskaffee bei Starbucks, suchte mir eine riesige Couch, zog die Schuhe aus und flegelte mich dort im Schneidersitz in die weichen Polster hinein.

Die Sonne schien durch die Glasfassade hindurch warm in mein Gesicht, der Kaffeeduft zog in meine Nase, und ich war unglaublich entspannt und zufrieden mit allem. Ja, alles war geregelt. Der Motorradtransport, der Rückflug, ich würde bald meine Eltern und Freunde, meine Heimat wieder sehen, ja, alles war gut. Ich schloss die Augen, und dann, mit einem Mal, wurde es ganz unerwartet leicht in mir, warm und wohlig fühlte es sich an, ja einfach so, ohne einen besonderen Grund saß ich dort und war glücklich. Vielleicht auch, weil mir in dem Moment klar wurde, was ich getan hatte, und es selbst gar nicht glauben konnte.

Vor einem Jahr noch war ich der klassische Unternehmensberater. Dann kündigte ich von jetzt auf gleich den Job und die Wohnung. Besorgte mir ein Motorrad und brach auf zu einer Reise um die Welt.

War ich das? Hatte ich das wirklich getan? War ich allen Ernstes schon fast ein ganzes Jahr unterwegs, war ich wirklich 36.000 Kilometer auf einem Motorrad gefahren, war dabei durch mehr als zwanzig Länder gekommen, darunter Syrien, Saudi-Arabien, Iran, Pakistan, Indien oder Nepal? War ich es wirklich, der in irgendwelchen Wäldern in einem Zelt übernachtete oder in den Häusern wildfremder Menschen Unterschlupf gesucht hatte? War ich das? Hatte ich, der Schönwetterfahrer, der Cluburlauber, der Büroarbeiter, wirklich diese Hitze, diesen Dreck, das tagelange Fahren, den fehlenden Komfort freiwillig ertragen? Hatte ich wirklich freiwillig in einem Hospiz gearbeitet, AIDS und Tod an mich herangelassen? Hatte ich Flöhe, Affen, Kakerlaken und Hermann auf und in mir ausgehalten, ohne völlig abzudrehen und alles hinwerfen zu wollen? Ich erinnerte mich daran, was mein Bruder mir vor der Reise sagte: »Theo, ich gebe dir höchstens bis zur Türkei, dann kommst du wieder nach Hause!«

»Nee, Georg, nicht Türkei, sondern Thailand, und es geht noch weiter!«, flüsterte ich, grinste und konnte es immer noch nicht fassen. Wieso gab es in der ganzen Zeit trotz alledem nicht eine Minute, ja nicht eine Sekunde, in der ich zweifelte, in der ich darüber nachdachte, die Reise abzubrechen, mich einfach in den nächsten Flieger zu setzen und wieder Berater zu sein? Weshalb nur gab es diese Sekunde nie? Es war mir in diesem Moment auch egal, ich nippte weiter an meinem Kaffee-Karamell, lächelte jeden, der hereinkam, selig an und war einfach nur glücklich. »Glück!«, schoss es mir durch den Kopf. Gibt es eigentlich verschiedenes Glück? Also verschiedene Arten von Glück, oder gibt es nur »großes« und »kleines« Glück?«

Wohl nur ein Berater – wie ich – kam auf die Idee, selbst das Glück noch analysieren zu wollen. Ein Berater oder ein »Mindfucker«.

Ja, in gewisser Weise war ich ein »Mindfucker«, einer der Lust daran verspürte, alles zu hinterfragen, zu durchdenken, zu sezieren, überall hineinzuwittern, ob sich nicht doch irgendwo noch eine wertvolle Erkenntnis versteckte.

Und tatsächlich, während ich bei Starbucks einen Kaffee nach dem anderen schlürfte, kam ich zu dem Schluss: Glück ist nicht gleich Glück. Für mich existiert seit diesem Morgen ein Glück erster, zweiter und dritter Ordnung.

Das Glück »Dritter Ordnung« ist leicht zu erkennen. Es ist abhängiges Glück, eines, das abhängig ist von dem, was in meinem Leben geschieht. Der erste Kuss, der erste Arbeitsvertrag, die ersehnten Urlaube, berufliche Erfolge, das alles waren die Ursachen und Auslöser meiner Glücksgefühle. Gäbe es sie nicht, gäbe es auch dieses Glück nicht. Also hängt mein Glück davon ab.

Wenn mein Glück nun aber immer von den Geschehnissen und Zuständen abhängig ist und diese sich ständig ändern – Urlaube gehen vorbei, Beziehungen brechen auseinander, ein Job geht verloren –, wenn das so ist, dann ist Glück immer nur »Glücksache«, eine Momentaufnahme. Und ich wäre als Glücksjäger immer damit beschäftigt, den

Momenten hinterherzujagen, von denen ich vermutete, dass sie mir etwas Glück bescherten.

Wie hatte ich vor meiner Reise genau diesem Glück nachgejagt. Die Jagd nach der Anerkennung des Kunden, nach einer Gehaltserhöhung, nach sportlichen Erfolgen, nach einer Freundin, vielleicht auch nach Familienglück? Es war die ewige und anstrengende Jagd in der Hoffnung, dass mit dem Beutemachen auch das ersehnte Glücksgefühl aufkam. Die Jagd musste immer weitergehen, mehr Ziele, mehr Leistung und damit mehr Chancen auf ein paar Glücksmomente.

Und wie oft unterschritt das erbeutete Glück das erhoffte Haltbarkeitsdatum? Fast zwei Jahre kämpfte ich mit mir, ob ich mir eine traumhaft schöne, aber unsäglich teure Armbanduhr zulegen sollte. Wie oft hatte ich sie mir an meinem Handgelenk vorgestellt, sie in Katalogen und in meiner Fantasie bewundert? Dann endlich hatte ich mich dazu durchgerungen. Ich ging zum Juwelier, kaufte sie und schwebte über den Wolken, als ich sie anlegte. Ich konnte meinen Blick kaum von ihr lassen.

Auch am nächsten Tag konnte ich es nicht erwarten, die Uhr zu tragen. Doch es war schon anders als am Vortag. Wie ich mich doch schon an das Glück gewöhnt hatte und wie schnell es sich dadurch abnutzte. Am dritten Tag dachte ich bereits mit leichtem Bedauern an das viele Geld, und schon nach einer Woche trug ich sie mit der gleichen Selbstverständlichkeit wie meine alte Uhr noch ein paar Tage zuvor.

Was ist das nur für ein Seifenblasenglück. Unaufhörlich versuchte ich mich an diesen Seifenblasen, versuchte bei jedem Mal, eine noch größere in die Luft zu bringen, in der Hoffnung, sie möge ewig fliegen. Und obwohl ich ahnte, wie schnell auch diese wieder zerplatzen würde, konnte ich nicht anders, als ihnen mit leuchtenden Augen hinterherzulaufen, um mich bei ihrem Verschwinden in gewohnter Ernüchterung daranzumachen, die nächste aufzupusten. Sollte dies das »wahre Glück« sein? War das alles? Ein süchtig machendes Seifenblasenspiel mit mir als glücksgierigem, abhängigem Spieler darin, der in seiner Kurzsichtigkeit nichts anderes mehr erkennt als diese wunderschönen, buntschimmernden, aber immer wieder zerplatzenden Seifenblasen?

Würden wir das Glück nicht unterschätzen, wenn wir annähmen, dass es dieses für uns so elementare Lebensgefühl nur in einer solch zerbrechlichen, flüchtigen Natur gäbe? Würden wir dem Glück nicht unrecht tun, wenn wir annähmen, dass es angewiesen sei auf irgendetwas oder irgendjemanden, um existieren zu können, und wir dem Glück nicht zubilligten, für sich und aus uns selbst heraus zu existieren?

Für mich gab es tatsächlich dieses unabhängige Glück, eines, das ich mit dem »Glück der zweiten Ordnung« meine.

Ich fühlte es das erste Mal in dem kleinen indischen Bergdorf Narkanda. Es war zu der Zeit, als Martin an der Rallye teilnahm und ich auf dem Weg nach Delhi noch einen Abstecher in ein Tal des Himalayas unternahm. Am Nachmittag hielt ich in Narkanda, hatte Hunger. Der Ort schien nichts Besonderes zu sein: ein Restaurant, ein heruntergekommenes Hotel, ein Supermarkt, eine Bank. Ich parkte das Motorrad vor einer Gaststätte und bestellte mir ein paar Momos, eine Art tibetische Maultaschen.

Etwa zwanzig Inder hatten sich staunend um meine BMW versammelt, betrachteten sie fachmännisch, zeigten auf den Motor und die Reifen und schienen zu fachsimpeln. Ein etwa fünfzigjähriger Mann löste sich aus der

Gruppe, kam auf mich zu und fragte, ob er sich zu mir setzen könne.

Er hieß Prajit, wohnte hier in Narkanda, war Bergführer. Er sei sogar schon einmal in der Schweiz gewesen, erklärte er mir stolz auf Englisch. Ein Freund dort habe ihn zum Skilehrer ausgebildet, denn im Winter verwandle sich Narkanda in einen richtigen Skiort und dann könne er noch etwas Geld verdienen. Prajit und ich waren uns auf Anhieb sympathisch; wir redeten lange, so lange, dass ich die Zeit vergaß und es irgendwann zu spät war, um noch weiterzufahren. Den nächsten Ort würde ich nicht mehr vor Einbruch der Dunkelheit erreichen, und so beschloss ich, für heute hier zu bleiben.

Mein Blick wanderte hinüber zu dem schäbigen Hotel. Prajit bemerkte dies und fragte, wo ich heute übernachten wolle.

»Keine Ahnung, vielleicht dort in dem Hotel«, antwortete ich ihm schulterzuckend.

»Ich weiß was Besseres, bin mir aber nicht sicher, ob das klappt«, sagte er geheimnisvoll.»Dort auf der Anhöhe gibt es eine wirklich gute Unterkunft. Sie gehört dem Staat und ist nicht für Touristen gedacht, sondern für unsere Politiker, die hier tagen oder sich einfach nur erholen wollen. Der Verwalter ist ein Freund von mir. Wenn du willst, kann ich ihn fragen, ob er vielleicht doch einen Platz für dich hat.«

Ich stimmte sofort zu. Prajit setzte sich hinten auf das Motorrad, um mir den Weg zu zeigen. Nach drei Kilometern durchfuhren wir eine Sicherheitsschranke und hielten vor einem sehr gepflegten Gebäude. Prajit sprach mit Shankar, dem Verwalter der Anlage. Ich verstand kein einziges Wort ihrer Landessprache, doch so ganz begeistert schien er nicht zu sein von der Idee, mich hier unterzubringen.

»Shankar befürchtet, dass heute Abend noch ein paar Herren von der Regierung zur Übernachtung kommen könnten. Es ist unwahrscheinlich, doch diese dürfen dich auf keinen Fall hier sehen, das würde großen Ärger geben. Touristen sind hier nicht erlaubt«, erklärte mir Prajit. »Komm in einer Stunde wieder; wenn dann noch niemand von der Regierung aufgetaucht ist, dann kommen sie wohl nicht mehr, und du kannst hier bleiben«, übersetzte mir Prajit den Vorschlag des Verwalters.

Ich überlegte kurz, dachte an das schäbige Hotel im Dorf und willigte auch zu dem relativ hohen Preis von fast zwanzig Euro für die Übernachtung ein.

Ich brachte Prajit nach Hause, trank noch ein Bier in dem Restaurant und fuhr zurück zu dem Hotel. »Es ist keiner gekommen, ich glaube, wir können es wagen, dass du hier bleibst«, sagte Shankar in schlechtem Englisch und mit noch leichter Sorge in seiner Mine. »Nimm Zimmer vier, das ist sehr gut«, fuhr er fort und drückte mir den Schlüssel in die Hand.

Kurz darauf betrat ich eines der nobelsten und saubersten Zimmer, die ich seit Monaten gesehen hatte. Übergroße, weiche Handtücher, ein flauschiger, sauberer Teppich, wirklich weiße Laken auf dem Kingsize-Bett, der reine Luxus. Schnell war ich splitternackt. Motorradhose und -jacke, Socken, T-Shirt, Stiefel, Helm – alles lag verteilt über das geräumige Zimmer, und ich ließ mich von dem kräftigen, heißen Wasserstrahl der Dusche massieren.

Gerade war ich eingeseift und mit der Haarwäsche zugange, als es an der Tür klopfte, nein, eigentlich hämmerte jemand laut dagegen. Ich sprang aus der Dusche. Mit Schaum im Haar und dem Handtuch um die Hüfte öffnete ich die Tür. Wild mit den Händen fuchtelnd stand Shankar vor mir. Seine Stimme überschlug sich. »You … out here …

now. People come for here, for this room. Out ... now ... come!«, zischte er mir völlig aufgelöst zu.

So wie ich war, sollte ich mitkommen? Ich raffte alle meine Sachen, so schnell es ging, zusammen. Meine Arme belud ich mit Tankrucksack, Reisetasche und Motorradkleidung. Shankar griff nach dem Helm und den schweren Schuhen. »Here, come here ...« flüsterte er hektisch und eilte zu einer großen Doppeltür am Ende des Flures. Er stieß sie auf, schob mich halbnackt hinein, ließ Schuhe und Helm einfach fallen und zischte so etwas wie »Yahaanajaokamoschrahiye«. Es klang so wie »Hier rein und keinen Mucks, verstanden?«, und ich glaubte, das hieß es auch.

Schnell schloss er die Tür. Und ich stand, nur mit dem Handtuch umwickelt, völlig eingeseift, mit quellendem Schaum unter den Achseln, im völligen Dunkel. Was ist das hier? Wo hat mich Shankar hineingesteckt? In eine Abstellkammer? Gespannt tastete ich die Wände entlang auf der Suche nach einem Lichtschalter.

Als das Licht anging, verschlug es mir den Atem. Ich befand mich in einer Suite der absoluten Luxusklasse. Große Fenster zu drei Seiten, edelstes Mobiliar, ein geräumiges Bett mit strahlend weißem Laken. Das dazugehörige Badezimmer besaß goldene Wasserhähne, eine ergonomisch geformte Badewanne und geschmackvolle Fliesen.

»Na, das ist mal ein Upgrade« dachte ich, als die Tür aufflog, jemand etwas Faustgroßes, Schwarzes zwischen die Sessel warf und die Tür sofort wieder zuknallte. Ich zuckte zusammen. Was war das? Es wirkte wie der Angriff eines Räumkommandos mit einer Gasgranate. Vorsichtig suchte ich nach dem Ding. Dann sah ich es und stellte erleichtert fest, dass es nichts anderes war als mein Duschgel, das ich noch in Raum Nr. 4 vergessen hatte. Das musste Shankar gewesen sein. Armer Kerl, und das alles meinetwegen. Und natürlich wegen der zwanzig Euro, die er sich bestimmt selbst in die Tasche stecken wollte.

Ich legte mich auf die linke Seite des Bettes, warum auch immer. Sonst lag ich *immer* auf der rechten Seite, eine Marotte von mir.

Die Nacht verlief ohne Zwischenfälle. Ich kuschelte mich in die weiche Bettdecke und das fluffige Daunenkissen und schlief so unendlich tief und fest wie schon lange nicht mehr. Als es Morgen wurde, war etwas anders als sonst. Ich wurde nicht mit einem Mal wach, sondern ich war irgendwie unterwegs in den Tag, ganz langsam war ich unterwegs hinaus aus dem tiefen Tal des Schlafes hoch an die Oberfläche meines Bewusstseins. Ich spürte dabei, wie entspannt ich auf dem Laken lag, wie leicht, ja kaum vorhanden sich mein Körper anfühlte, und ich merkte, wie ich aus der Tiefe in mir ein unglaublich wohliges und freudiges Gefühl mitbrachte.

Noch lag ich unter der warmen Decke. Die Augen noch geschlossen, beobachtete ich, was anders in mir war als sonst. Ich fühlte jeden einzelnen Schlag meines Herzens. Der Rhythmus war von ganz außergewöhnlicher Ruhe und Langsamkeit; gleichzeitig lag eine unbändige Kraft in ihm, so als wäre er für die Ewigkeit geschaffen.

Mehr noch, es strahlte von ihm ein innerer, unerschütterlicher Frieden in mich hinein, so als ob mein Leben, meine Seele ein neues Zuhause bezogen hätte, eines, zu dem unsere weltlichen Ängste und Sorgen keinen Zutritt mehr hatten.

Regungslos lag ich auf meinem Bett, um diesen Moment nicht zu verscheuchen. Nur die Augen wagte ich zu öffnen. Ich blickte, ohne meinen Kopf zu bewegen, durch die große Fensterfront auf die schneebedeckten Berge.

Tausendmal hatte ich Berge unter blauem Himmel bestaunt, doch dieses Mal sah ich nicht die Schönheit in diesem Bild, sondern ich spürte die Perfektion darin. Ja, Perfektion, das war es, was diesen Morgen, dieses Gefühl ausmachte. Nichts störte, alles durfte so sein, wie es war. Alles war gut, und in mir breitete sich immer weiter eine Ruhe, ein Frieden aus, der in einem tiefen Einverständnis mit allem, was war, seine Wurzeln zu haben schien.

Es gab nichts, was ich ändern wollte. Doch nicht, weil mir alles perfekt erschien, »wollte« ich nichts mehr ändern, es war umgekehrt. Alles erschien perfekt, weil ich nichts mehr ändern wollte. Es war, als hätte ich an diesem Morgen, für diesen Moment mein ständiges »Anders-haben-Wollen« aufgegeben.

Es war kein Einverstandensein mit vielem, sondern mit einfach allem. Das Gefühl war unendlich umfassend, schloss alles ein und doch war es kein lautes Gefühl, keines, das Euphorie hervorrief. Es war viel subtiler. Viel feiner durchwehte dieses Einverstanden-Sein jede noch so kleine Wahrnehmung, umspielte jeden noch so kleinen Gedanken mit einem wohltuenden Gleichmut und der Gewissheit, dass alles gut ist, wie es ist.

Ich erinnerte mich an früher. So wollte ich doch so oft, dass mein Chef meine Arbeit mehr wertschätzte, dass das Wochenende nicht so verregnet war, dass meine Freunde pünktlich waren, dass der Kellner im Restaurant höflicher war, dass meine Schulter nicht so verspannt war. Tausend kleine Dinge waren es jeden Tag, die anders sein sollten. Tausend Dinge, mit denen ich nicht einverstanden war.

Jetzt aber war es anders. Ich hatte damit aufgehört, alles zu bewerten. Wie selbstverständlich hatte ich bisher alles in meinem Leben sofort als »gut« oder »schlecht« eingeordnet, es etikettiert und schnell weggeräumt in den apothekenhaften Schubladenschrank meiner eigenen Weltordnung. Fast alles, was ich wahrnahm, bekam innerhalb von Sekunden meinen persönlichen Anstrich, ohne Rücksicht darauf, ob mir die Originalfarbe vielleicht auch gefallen könnte. Nur so gelang es mir, immer ein aufgeräumtes Gefühl in mir zu spüren, immer den Überblick zu behalten, mich weiterhin auszukennen in meiner Welt und mich sicher darin zu bewegen.

Jetzt aber konnte ich alles einfach nur SEIN lassen, und ich versuchte zu fühlen, wie ich dabei die Menschen sah.

Und ich merkte, einen Menschen, den ich unter dem ständigen Regiment meines Wollens betrachtete, den betrachte ich mit Absichten, mit Forderungen, mit Begehren, mit Ängsten, und somit sah ich vielleicht gar nicht den Menschen selbst, sondern blickte unwissend in den verklärenden Spiegel meiner eigenen Wünsche, durch den ich ihn verzerrt von meinen eigenen Projektionen wahrnahm. Doch wie sieht ein Mensch aus, den ich ohne Begehren, ohne Wollen betrachte?

Ich glaube, es ist ein Mensch, der nicht mehr stark oder schwach, hilfreich oder nutzlos, gefährlich oder harmlos ist, sondern er ist einfach nur *Mensch*, er ist einfach nur. Je weniger ich den Menschen im Spiegel meiner Wünsche sehe, den Spiegel weglege und ich beginne, mich umzudrehen, mich seiner wahren Menschennatur zuzuwenden, umso mehr ist es mein Herz, das ihn anschaut. Und dieses reinste Schauen ist unverdorben, ist unverfälscht, ist nicht suchend, nicht wollend, ist einfach nur betrachtend, und es ist nichts als Liebe, nichts als begierdelose, bedingungslose Liebe.

Mein Herz hatte es für ein paar Minuten übernommen, anstelle meines Verstandes auf die Welt zu schauen, und ich erkannte, eine völlig neue Welt, eine, wie sie schöner nicht sein konnte, eine Welt, wie sie vielleicht wirklich ist, doch die wir nicht erkennen, da wir zu sehr an unseren Verstand und zu wenig an unser Herz glauben.

Immer noch lag ich regungslos auf meinem Bett und war dankbar, dass nichts diesen Moment gestört hatte, nichts in dem Haus geklappert, gerufen, geklopft hatte, nichts an mir gejuckt oder gefroren hatte, nichts da gewesen war, was mich herausgerissen hätte aus diesem warmen Gefühl. Ich war dankbar dafür, denn ich spürte, wie zerbrechlich und scheu der Moment war, wie flüchtig seine Besonderheit war und wie schnell ich die nur zarte, erste Verbundenheit mit ihm wieder verlieren könnte, wie schnell ich wieder zurückkehren könnte und wieder alles und jeden nur seitenverkehrt und unecht durch den beschlagenen Spiegel meiner Wünsche und Ängste sehen müsste.

Dann war es so weit, und Shankar zerklopfte ihn, meinen Moment. Er hämmerte an die Tür und rief hindurch: »Wann möchtest du Frühstück?« Ich antwortete nicht, ich war noch zu sehr gefangen in mir, wollte nicht zurück, versuchte, dort zu bleiben, wo ich war, doch das zweite Klopfen Shankars schaffte es, riss mich heraus aus meinem Moment, klopfte das Wollen und Begehren wieder herbei. Ich bewegte mich das erste Mal an diesem Morgen. »In einer Stunde!«, rief ich zur Tür und hörte wie Shankar wieder den Gang entlangging und sich entfernte.

Noch beseelt von diesem Erlebnis kam ich etwas später in den Speisesaal. Ich war der Einzige. Shankar brachte das Frühstück. Er setzte sich kurz zu mir an den Tisch und entschuldigte sich für diese Hektik mit den Zimmern am Vorabend. »Ich kann mich absolut nicht beklagen wegen des Zimmers«, erwiderte ich und lachte ihn an. »Ich habe mich wirklich sehr wohl darin gefühlt.«

»Ja, es ist das beste Zimmer, das wir haben. Ein besonderes Zimmer, das auch nur ganz besonderen Gästen vorbehalten ist«, erklärte mir Shankar.

»Oh, welch große Ehre, dass ich dort übernachten durfte«, erwiderte ich in ernstem Ton. »Ja«, fuhr Shankar fort. »Vor genau zehn Tagen hatte wir hohen Besuch hier, der auch dort übernachtete. Hast du davon gehört?«

»Nein, habe ich nicht. Wer war es?«, fragte ich neugierig.

Shankar senkte ehrfürchtig die Augen und sagte: »Es war seine Heiligkeit, der Dalai Lama.«

Ich wurde still, war irritiert. Sollte meine Erfahrung etwas mit seiner Präsenz in dem Zimmer zu tun haben?

»Ist alles in Ordnung?«, fragte Shankar, als er mich so nachdenklich sah. »Ja, alles ist gut, aber sag mir noch eines. Auf welcher Seite des Bettes hat er gelegen?«

»Links«, antwortete Shankar, »ich meine, er lag auf der linken Seite. Warum fragst du?«

»Nur so«, erwiderte ich, »Nur so …« und starrte dabei auf die weißen Bergspitzen des Himalayas.

Nur langsam erwachte ich aus meiner Geschichte. Der Becher Starbucks-Kaffee in meinen Händen war inzwischen kalt. Ja, das könnte ein Glück zweiter Ordnung gewesen sein. Unabhängig von irgendeinem Ereignis war es da. Nichts konnte mein Glück verhindern, denn egal was es war, ich war in dem Moment einverstanden damit. Nichts und niemanden wollte ich mit dem Schmiedehammer meines Wollens so zurechtbiegen, dass es mir besser gefiel, das es in meine Vorstellung davon, wie etwas zu sein hat, besser hineinpasst. Alles durfte so sein, wie es war. Kein Bewerten, kein Wollen, einfach sein lassen.

Ich hatte Hunger und besorgte mir an der Theke einen Blueberry-Muffin zu meinem kalten Kaffee, während ich schon über das Glück der »Ersten Ordnung« grübelte.

Es geschah damals in Jordanien. Ich war zu der Zeit noch mit Martin unterwegs. Das Wadi Rum im Süden des Landes ist eines der größten Wüstentäler in Jordanien mit mehr als hundert Kilometern Länge und einer Breite von etwa sechzig Kilometern. Vereinzelnd ziehen Beduinen durch dieses Gebiet und bieten Reisenden an, sie zu besuchen und bei ihnen zu übernachten. Das hatten wir vor.

Es war schon spät am Nachmittag, als wir diese wüstenartige Gegend erreichten. Wir mieteten uns einen Jeep und einen Fahrer. Die Straßen zu verlassen und mit dem Motorrad in die Wüste zu fahren, wagten wir nicht. Abgesehen davon, dass ich mir das Fahren im tiefen Sand mit dem dreihundert Kilo schweren Motorrad nicht zutraute, hätte es nicht lange gedauert, und wir wären verloren gewesen. Keine Straßen, keine Schilder, kein GPS, nur Sand und Felsen.

Salem, unser Fahrer, kurvte uns in der Abenddämmerung mit seinem hochbetagten Jeep über Sandpisten und Dünen, blickte dabei angestrengt zwischen den hundert Rissen der an mehreren Stellen gesprungenen Windschutzscheibe hindurch, brabbelte die ganze Zeit für uns unverständliches Arabisch, und wir nickten ihm zu, als ob wir etwas verstünden, während wir geschüttelt von seinem Ritt durch die Sandlöcher verzweifelt versuchten, Halt zu finden. Irgendwann – speiübel war mir von seinem Geschaukel – hielt er, und wir waren dort, bei Beduinen, irgendwo im Nirgendwo.

Eine Großfamilie schien das vielleicht zwanzig Meter lange Zelt aus dickem braunem Stoff zu bewohnen. Es war bereits dunkel; vielleicht zehn Menschen hatten sich vor dem Zelt an einem kleinen Feuer versammelt, schlürften ihren Chai, rauchten, stopften sich irgendein Kraut in den Mund und murmelten einander leise etwas zu.

Als wir näher kommen wollten, deutete einer der älteren Beduinen auf zwei große Kamelhaardecken, die sie für uns etwa zehn Meter entfernt von ihnen ausgebreitet hatten. »Das ist euer Platz«, flüsterte unser Fahrer, »hier könnt ihr bleiben. Beduinen wollen unter sich sein. Von hier könnt ihr zuschauen, wie sie leben.«

Hm. Eigentlich hatte ich mir etwas Familienanschluss gewünscht, vielleicht eine gemeinsame Nacht am Lagerfeuer, in der sie uns geheimnisvolle Geschichten erzählen, vielleicht mit etwas »Programm«. Stattdessen setzte man uns auf unsere Kamelhaardecken in die Wüste – und das war es? Vielleicht sind Beduinen wirklich so ein verschlossenes Volk, vielleicht aber waren diese nur besonders ungesellig, mochten keine Touristen, sondern nur unser Geld.

Egal ob Beduinen oder Betrüger oder beides, unsere Verbannung auf die Decke bescherte mir eine der wundervollsten Nächte in meinem Leben. Martin war müde und kroch bald schon in seinen Schlafsack, während ich dort im Schneidersitz auf meiner dicken Decke saß und das tat, was Salem uns gesagt hatte.

Ich beobachtete, nein, ich betrachtete nur, schaute, ohne zu denken, nur Bilder, keine Gedanken dazu. Ich schaute in die arabischen Gesichter. Das flackernde Licht der Flammen verlieh ihnen Geheimnisvolles. Ich erkannte ihre hakigen Nasen, sah die Männer in ihren langen schwarzen Gewänder rund um das Feuer, sah, wie im Hintergrund vermummte Frauen Wasserkrüge und Schalen trugen, sah, schaute einfach nur. Mehr nicht.

Es war eine Stunde nach Mitternacht. Die Beduinen und mit ihnen auch Salem hatten sich längst schlafen gelegt. Das Lagerfeuer glühte nur noch, nichts bewegte sich mehr, nichts löste mehr ein Geräusch aus, unverdorbene Stille umgab mich und immer noch lag ich wach, war gefesselt von der Atmosphäre des Augenblicks und von dem Dunkel des Himmels, dessen Schwärze von keiner irdischen Lichtquelle angezweifelt wurde und in dessen Nichts er sein glitzerndes sternenvolles Netz in unglaublicher Pracht über mich spannte.

Ich lag mit dem Gesicht dem Himmel zugewandt. Überall vom Kopf angefangen über den Nacken, den Rücken entlang, über den Po, über die gesamten Beine spürte ich durch die Decke hindurch den warmen sandigen Untergrund. Und dann passierte es.

Meine Arme lagen neben der Decke im warmen Wüstensand. Mit leichten Bewegungen begannen sich meine Hände darin zu vergraben, tauchten ein in den feinen Sand. Und noch während ich meine Arme in diesem warmen Sand wohlig bewegte, spürte ich einen Sog an meinen beiden Armen, so als würden sie hineingezogen in den Wüstenboden. Es machte keine Angst, es war nicht ein solches Versinken, wie in Treibsand. Vielmehr war es ein Zusammenwachsen.

Mit einem Mal spürte ich nicht mehr den Unterschied zwischen mir, der abgrenzenden Haut meines Armes und dem warmen Wüstensand darauf. Dann nahm das Gefühl mehr von mir. Nicht nur meine Arme, sondern mein ganzer Körper wurde von dieser Schwere erfasst, und so fühlte es sich an, als würden auch Beine und Rumpf in dem Sand versinken, als würden sie sich dem warmen Wüstensand übergeben, beginnen, damit zusammenzuschmelzen, eins zu werden mit der Wüste.

Es war, als löste sich mein Körper auf, um hineinzufließen in alles um mich herum, sich zu vereinen mit dem Wüstensand, und mehr noch, auch mit dem Felsen darin, mit den Kamelen und Ziegen darauf. Ja, und noch einmal erweiterte sich das Gefühl um eine Dimension, und ich fühlte mich eins mit diesem gewaltig funkelnden Sternenhimmel über mir. Ja, eins mit der Welt.

In diesem Moment war ich aufgegangen in der Welt. Kein einzelner in sich abgeschlossener, abgegrenzter Mensch war ich mehr, keiner, der sich irgendwie mit der Welt und ihren Gefahren arrangieren muss, denn ich war ein Teil dieser Welt, so wie es der Fels und der Sand war. Ich war verschmolzen im Ganzen und fühlte mich so unendlich aufgehoben und sicher. Jede Individualität war aufgegeben, jedes Auseinandersetzen mit der Welt war erübrigt, jedes Abgrenzen-Wollen war überflüssig. Es gab keinen Unterschied mehr zwischen mir und allem anderem, was ist. Ich gehörte zu dieser Welt, ich war diese Welt. Und für ein paar Minuten war ich nicht mehr ich und alles Schwere war gelöst, nichts belastete mehr, nichts kümmerte mehr, nichts konnte mehr Angst machen, denn es gab nichts mehr außerhalb von mir, ich war alles.

Diese Nacht, in der ich das Erlebte und mich allem so unglaublich nah und verbunden fühlte, war die mit Abstand einzigartigste und schönste Nacht auf meiner Reise, ja, es war der bis dahin glücklichste Moment in meinem Leben. Es war für mich das »Glück der ersten Ordnung.«

Es war nicht mehr das *Einverstanden-Sein* mit allem. Es war das *Eins-Sein* mit allem. Ein Einverstanden-Sein beinhaltet immer noch ein Ich und ein »Etwas«, mit dem ich einverstanden bin. In meinem Glück der »Ersten Ordnung« gab es dieses »Etwas« nicht mehr, gab es nichts mehr, mit dem ich einverstanden sein könnte, da ich das Gefühl hatte, ich war bereits alles.

Ich glaubte, das zu fühlen, was unser Verstand nicht in der Lage ist zu begreifen, das, was die Wissenschaft erst zu entdecken begann. Ich fühlte, dass Raum und Zeit so, wie wir es uns vorstellten, nicht existierten. Ich spürte, dass nicht alles aus zusammenhängenden Teilen bestand, sondern alles eins war, teilelos war. Ich selbst war dieses »alles«, überall und zur gleichen Zeit. Ich bewegte mich in diesem Ganzen, zerfloss darin, tauchte ein darin, tauchte ein in die Weltenseele, wie ein Tropfen Herzblut im Meer.

Halbzeit

Auszeit. Heimat. Ein Jahr hatte ich sie nicht mehr gesehen: Ich freute mich sehr auf Eltern, auf Familie und Freunde. Und umgekehrt schien es auch so zu sein. Denn als sich die automatische Tür am Flughafen öffnete und ich in die Menge der Abholer blickte, sah ich sie sofort. Alle standen sie unter einem großen aufgespannten Bettlaken, auf dem »Das Herz der Welt schlägt doch in Kleve! Herzlich willkommen, Theo« stand. Und darunter hatten sie sich versammelt: Franz, Martina, Marita, Norbert, Nicole, Anita, Olli, Carsten, Trixi, Stefan, Elisabeth, Fürst von Metternich mit seinen Gläsern und ... meine Eltern. Was für ein Empfang!

Die Gesichter, die Stimmen, der niederrheinische Dialekt, das, was mir da entgegenkam, alles war so vertraut. Ihr Aussehen – unverändert. Ich wusste genau, wann und von wem ein schlauer oder ein dummer Spruch kam, kannte ihre Art, ihren Humor so gut, wusste, wer mich wie begrüßte, wer umarmte, wer meine Hand schüttelte, mir freundschaftlich in den Bauch boxte, wer mir auf die Schulter klopfte, und ich wusste, dass meine Mutter vor Aufregung zitterte und Tränen in den Augen hatte, als ich sie lange in den Arm nahm. Es war, als beträte ich eine Welt, die ich gestern erst verlassen hätte. In der Sekunde, in der ich sie sah, war ich wieder einer von ihnen. Das ist Heimat.

Nur als mein Vater mir zur Begrüßung die Hand reichte, so wie er es eigentlich immer tat, wenn wir uns wiedersahen, da war etwas anders. Er war nie der Mensch, der Gefühle zeigte. Sein Wesen strahlte mit seiner unbestechlich freundlichen und sympathischen Art, einem ewig verschmitzten Lächeln und einem trockenen und kindlichen Humor. Allein deshalb konnte kaum jemand anders, als ihn zu mögen. Doch er tat sich schwer damit auszudrücken, was er wirklich empfand. Immer schon. So reichte er mir also zum Wiedersehen die Hand. Und ich fand es unangemessen. Meine Freunde umarmte ich und meinem Vater sollte ich nur die Hand geben? Nein! Und wie selbstverständlich umarmte und drückte und herzte ich ihn einfach so. Es war mir egal, ob er es wollte oder nicht. Mir war danach. Und erst als ich dies tat, wurde mir klar: Es war das erste Mal. Ich hatte ihn bisher noch niemals so herzlich umarmt, hatte oft nur seine Hand ergriffen, so wie es auch Geschäftsleute untereinander tun. Aber jetzt war es für mich selbstverständlich. Das fühlte sich besser an, viel besser. Für ihn aber war es fremd, denn ich spürte nur ganz zaghaft seine Arme und Hände an mir, er traute sich nicht zu zudrücken, zu klopfen, zu halten, Herzlichkeit zu zeigen. Vielleicht war es ihm zu »persönlich«, zu intim?

Zwei Stunden später betrat ich nach über einem Jahr mein Elternhaus. Schon als ich die ersten Türen öffnete, fühlte sich auch hier alles so »normal« an, so wie immer, gar nicht nach der großen Heimat. Was hatte ich erwartet? Vielleicht, dass mich das Gefühl noch einmal so überwältigt, wie damals in Possmanns Frankfurter Äbbelwoi Kneipe vor dem dampfenden Teller mit Bratkartoffeln? Oder vielleicht irgendein anderes Gefühl, das mir noch einmal zeigte, dass hier mein Platz ist? Ich lief durch Küche, Wohnzimmer, mein früheres Jugendzimmer, schaute, roch, fühlte und … nichts.»Hm, alles so wie immer!«, sagte ich enttäuscht zu meinem Vater und zuckte mit den Schultern.

Vielleicht hört das Heimatgefühl auf, sehnsüchtig durch uns hindurchzuwehen, wenn wir dort sind, die Haustür hinter uns schließen und es ruhig wird. Vielleicht aber ist die Windstille, diese Normalität das Besondere an der

»Heimat«? Und vielleicht ist die Ferne von der Heimat Voraussetzung dafür, ihre Kraft zu spüren?

Und wie ist es umgekehrt? Vielleicht brauchte ich auch die Heimat, um die Kraft der Fremde zu spüren. Wie sollte ich das Fremde ohne das Vertraute überhaupt erkennen? Wie sollte ich das Fremde, wie sollte ich »Nicht-Heimat« erkennen, wenn ich kein Gefühl dafür hatte, was Heimat war. Bedingte nicht das eine das andere? Immer dann, wenn sich das Vertraute an dem Fremden rieb, wenn ich mit offenen Mund staunte und mich wunderte über die Andersartigkeit, die so oft mein gewohntes Bild von der Welt in Frage stellte, dann erst, in dieser Gegensätzlichkeit, in dieser Abgrenzung wurde Heimat für mich fühlbar und Fremdes erkennbar. Heimat gab es ohne das Fremde nicht und das Fremde nicht ohne Heimat.

Heimat ist das, was wir kennen, das, von dem wir glauben, wie die Welt ist, und vielleicht auch, wie sie zu sein hat. Indem wir mit unseren Regeln und Gewohnheiten ein Stück von der großen Welt abzäunen, es zu unserer Heimat erklären, wird die Welt für uns überschaubarer, schaffen wir uns eine eigene kleinere Welt, in der wir uns sicherer fühlen als in der großen Welt, die nichts anderes ist als die Summe unendlicher Möglichkeiten, ein Leben auch anders zu leben.

Vielleicht wären wir verloren ohne Heimat, ohne den Raum, in dem das selbst definierte Richtig und Falsch uns verspricht, dass wir keine bösen Überraschungen erleben, wenn wir uns nach seinen Regeln darin bewegen. Wie verloren wären wir in einer Welt, in der wir die Regeln nicht kennen, nicht wissen, wie wir uns zu verhalten hätten, damit uns nichts passiert? Wie verloren wären wir in einer Welt ohne Heimat?

Ein paar Tage später fuhr ich Richtung Frankfurt und besuchte meine früheren Kollegen in der Beratung. Als ich die alte Villa betrat, in der die Firma ihren Sitz hatte, nahm ich den mir so bekannten und kalten Geruch wahr. Die Dame am Empfang war dieselbe wie damals. Ich hörte, wie sie mit einem Kunden telefonierte:»Sicher, Herr Lohmann, wir rufen Sie wegen des Themas ‚Bürowelt 2010‘ zurück ... ja, ich werde es ihm ausrichten.« Ich musste schmunzeln. Für Lohmann hatte ich früher viel gearbeitet, und dieses »Bürowelt-Ding« schien immer noch nicht abgeschlossen. Weiter hinten erblickte ich die Kollegen, die mit gesenktem Kopf, in Unterlagen vertieft, durch die Gänge in ihre Büros oder Besprechungsräume verschwanden. Und ich grüßte den Hausmeister, der wieder, wie am Tag meiner Kündigung, auf der Leiter stand und an den Lampen herumhantierte.

Rechts von mir waren die Postfächer der Mitarbeiter. Nahezu alle Namen darauf kannte ich noch. Nur meiner war überklebt, und mir schien, als wäre dies das Einzige, was sich hier geändert hätte. Sonst nichts, gar nichts. Auch am Abend, als ich mit den früheren Kollegen bei einem Bier zusammen saß, war es wie vor einem Jahr. Die gleichen Gespräche, Themen, Probleme, Scherze. Die gleiche Stimmung, die gleichen Kunden, die gleichen Projekte. Es war, als wäre ich nie weg gewesen. In diesem Moment war ich ganz sicher: Ich hatte nichts, aber auch gar nichts verpasst! Was nur hätte ich erlebt, wenn ich hier geblieben wäre? Lohmanns Launen, vielleicht. Was hätte mir dieses Jahr hier gebracht, außer mehr von immer demselben? Aber, viel wichtiger: Was hätte ich alles nicht erlebt, wenn ich nicht gegangen wäre?

Alles hier strahlte Sicherheit, Konstanz, Regelmäßigkeit aus. Hier konnte ich mich darauf verlassen, dass alles so weiterging, hier kannte ich die Regeln. Hier in der Firma und zuhause bei Eltern und Freunden war der »sichere Hafen«, der »vertraute Hort«. Und ja, ich brauchte sie, die Heimat. Ich brauchte das Wissen darum, dass es diesen Ort gab, dass ich dorthin immer zurückkehren konnte, wenn es die Welt zu bunt mit mir trieb, ich brauchte ihn als Zuflucht, brauchte die Heimatadresse als Schutzbrief in meinem Gepäck. Und genauso brauchte ich diesen Ort, um aufzutanken und um von dort wieder aufzubrechen. Und doch, für eines wollte ich diesen Ort nicht: um ewig hier zu leben.

Der Preis für das Sicherheitsversprechen war mir zu hoch. Kehrte ich jetzt zurück, würde ich mich als ein Gefangener fühlen: gefesselt von Routine und Rhythmus, umgarnt von Berechenbarkeit und Bequemlichkeit. Ewige Heimat wäre für mich ein Ort, dessen verlässliche Verlockungen mich fernhielten von der Welt, fern von dem, was das Leben mit mir noch vorhatte, wenn ich es nur machen ließe, und damit auch fern von den vielen Augenblicken, in denen ich mir selbst begegnete. Und tatsächlich empfand ich den Klang der Heimat in dieser Zeit so eintönig, und bald sehnte ich mich wieder nach den bunten Melodien, die draußen in der Welt gespielt wurden. Wie gut, das es nur eine Auszeit war!

Die vier Wochen Heimaturlaub vergingen schnell. Seattle wartete. Von meiner Mutter hatte ich mich bereits verabschiedet, sie war – schon von langer Hand geplant – mit einer Freundin für ein paar Tage nach Oslo geflogen. Mein Vater begleitete mich zum Flughafen nach Düsseldorf. Er war nie ein Mann vieler Worte gewesen, sprach immer dann, wenn er etwas zu sagen hatte, war besonnen und ruhig. An diesem Morgen aber war es anders, er war in sagenhafter Quatschlaune. Noch nie hatte ich ihn so erlebt. Fast die gesamte Fahrt – über eine Stunde lang – saß er neben mir auf dem Beifahrersitz und redete und redete, so als würden wir uns nie mehr wiedersehen. Nun ja, abwegig war der Gedanken nicht. Vielleicht fürchtete er, dass mir auf der Fahrt durch Nord-, Mittel- und Südamerika und später durch Afrika etwas zustoßen könnte.

Vielleicht aber fürchtete er auch, dass er nicht mehr da wäre, wenn ich wiederkäme. Denn er war sterbenskrank. Eine seltene, unheilbare Art einer Blutkrankheit kroch durch seine Adern. Langsam und unaufhaltsam schlich sie voran. Er hasste den Weg in die Onkologie. Er hasste es, jeden zweiten Freitag die unabänderlich schlechter werdenden Blutwerte zur Kenntnis zu nehmen, die niemals Anlass zur Hoffnung gaben, sondern ihm nur jedes Mal zeigten, dass ihm noch viel weniger Zeit blieb als beim letzten Mal, weniger Zeit, als er sich erhoffte.

Von Monat zu Monat fraß die Krankheit das von seinem Leben ab, was ihm lieb war: sein Tennisspielen, sein Traktorfahren, seine Gartenarbeit, seine anderen kleinen Beschäftigungen als Rentner. All das ging nicht mehr. Absehbarkeit und Endlichkeit waren seit drei Jahren – seitdem die Diagnose gestellt war – die ständigen, dunklen Schatten auf seinem Leben. Und jedes Mal, wenn einer dieser Schatten wie aus dem Nichts über seine meist lebensfrohen Gedanken huschte, sie eindunkelte, dann hörte ich ein Seufzen, ein schweres Atmen, sah den traurigen Blick, in dem sich sein großes Bedauern spiegelte, sein Bedauern darüber, dass seine Tage jetzt schon zählbar sind. Dabei liebte er es doch so, zu leben. Doch noch war es nicht so weit. Etwa vier Jahre gaben ihm die Ärzte noch.

Und jetzt saß er im Auto neben mir und plauderte einfach drauflos, sprach einfach alles aus, was ihm gerade durch den Kopf ging. Von seinem Garten und dem Rasenmäher, von Nachbarn und Grillabenden, von Freunden und Radtouren redete er, so lange, bis wir am Flughafen waren.

Nach dem Einchecken war noch mehr als eine halbe Stunde Zeit, bis ich zum Gate musste. Wir saßen nebeneinander auf den Bänken in einem kleinen Wartebereich, nur wir zwei. Er hatte aufgehört zu reden, sagte nichts mehr, wir sagten nichts mehr, warteten nur still auf den Abschied. »Ich glaube, ich muss jetzt los«, sagte ich irgendwann leise, stand auf, kramte meine Sachen zusammen, und dann standen wir uns gegenüber. Ich blickte in seine alten, grauen, milden Augen. Vielleicht eine Sekunde zu lang blickte ich hinein in dieses sanfte Grau, aus dem mit einem Mal eine unglaubliche Wärme herausstrahlte. Bis ganz tief in meine Brust hinein reichte sie. Und mit ihr überrollte mich in diesem Augenblick eine gewaltige Welle von Mitgefühl mit meinem Vater. Es war, als würde mein Herz seinetwegen zerfließen.

Und plötzlich war es da. Ein ungeheures Verlangen danach, ihm jetzt etwas zu sagen, etwas, das ich noch nie zu ihm oder irgendjemanden gesagt hatte und das ich auch noch nie, in all den 40 Jahren nicht, von ihm gehört hatte.

Ich nahm ihn langsam in den Arm, konnte nicht anders, und während ich ihn festhielt, sagte ich es, das erste Mal: »Weißt du eigentlich, wie sehr ich dich liebe?«, und drückte ihn noch fester an mich.

»Ja«, sagte er mit trockener Stimme, als ich ihn los ließ. Er nickte und lächelte mich irritiert an. Er griff mir noch einmal an die Schulter, schaute mir noch einmal in die Augen, ohne etwas zu sagen, senkte dann den Blick, drehte sich um und ging.

Der Flugplan sah Umsteigen vor. In Frankfurt. Ich stand am Gate und wartete auf den Anschlussflieger. Meine Gedanken waren noch in Düsseldorf, als ich die Wahltaste meines Handys drückte, um den Anrufbeantworter abzufragen. Mein Vater hatte mich angerufen, von zuhause aus.

Als das Band anlief, hörte ich … ein Schluchzen, ein Weinen, ein Stottern, ein paar Wortbrocken: »Gott, was ist doch los mit mir?«, wieder ein Schluchzen, dann: »… das gibt es doch nicht, was ist denn das?«, … dann wieder ein schweres Atmen, ein tiefes Luftholen ein Seufzen und dann … dann legte er auf. Was war das? Mein Vater hatte mir gerade auf den Anrufbeantworter geweint. Mein Vater hatte noch nie geweint, nicht, solange ich mich erinnern kann.

Ich rief ihn an, sofort. »Gott, Jung«, sagte er, »ich wollte dir doch bloß eine gute Reise wünschen und … und…«, doch dann brach es nochmal aus ihm heraus und er weinte erneut. Lange. Ich sagte nichts, hörte zu, ließ es zu, nahm es hin, unterbrach ihn nicht, sondern hörte nur zu. »Also«, sagte er, als er sich wieder etwas gefangen hatte, »dann gute Reise, Jung, und komm mir gesund wieder, hörst du?« Das war alles, mehr war es nicht, was er mir sagen wollte und doch war sein Weinen für mich die größte Liebeserklärung, die ich je von meinem Vater bekommen hatte.

2011, zwei Jahre nach meiner Rückkehr, starb er.

Das Buff

Unternähme ich heute noch einmal eine Weltreise, würde ich auf Kanada und vor allem auf die USA verzichten.

Nein, nicht weil ich etwas gegen die US-Amerikaner hätte, gar nicht. Auch nicht, weil mich das Land nicht interessierte. Im Gegenteil. Zu Anfang, als ich aufbrach, hatte ich mir viel versprochen vom Land der unbegrenzten Möglichkeiten. Ich malte mir aus, wie es sein würde, mit dem Motorrad über den Hollywood Boulevard zu cruisen oder über die Golden Gate in San Francisco zu fahren, wie ich dabei stolz zurückblicken würde auf 50.000 gefahrene Kilometer, wie für mich diese Brücke ein Symbol dafür sein würde, die Hälfte meiner Wegstrecke rund um die Welt geschafft zu haben. Oft hatte ich mir Bilder der Brücke angeschaut, mir vorgestellt, wie ich sie das erste Mal vor mir sehen, wie ich die ersten Meter auf ihr fahren und ich in diesem Moment voller Stolz und Glück vergehen würde. Was für ein großer Moment würde das sein.

Irgendwann war es tatsächlich so weit. Die Golden Gate lag vor mir, in ihrer ganzen rotschimmernden Pracht. Doch bevor ich hinüberfuhr, hielt ich an, atmete noch einmal tief, und dann fuhr ich los, so langsam es der Verkehr zuließ. Ich wollte es genießen, doch es dauerte nicht lange, und ich war auf der anderen Seite, hielt an, nahm den Helm langsam vom Kopf, blickte auf die Brücke zurück, wollte dem Moment Zeit geben, sich in mein Herz einzubrennen. Und: Bullshit. Nichts brannte sich irgendwo ein. Keine Tränen im Helm. Kein Stolz. Kein Glück. Nichts. Ich war einfach nur über eine Brücke gefahren, mehr nicht. Das war es. Ich stand dort mit dem Helm in der Hand und versuchte, irgendwelche Tränen herauszupressen, wollte einfach heulen vor Glück, schließlich hatte ich es mir so vorgestellt, so vorgenommen, so gewünscht. Doch, wo waren sie, die Gefühle?

Gefühle lassen sich nicht planen oder einfach abrufen. Sie sind da oder eben nicht. An Stellen, wo ich nicht mit ihnen rechnete, da überkamen sie mich, einfach so, plötzlich, unbestellt und ungefragt. Wie vielleicht damals in Dubai. Ja, meine »Golden Gate« war in Dubai: Martin und ich kamen damals aus Katar. Wir waren an dem Tag spät dran und fuhren erst in die Stadt ein, als es schon dunkel war. Es gab wenig Verkehr. Langsam rollten wir durch die von modernen Hochhäusern gesäumten Straßen. An einer Häuserecke drehte ich den Kopf nach links und blickte die breite Querstraße entlang, und dort am Ende, da sah ich ein Gebäude, mit dem ich in dem Moment nicht gerechnet hatte und das doch für mich der Inbegriff von Dubai war: das oval geformte und ins Meer gebaute Luxus-Hotel »Burj al Arab«, der »Turm der Araber«.

In der Sekunde, in der ich es sah, passierte es, völlig unerwartet, ungeplant. Meine Brust zog sich zusammen. Tränen pressten sich mir in den Helm, so sehr, dass ich anhalten musste. Ich wusste gar nicht, wie mir geschah. Ein Gefühl von Glück und von Stolz, es bis hierher geschafft zu haben, durchschoss mein Herz. Ich, der konservative, ja, vielleicht spießige Unternehmensberater, der Bürotyp, der Sicherheitsdenker, war bei 50 Grad quer durch die Wüste von Saudi-Arabien gefahren, hatte es von Kleve bis nach Dubai geschafft, fünfzehntausend Kilometer, ich war durch Länder wie Georgien, Syrien und Jordanien gekommen, und jeden Meter davon hatte ich auf meinem Motorrad verbracht. Ich konnte nicht glauben, dass ich das getan hatte.

Es gab keinen Grund dafür, dass dieses Gefühl gerade dort, gerade zu der Zeit über mich herfiel. Es passierte einfach. Genauso, wie es auf der Golden Gate eben nicht passierte.

Und genauso verhielt es sich auch mit den anderen Gefühlen, den weniger guten. Als ich in Lop Buri oder in Bangkok mit einem Mal dem Tod begegnete, als das Mädchen im Müll zu mir aufblickte und ich das erst Mal spürte, was Mitgefühl wirklich ist, als ich die halbtote Mutter mit ihrem nackten Kind vor meinem Hotel in Delhi entdeckte und ich mich ohnmächtig in meinem Zimmer verkroch, all das waren Momente, die mit ihrer Plötzlichkeit und Intensität über mich herfielen, mir die Kontrolle über mein Innerstes raubten, dort wüteten, an meiner Seele rissen.

In Kanada und in den USA, ja fast auf dem gesamten amerikanischen Kontinent, da gab es sie irgendwie nicht, diese Schüsse ins Herz, diese Stiche in der Brust, diese Überfälle auf meine Seele. Nicht auf der Golden Gate, nicht auf dem Hollywood Boulevard, nicht hinter einer Häuserecke oder vor einem Hoteleingang. Es gab keinen Achiko, der mich einfach so zum Mitfeiern einlud und mich mit seinem Geschenk, dem Holztäfelchen, überraschte, kein Erwachen, wie damals in Narkanda und keine Nacht wie damals im Wadi Rum, nicht einmal solche Bratkartoffeln gab es, die mich in Gedanken zurück in die Heimat katapultierten.

Vielleicht war Amerika dem zu ähnlich, was ich von zuhause her kannte. Es war so »normal«. Zumindest im Gegensatz zu dem, was ich in den Monaten zuvor gesehen hatte. Vielleicht brauchte es die Fremde, das Ungewohnte, vielleicht brauchte es Erlebnisse, die mein Bild davon, wie die Welt war oder zu sein hatte, störte oder gar zerstörte, vielleicht brauchte es das Staunen, das Wundern oder gar das Entsetzen, vielleicht brauchte es diese Andersartigkeit, um auch so anders, so intensiv fühlen und erleben zu können. Ich wollte ein wenig verloren gehen in den Straßen dieser Welt.

Hier in Nordamerika aber ging ich nie verloren. Doch ich wollte es, wollte, dass die Welt etwas mit mir macht, war gierig nach den Übergriffen auf mein Herz, wollte nicht in Sicherheit sein, nicht in einer Umgebung, die mich durch ihre Verwandtschaft mit dem Zuhause bewahrte vor ihren Intensitäten, vor den Erfahrungen, eine, die mich beschützte vor mir selbst, vor dem, was es in mir noch alles zu entdecken gab. Ich war zu neugierig. Nicht auf die Welt, sondern auf mich. Darauf, was sie in mir noch freilegen würde. Doch dafür war hier nicht das richtige Land, nicht für mich, nicht zu dieser Zeit.

In Tucson, Arizona, der Grenzstadt zu Mexiko im Südwesten der USA, brachte ich mein Motorrad zur Inspektion in eine BMW-Werkstatt: neue Reifen, neue Antriebskette, Ölwechsel, das volle Programm. »Looks like a long, long trip, hm?«, meinte Frank, der Mechaniker, und deutete auf meine Koffer, die bestückt waren mit bunten Aufklebern aus den vorherigen Ländern. »Jep«, erwiderte ich, »und jetzt kommt der Rest der Panamericana, bis zum Ende.«

»Oh, you go for Christmas to Ushuaia?«, fragte er. »Rio Pipo, right?"

Was? Weihnachten, Rio Pipo? »What's up there?«, fragte ich ihn, und Frank erzählte mir, dass sich unten in Ushuaia traditionell die Weltreisenden auf ihren Motorrädern träfen, um dort gemeinsam Weihnachten zu feiern. »Rio Pipo« sei der Campingplatz dort, der Treffpunkt.

Das Weihnachtsfest ganz unten am südlichsten Ende des Kontinents zu verbringen, das hatte was. Ich weiß nicht, bis heute nicht, weshalb mich so eine verträumte Vorstellung derart anfixte: Irgendwo dort, kurz vor der Antarktis, würde ich an einem Lagerfeuer sitzen und an meine Eltern und meinen Bruder denken, würde mir dabei vorstellen, wie sie in ihrem Bauernhaus zusammen am Tisch säßen und unser Weihnachten feierten, traditionell, wie immer. Und vielleicht dachten sie dann auch an mich, wie ich ganz unten am Ende der Welt an einem Lagerfeuer saß und wie ich – zumindest in Gedanken – auch bei ihnen war. Ja, an Heiligabend wollte ich am Rio Pipo sein.

Von Mexiko bis zum südlichsten Zipfel des Kontinents wird überwiegend Spanisch gesprochen. Klar, das wusste ich. Was mir nicht klar war: NIEMAND dort spricht Englisch. Und ohne ein Wort der Landessprache zu kennen, wird es manchmal kompliziert.

Schon beim Grenzübergang in Nogales entdeckte der Grenzbeamte, Señor Gonzales, in meinem Fahrzeugschein den abgelaufenen TÜV-Stempel, was im Grunde nicht wichtig war, denn Mexikaner brauchen keinen TÜV. Da er aber mit »TÜV« nichts anzufangen wusste und nur das »Gültig bis«-Datum lesen konnte, ging er davon aus, dass meine gesamte Zulassung abgelaufen und damit nicht gültig war. Er verweigerte meinem Motorrad die Einreise.

An dem Morgen lernte ich: Es ist nahezu aussichtslos, einem wenig motivierten, schlechtgelaunten Grenzer nur mit Händen und Füßen zu erklären, was ein »TÜV« ist, zu erklären, dass deutsche Motorradzulassungen kein Ablaufdatum haben, dass alles in Ordnung ist und ich jetzt doch bitte einreisen möchte. Bestimmt eine halbe Stunde lang gestikulierte ich auf ihn ein, doch immer nur zeigte er mit dem Finger auf das abgelaufene Datum, zuckte mit den Schultern und schüttelte den Kopf.

Eine Schlange von mittlerweile sauer dreinschauenden Reisenden hatte sich hinter mir gebildet. »Does anyone speak English AND Spanish here?«, rief ich fast verzweifelt, und tatsächlich löste sich eine Frau aus der Menschenreihe und kam auf mich zu. Ich erklärte ihr, was es mit diesem TÜV auf sich hatte, und sie erklärte es dem Beamten. Señor

Gonzales Gesicht hellte sich auf, er nickte, er stempelte, und ich war in Mexiko. An dem Morgen war mir klar: Ich brauchte einen Sprachkurs, zumindest für die alltäglichen Dinge.

Guanajuato schien mir die geeignete Stadt dafür. Es war ein in einem Tal gelegener Ort mit etwa 70.000 Einwohnern, voll mit Cafés, Restaurants, Theatern, Museen und Straßenkünstlern. Angeblich gab es eine Verordnung, nach der kein Haus die gleiche Farbe wie das Nachbarhaus haben durfte. Alle schienen sich daran zu halten, verzierten ihre Häuser mit viel Liebe zum Detail und zu kräftigen Farben und legten auf diese Art ihr Tal mit einem kunterbunten Häuserteppich aus.

Hier meldete ich mich in einer »Escuela« zu einem vierzehntägigen Crashkurs an. Jeden Tag sechs Stunden Unterricht hinterließen ihre Spuren in meinem Sprachvermögen, und bald schon war ich in der Lage, nach dem Weg zu fragen und Hotelzimmer inklusive Frühstück und WiFi-Zugang zu buchen. Doch alle Situationen ließen sich mit dem dann immer noch überschaubaren Wortschatz nicht meistern.

So gab es den Tag, an dem ich mein Buff vermisste. Ein Buff? Das ist ein Halstuch, das man sich über den Kopf zieht. Es ist schlauchförmig geschnitten, damit es der Fahrtwind auf dem Motorrad nicht fortwehen kann. Es schützt vor kaltem Wind, Steinschlag und Insekten, die sonst bei höheren Geschwindigkeiten am Hals zerplatzen, was wehtut und ekelige Flecken hinterlässt. Alles in allem also etwas, worauf ich nicht verzichten wollte. Doch es war nicht aufzufinden. Es war einfach weg.

Ich zog durch die Gassen Guanajuatos, um mir ein neues zu besorgen. Doch so einfach war es nicht. Einen halben Tag lang durchsuchte ich vergeblich sämtliche Arten von

Geschäften. Supermärkte, Sportgeschäfte, Outdoor-Shops, Ramschläden, alles Fehlanzeige.

Und nun? Wenn ich es in dieser von Touristen heimgesuchten Stadt nicht bekomme, dann wohl auch so schnell nicht in einer anderen. Es musste irgendein Ersatz gefunden werden, doch was nur? Ich machte eine Pause und genehmigte mir einen völlig überteuerten Kaffee am Theatro Juarez. Eine junge Familie flanierte an mir vorbei. Beim Anblick des kleinen Mädchens kam mir eine Idee. Vielleicht etwas gewagt, doch es könnte funktionieren.

Ich trank aus, bezahlte und machte mich auf die Suche nach einem Babyausstatter. Irgendwo hatte ich auch so etwas hier schon gesehen und ein paar Minuten später stand ich tatsächlich vor einem zweistöckigen Laden, der alles, was werdende und seiende Väter und Mütter sich für ihre Kleinen nur vorstellen können, verkaufte. Mal sehen, ob sie auch etwas Passendes für mich haben.

Meine Frage nach einem Buff beantwortete der Verkäufer erwartungsgemäß mit Kopfschütteln. Er wisse auch nicht, wo es so etwas gebe. Also gut, dann ging es wohl nicht anders, und ich betrat noch etwas zögerlich die erste Etage, die mit der Abteilung für Mädchenbekleidung. So, mal schauen. Strickjäckchen, Blusen, Unterhemdchen, Söckchen. Ah ja, dort drüben neben dem Fahrstuhl, dort sind sie ja, die Röcke für kleine Mädchen.

Die meisten waren in Rosa mit Blümchen oder kleinen Äffchen darauf. Keines mit einem geeigneten Motiv für Motorradfahrer, aber gut, ich war angesichts der schwierigen Lage bereit zu Kompromissen. Aber welche Größe brauchte ich? Die für »2–4 Jahre« oder eher »5–7 Jahre«? Ich war mir nicht sicher und wühlte in den verschiedenen Regalen herum, betrachtete mir die Röcke, prüfte, wie stark der Gummizug im Bund ist, schließlich durfte er mich nicht zu stark am Hals würgen. Ich schaute hinein, ob auch keine Innenhose darin war, die das Überstreifen verhindern würde. So recht konnte ich mich nicht entscheiden, nicht ohne sie vor dem Kauf einmal anprobiert zu haben. Bestimmt schon zehn Minuten kramte ich in den Mädchenröcken herum. Hinten in der Ecke standen zwei Verkäuferinnen, schauten zu mir herüber, tuschelten. Es half nichts. Um die richtige Größe zu finden, musste ich mir einige Modelle überziehen. Möglichkeit eins: Ich nehme mir drei Röckchen und verschwinde damit unter ständiger Beobachtung der Verkäuferinnen in eine der Umkleidekabinen. Diese Variante würde zweifelsohne die Phantasie der beiden Damen noch viel weiter beflügeln, und falls ihr Humor nicht sonderlich ausgeprägt wäre, würden sie vielleicht die Sittenpolizei informieren. Diese würde vermutlich in dem Moment den Kabinenvorhang beiseiteziehen, wenn ich gerade mit dem Gesicht mitten im Röckchen stecke. Mir würde es schwerfallen, diese Situation auf Spanisch zu erklären.

Alternative zwei: Ich bleibe bei den Regalen und ziehe sie mir dort kurz über den Kopf. Ja, das erschien mir sinnvoller, so konnte ich auch sehen, ob ich tatsächlich Aufmerksamkeit erregte. Ich entschied mich für ein hellblaues Modell mit zartrosa Blümchenmuster, schaute mich noch einmal kurz um, und, schwupps, war ich drin. Ein wenig würgt er am Hals. »Vielleicht ist ›5–7 Jahre‹ doch besser«, dachte ich noch, als ich in die entsetzten Gesichter der beiden Verkäuferinnen blickte. Jetzt nur nicht aus der Ruhe bringen lassen, Theo. Du bist so kurz vor der Lösung, außerdem tust du nichts Verbotenes, nur etwas eher … Seltsames.

Ah, da war es, das gleiche Modell für 5–7 Jahre, und, schwupps, ja, das passte besser. Würde mich eine deutsche Verkäuferin jetzt beraten, hätte sie wahrscheinlich gesagt: »Wissen Sie, wichtig ist, das SIE sich wohl darin fühlen«, und ja, das tat ich und entschied mich erleichtert für dieses Produkt.

Als ich meinen Kopf wieder aus dem Röckchen zog, sah ich, wie eine der beiden Verkäuferinnen aufgeregt mit einem Mann vom Sicherheitsdienst sprach und mit ausgestrecktem Arm auf mich zeigte.

Angriff ist die beste Verteidigung, sagte ich mir und lief mit dem Rock in der Hand auf die drei zu. »Hello, do you speak English?«, eröffnete ich das Gespräch freundlich. »No, sir«, »No«, »Nada« waren die drei Antworten aus ihren ernsten Gesichtern. Jetzt waren meine gesamten Spanischkenntnisse gefordert. Schließlich war ich zu der Zeit schon seit vier Tagen in der Sprachschule und konnte schon sagen wie ich hieß und woher ich kam. Wie allerdings diese Situation hier mit dem Röckchen zu erklären wäre, das würden wir wahrscheinlich erst in der nächsten Woche durchnehmen.

Also erklärte ich mit Händen und Füßen, dass ich Motorradfahrer bin, deute auf meinen Helm, auf meinen Hals, imitierte Windgeräusche und signalisierte, dass ich zum Fahren so etwas wie einen Schal benötigte. Stellte dar, wie ein Schal vom Wind fortgerissen würde, zeigte pantomimisch auf, wie dies bei dem Röckchen nicht passieren könnte, und schloss meine kleine Theatervorstellung mit dem Fazit, das dieser Rock nun genau das Richtige für mich war und ich dieses Modell nun gern erwerben und zur Kasse gehen möchte.

Sichtlich beeindruckt von der Geschichte und von meinen Spanischkenntnissen, begleitete mich der Herr von der Security wortlos zu den Ausgängen, dort, wo die Kassen waren. Ich zahlte, und er blieb in meiner Nähe. So lange, bis er sicher war, dass ich das Haus verließ. Erst dann nickte er zufrieden, ließ seinen ungläubigen Blick von mir ab und lief kopfschüttelnd wieder die Treppen zur ersten Etage hinauf.

Gefährliches Zuckerrohr

Es waren die US-Amerikaner, die mich gewarnt hatten vor Mittelamerika, vor den Ländern, die jetzt – nach über einen Monat in Mexiko – auf dem Tourplan standen. Je weiter ich mich der Grenze zu Guatemala näherte, desto öfter fielen sie mir wieder ein, ihre Warnungen:

»Bleib immer auf den Hauptstraßen und lass dich nicht von einem einzelnen Polizisten stoppen, schon gar nicht, wenn die Schuhe nicht zur Uniform passen. Dann kannst du davon ausgehen, es ist eine Falle«, war ein gutgemeinter Rat.

Ein anderer meinte: »Wenn die Straßen einsamer werden, sieh zu, dass du in einem Konvoi mit ein paar anderen Wagen fährst. Fahr mittendrin. Bandidos überall. Ach, und zieh keine Ringe an. Ich hab schon gehört, dass dafür die Finger abgeschnitten werden.«

Ein Geschäftsmann aus Kalifornien: »Die Cops dort sind total korrupt. Einem Freund wurden bei einer Kontrolle Drogen untergeschoben. Sie wollten ihn mitnehmen oder er solle 500 Dollar zahlen. Er hat gezahlt, ohne Quittung, versteht sich.«

Zugegeben, ein leicht ungutes Gefühl hatte ich, doch keiner, mit dem ich gesprochen hatte, war selbst in diesen Ländern gewesen. Alles nur Hörensagen, und oft wird in solchen Geschichten übertrieben, beruhigte ich mich. Zudem erschienen mir die Amerikaner eh sehr ängstlich, und ihr »Warning« gehörte spätestens seit den Anschlägen vom

11. September zu ihrem typischen Verhaltensmuster. Ja, selbst vor einem Ei wurde ich gewarnt, damals in Portland. Zusammen mit dem Spiegelei, das ich mir zum Frühstück bestellt hatte, wurde mir ein Formular serviert, das ich zu unterschreiben hätte. »No signature, no egg«, sagte mir die Bedienung. Auf dem Formular sollte ich erklären, dass mir im Vollbesitz meiner geistigen Kräfte bewusst sei, dass dieses Ei mit der »sunny-side up« nicht ganz durchgebraten sein könnte und das Lokal keine Haftung für eine mögliche Salmonellenvergiftung übernehmen würde. Ich unterschrieb. Ich aß. Ich überlebte. Und auch Mittelamerika würde ich überleben.

Ja, es waren die gefährlichsten Länder meiner Reise. Und doch gab es ein unerschütterliches Vertrauen in mir, ja fast schon ein Wissen, dass nichts passieren würde. Woher es kam? Ich weiß es nicht. Vielleicht, weil ich immer noch das Gefühl hatte, wie damals in Pakistan, dass diese Reise von irgendwem oder irgendetwas »Größerem« begleitet wurde, etwas, das es gut mit mir meinte. Oder aber, es ging bisher alles gut, eben weil ich genauso fühlte, glaubte und auf irgendeinen Schutz vertraute. Vielleicht war ich aber auch nur vertrauensselig und naiv.

So war auch alles gut, als ich an meinem zweiten Tag in Guatemala die alte Hauptstadt Antigua erreichte. Es war ein attraktives Städtchen, auch für Touristen. Hotels, Restaurants und Geschäfte säumten die Straßen aus Kopfsteinpflaster. Die kräftigen Farben der Häuser, die vielen Barockkirchen und der Blick auf die umliegenden Vulkane luden einfach zum Bleiben ein. Was das Bild aber störte, waren die vielen »Securities« und Polizisten mit ihren kurzen Schrotflinten oder Maschinenpistolen an den Straßenecken. Was störte, waren die kräftigen Stahltore und Gitterfenster, mit denen die Häuser offenbar gesichert werden mussten. Was störte, waren die vielen Berichte der Reisenden von Überfällen.

Einer dieser Reisenden war Daniel, ein Texaner. Genau wie ich war er mit einer BMW F650 GS unterwegs in Richtung Süden auf dem Weg nach Ushuaia. Er steckte in Antigua fest, da er auf seinen neuen Reisepass warten musste. Dieser war dem Dreißigjährigen samt seinem Geld und den Kreditkarten gestohlen worden, auf übelste Weise gestohlen. Er hätte einfach nicht diese Dirtroad vierzig Kilometer vor Antigua nehmen sollen: Zwei Männer sprangen vor ihm aus dem Busch, stoppten ihn, ein Dritter kam von hinten. Eine Pistole hielten sie ihm durch das offene Visier an die Stirn, eine andere drückten sie ihm in den Bauch.

»Die Angststarre setzte ein«, erzählte mir Daniel, »alles Wertvolle haben sie gefunden und genommen, die wussten genau, wo sie suchen mussten. Und dann haben sie mich wieder fahren lassen. Alles war eine Sache von zwei Minuten, wenn überhaupt. Seitdem sitze ich hier in Antigua. Ich traue mich kaum noch raus aus der Stadt. Ich glaube, ich werde paranoid«, beendete Daniel seine Geschichte und griff mit gesenktem Kopf nach seinem Bier.

»Uups«, sagte ich und musste erst einmal schlucken. Diese Story hier war aus erster Hand, die Story passierte hier in meiner Umgebung und die Story passierte so einem Motorradreisenden, wie ich auch einer bin. Vielleicht waren die Warnungen der Amis doch nicht so übertrieben.

»Daniel, lass uns zusammen weiterfahren, das ist vielleicht sicherer«, sagte ich spontan. Daniel nickte nur.

Ryan, ein weiterer Biker, schloss sich uns an. Er war Neuseeländer, fuhr eine alte BMW K100, und angeblich war es Englisch, was er sprach. Doch selbst Daniel musste lachen, als er seinen Dialekt das erste Mal hörte, und konnte allenfalls raten, was er sagen wollte.

Wir drei schafften es ohne Zwischenfälle bis zur nächsten Grenze nach El Salvador. Sechs Stunden dauerte die Abfertigung, denn die Grenzer kamen mit Daniels neuem Pass nicht klar. Sechs Stunden warteten wir in der Hitze der verdreckten Grenzanlage, dann, spät am Nachmittag, kamen wir dort weg. Zu spät, um noch die nächstgrößere Stadt zu erreichen, denn im Dunkeln wollte keiner von uns hier noch unterwegs sein.

»Le ptnuup Taaiiinns«, erklang es aus Ryans Helm. Ich schaute Daniel fragend an, und er übersetzte den Vorschlag des Neuseeländers.

»Ich glaube, Ryan meinte so etwas wie »Let's put up the tents!« Was? Ryan wollte hier irgendwo zelten? Niemals. Weder Daniel noch ich waren so mutig oder so bescheuert, seinem Vorschlag zu folgen.

Doch es wurde bald dunkel, und wir mussten irgendwo unterkommen, schleunigst. Im Reiseführer fand ich ein Beachhostel, allerdings abseits der Hauptstraße. Zehn Kilometer wären es dorthin über eine Dirtroad. Ich erinnerte mich an meine warnenden Amerikaner:»Never leave the mainroad!« Doch was blieb uns übrig? Wir taten es, entschieden uns für die Abseitsroute bis zum Pazifikstrand. Barra de Santiago hieß das Ziel.

»Vielleicht nicht die beste Entscheidung«, dachte ich, als wir an den dichten und hohen Zuckerrohrfeldern rechts und links von uns vorbeifuhren. Eine ideale Gegend, um uns hochzunehmen. Zu dumm, dass es eine Sackgasse war und wir morgen auf diesem Weg wieder zurückfahren mussten. Genug Zeit für Gangster, einen sauberen Überfall vorzubereiten.

Egal, zum Umkehren war es zu spät. Wir kamen durch ein kleines Dorf. Holz- und Bambushütten am Wegesrand, Hunde rannten bellend hinter uns her, Hühner sprangen zur Seite, die Bewohner starrten uns nach. Mehrfach fragten wir nach dem Hostel, so dass auch das ganze Dorf wusste, dass hier drei Gringos auf Motorrädern übernachteten. Die Nacht verlief ohne Zwischenfälle, und gleich nach dem Frühstück brachen wir auf. Immer noch hatte ich ein ungutes Gefühl, und so ermahnte ich meine beiden Mitfahrer:»Lasst uns bitte eng zusammenbleiben bei den Zuckerrohrfeldern und möglichst zügig fahren!« Daniel nickte, Ryan schaute mich nur an. Ich hoffte, er hatte mich verstanden.

Am Ende des Dorfes, kurz vor den Zuckerrohrfeldern, wartete ein weißer Kleintransporter mit etwa zehn Frauen auf seiner Ladefläche, eine Art Taxi. Daniel und Ryan fuhren daran vorbei. Als ich mich näherte, gab mir der Fahrer aus seinem Wagen heraus ein Zeichen zum Anhalten.

Sein Gesicht war ernst, und obwohl er schnell sprach, verstand ich sein Spanisch hundertmal besser als Ryans Englisch:»Fahrt hier nicht weiter!«, sagte er,»ich weiß, dass hier in den Feldern drei Bandidos auf euch warten, mit Schrotflinten.« In dem Augenblick traten zwei Bauern aus den Feldern heraus, sahen mich, zeigten auf die Felder und warnten ebenso:»Routa muy peligrosa ...« (Straße sehr gefährlich).

Shit! Und nun? Ich bat den Fahrer, die Polizei zu rufen. Sie sollten uns dort hindurcheskortieren. Er griff zum Handy, wählte, sprach, legte auf und zuckte mit den Schultern.

»No combustible en coche de la policía«, sagte er. Was? Die Polizei hat kein Benzin im Auto? Na, klasse.

Dann ging alles ganz schnell.»Fahrt dicht hinter mir her. Ich fahre, so schnell es geht, haltet auf keinen Fall an, egal was passiert. Das ist eure einzige Chance«, sagte er zu meiner Überraschung dieses Mal auf Englisch. Und schon gab er Gas.

Es war keine Zeit zum Überlegen. Das war unsere Chance. Daniel und Ryan hatten 200 Meter vor mir angehalten und fotografierten ahnungslos herum. Ich hängte mich dicht hinter den Kleintransporter und rief Daniel und Ryan zu: »Come on, go, go, go ... out of here, Bandidos!« Im Rückspiegel sah ich, wie Daniel Ryan erklärte, was Sache ist, und wie sie dann endlich Gas gaben und mir folgten.

Der Transporter wirbelte Staub auf, ich raste getarnt inmitten der Dreckswolke hinterher, Daniel war kurze Zeit später neben mir. Vielleicht zwei Meter Abstand hielten wir und fuhren mehr als 80 Stundenkilometer. Keine Chance, einem Schlagloch auszuweichen.

Es rappelte hefig an den Stoßdämpfern. Hoffentlich ist keines der Löcher so groß, dass es einen von uns aus dem Sattel wirft. Egal, weiter, schneller, nur dranbleiben. Ich hörte, wie die Frauen hinten auf der Ladefläche kreischten, und sah, wie sie sich krampfhaft am Gitter des Wagens festkrallten.

Der Kleintransporter rüttelte weiter durch die Schlaglöcher. Mehr Staub um uns herum, der Dreck knirschte zwischen den Zähnen. Das meterhoch stehende Zuckerrohr flog an uns vorbei. Ich versuchte einen Blick auf die Straße vor uns. Alles frei, doch jeden Moment konnte einer auftauchen. Ich stellte mir vor, wie sie mit ihren Flinten einige hundert Meter vor uns auf der Straße standen und auf uns zielten. Schweiß vermischte sich mit dem Dreck und rann mir beißend in die Augen, ich spürte meinen Herzschlag bis zum Hals. Hoffentlich bremst der Transporter nicht, dachte ich, dann hängen wir hinten drin. Jetzt nur kein großes Schlagloch. Hoffentlich schießen die nicht auf die Reifen oder streuen Nägel. Jetzt eine Motorradpanne, das war es dann. Hoffentlich hängt uns der Transporter nicht ab. Dann, nach gefühlten zwei oder drei Kilometern, wurde es etwas heller um uns herum. Die Zuckerrohrfelder waren zu Ende. Wiesen, weit einsehbare Wiesen waren erkennbar. Erleichterung! Doch noch ging es mit Vollgas einen Kilometer weiter. Dann endlich bremste der Transporter, hielt an. Ich rollte zum Fahrer vor. »So, hier solltet ihr wieder sicher sein. Wo ist der Dritte?«, fragte er.

Ryan war nicht da. »Der hat es dann wohl nicht geschafft«, meinte der Fahrer trocken. »Shit«, entfuhr es mir. »Das kann doch nicht sein. Wo ist der Kerl?« Dann war ein Motorgeräusch zu hören, und Ryan kam auf uns zu gefahren. »Thärwoo doomashdiiistnonice«, sagte er, als er den Helm vom Kopf zog. Daniel lachte: »Cannot believe: I think, Ryan just said: ›There was too much dust, not nice.‹« Es war ihm zu staubig, um mit uns mitzuhalten, und war daher langsamer gefahren. Nun gut.

Ich bedankte mich herzlich bei dem Fahrer und wollte ihm etwas Geld zustecken. Ich kramte in der kleinen Seitentasche meines Tankrucksacks, in die ich immer die Geldbörse hineinsteckte. Doch ich fand sie nicht, stattdessen hielt ich nur das kleine Holztäfelchen mit dem heiligen Georg in der Hand, jenes von Achiko. Dann erst fiel mir ein, dass ich die Geldbörse am Morgen versehentlich in den Koffer gepackt hatte. Ich wollte gerade absteigen und den Koffer öffnen, doch der Fahrer hatte es eilig, wollte nicht warten, nickte uns nur kurz zu und setzte seine Fahrt mit den mittlerweile völlig eingestaubten Damen fort. Nach zwei weiteren Kilometern waren wir wieder auf der Hauptstraße. Daniel war leichenblass. »Fuck! No risks anymore in these countries!«, rief er. Wir nahmen uns vor, Mittelamerika möglichst schnell hinter uns zu lassen.

Das Lagerfeuer

Ryan hatte uns in Costa Rica verlassen. Daniel und ich aber hatten beschlossen, gemeinsam weiterzufahren. Zumindest so lange, bis wir uns gegenseitig auf die Nerven fallen würden. Doch es klappte gut mit uns, und so waren wir auch noch Wochen später zusammen in Südamerika unterwegs. Daniel war sehr entspannt, was den Verlauf seiner Reiseroute anging, und wir wurden uns immer einig. Nur das Ziel seiner Reise stand fest: Ushuaia.

Sechs Tage waren es noch bis Heiligabend, doch wir konnten uns nicht von Mendoza trennen. Mendoza ist nicht nur eine Stadt im zentralen Westen Argentiniens, sie ist auch mit ihren vielen Bodegas und guten Restaurants ein Eldorado für Weinliebhaber und Gourmets. Wir liebten diesen Ort, doch es half nichts: Etwa dreieinhalbtausend Kilometer waren es noch bis zum Ende der Welt. Dreieinhalbtausend Kilometer durch Steppenlandschaft. Eine Geduldsprobe würde es werden, aber keine besondere Herausforderung. Eine endlose, gerade Straße, flach hindurchgezogen durch trockene, sandige Pampa, sehr gut asphaltiert; es gab kaum Verkehr und genügend Städte und Dörfer zum Übernachten und Tanken. Wir bezahlten für die sieben Nächte, die wir in der Jugendherberge in Mendoza verbracht hatten, und brachen auf.

Drei Tage waren wir schon unterwegs, und etwa zweitausend Kilometer hatten wir schon hinter uns, als wir vom Küstenort Comodoro Rivadavia aufbrachen. Wie an den Tagen davor erwarteten uns etwas mehr als sechshundert langweilige Kilometer und vor allem starker Seitenwind, so stark, dass wir die Motorräder, wie in einer ständigen Kurve, etwas schräg legen mussten, um weiter geradeaus fahren zu können. Der Wind blies sehr gleichmäßig. Das erleichterte das Fahren sehr, denn wäre er böig, würden wir ständig vom Wind aus der Spur getragen und müssten dauernd gegenlenken.

Die ersten dreihundert Kilometer dieses Tages hatten wir hinter uns. Gedankenversunken brummte ich dahin und lehnte mich schon seit Stunden gegen den von links wehenden Seitenwind. Hier und da gab es kleinere Sandverwehungen, und so sah ich, wie Daniel etwa einhundert Meter vor mir einem langgezogenen vielleicht fünfzig Zentimeter breiten Sandhaufen auswich, der quer über unsere rechte Fahrspur verlief.

Vor gefühlten dreißig Minuten hatte ich das letzte Auto gesehen, und so blickte ich – wie leichtsinnig! – auch nicht in den Rückspiegel, als ich dazu ansetzte, auf die linke Spur zu wechseln, um auszuweichen.

Ich verlagerte das Gewicht, so dass die Maschine nach links zog, doch bevor ich die weiße Mittellinie erreichte, spürte ich einen Schlag von links. Eine Windböe. Sie traf mich so heftig, so unvorbereitet, dass ich augenblicklich auf meine Spur zurückgedrängt wurde. Erneut nahm ich Anlauf und versuchte nach links zu wechseln und noch einmal kommt sie mit alle Wucht zurück, die Böe, und ich schaffte es tatsächlich nicht, auf die andere Fahrspur zu kommen.

In genau diesem Moment passierte es. Nur einen halben Meter links von mir schoss ein Auto mit hoher Geschwindigkeit an mir vorbei, ganz dicht neben mir, überholte mich mit mindestens hundertvierzig Stundenkilometern. Der Sandhaufen war schon sehr nah, ich bremste, doch zu spät. Die Räder rasten durch den Sand. Die Stoßdämpfer schluckten schon viel, doch eben nicht alles. Das Motorrad schlingerte, brach hinten kurz aus, ich drohte zu stürzen, doch dann fing ich die Maschine ab und konnte sie in der Spur halten.

»Shit!«, rief ich in meinen Helm, »Shit, das war knapp!« Ich hatte weiche Knie und brauchte ein paar Minuten, bis mir klar wurde: Den Sandhaufen hatte ich überlebt. Aber was wäre, wenn ich es geschafft hätte, die Spur zu wechseln? Ich hätte keine Chance gehabt. Das Auto hätte mich gepackt und viel wäre nicht von mir übrig geblieben bei dieser Geschwindigkeit. Eine Kollision mit dem Auto, die hätte ich nicht überlebt, da war ich sicher.

Es war die Windböe, ja, eigentlich lebte ich nur noch wegen dieser Windböe. Wenn die nicht gewesen wäre, nicht auszudenken. Es war, als hätte mich jemand zurückgeschubst auf meine Spur, um mich vor dem Zusammenstoß zu bewahren.

Und noch immer spürte ich diese Berührung, diesen plötzlichen, heftigen Schlag des Windes. Ich verstand es nicht. Den ganzen Tag hindurch wehte der Wind gleichmäßig und stark, doch ausgerechnet in dieser Sekunde wurde er böig, und das in einer enormen Stärke, so dass ich gegen meine Absicht wieder auf meine Spur zurückgedrängt wurde. Und das gleich zweimal. Es war so unwahrscheinlich, es war so, als hätte mich etwas oder jemand berührt und mich in Sicherheit gebracht. Das war doch kein Zufall.

»Ich bin hier nicht allein, hier ist noch irgendwer!«, schoss es mir durch den Kopf. Natürlich, Daniel fuhr jetzt ein paar hundert Meter vor mir, doch das meine ich nicht. Es gab etwas ganz in meiner Nähe, etwas oder jemanden, der meine Gedanken, der jede Sekunde meines Tuns kannte, der wusste, dass ich überholen wollte, es musste jemand sein, der einfach in mein Leben eingriff, wenn er es für nötig hielt. Und es schien jemand zu sein, auf den sogar der Wind hörte. Ja, es war ein wenig so, als hätte mich der »Finger Gottes« berührt.

Es war unheimlich, ich fühlte mich beobachtet. So sehr, dass ich mich sogar umschaute, nach diesem »Jemand« suchte. Womit hatte ich denn gerechnet? Dass Gott am Straßenrand auf einem Stein sitzt, zu mir herüberwinkt und lächelt oder stinksauer ist, weil ich so bescheuert gefahren bin?

Und warum Gott? Weshalb kam mir ausgerechnet jetzt Gott in den Sinn? Jahrelang war er nicht da gewesen, ich hatte ihn fast vergessen, und jetzt, plötzlich, schaute ich mich sogar nach ihm um, so nah war er mir gekommen, so real war er mit einem Mal für mich.

Und was war mit den anderen »Zufällen«? Hatte dieser Gott da vielleicht auch seine Finger mit im Spiel? Hatte er etwas mit dem Herrn zu tun, der Hans und mir in den Bergen Pakistans begegnete und uns um eine Brille ersuchte, von denen wir »zufällig« siebenhundert im Wagen hatten? Hatte er Martin und mir damals in Tiflis Sigrid an die Kreuzung geschickt, damit sie und ihr Fahrer uns rechtzeitig zur Grenze brachten, als wir aus Georgien rausmussten? War Gott vielleicht auch in den leisen Momenten bei mir gewesen? Vielleicht damals, als ich in Delhi im Müll neben dem Mädchen kniete und ich so sehr mitfühlen konnte mit ihr, als sie dann aufschaute und mich anlächelte? Ja, war Gott vielleicht auch dort gewesen? War er vielleicht die ganze Reise über bei mir?

Und mit einem Mal, wie aus »heiterem Himmel«, war es klar. »Ja, natürlich, sicher!«, rief ich in meinen Helm. »Wie dumm von mir. Wie dumm zu glauben, er sei nicht die ganze Zeit da gewesen. Ich bin so sehr mit mir selbst und der Reise beschäftigt und habe ihn nie wahrgenommen, obwohl er so oft vor mir stand.«

Wie oft musste er dicht bei mir gewesen sein, um mich Mitgefühl, Vertrauen, Freiheit, Vollkommenheit, Glück und vielleicht auch die Seelen der Menschen fühlen zu lassen? Und wie oft hatte er auf mich achtgegeben, wie damals in El Salvador, als er uns den Fahrer des Kleintransporters schickte, der uns durch die Zuckerrohrfelder brachte, oder jetzt, hier mit der Windböe?

Und ich? Was hatte ich getan? Ich hatte ihn einfach ignoriert, nicht einmal mit ihm gesprochen hatte ich. Was war ich nur für ein schlechter Reisegefährte.

Wahrscheinlich hatte er genug von meiner Ignoranz, so dass er mich mit dieser Windböe, mit seinem Finger persönlich anstupsen musste, um sich bei mir bemerkbar zu machen. »Mann, war ich blind«, sagte ich leise, und mich überfiel eine tiefe Traurigkeit über mich selbst.

Früher, da war ich Messdiener gewesen und später sogar Mitglied im Pfarrgemeinderat. Da hatte ich noch mit ihm gesprochen, hatte gebetet. Doch auch damals war das Beten schon mehr nach dem Prinzip »Kann ja nicht schaden«. Irgendwann verlor ich den Bezug zu ihm, kümmerte mich nur noch um mein irdisches Leben, ging nicht mehr zur Messe, und das wenige Beten klang in etwa so:

»Lieber Gott, das war ein guter Tag, danke. Ich würde mich freuen, wenn ich bald zum Partner in der Firma werden würde, kannst du da vielleicht was machen? Wäre schön, und, ach ja, noch was, beschütze mich, meine Freunde und die Familie. Amen.«

Irgendwann fand ich meine Gebetsleier selbst unerträglich oberflächlich und unbeteiligt. Ich stellte mir vor, wie Gott da oben saß, mir mindestens genauso gelangweilt zuhörte, mit den göttlichen Augen rollte und sagte: »Melde dich wieder, wenn du es ernst mit mir meinst.«

Ich stellte also die Gebete bis auf weiteres ein, schließlich ging es mir gut, und ich schien Gott im Moment nicht wirklich zu brauchen. Ich nahm mir damals vor, mich dann wieder bei ihm zu melden, wenn es wirklich etwas zu sagen gäbe. Jetzt war es so weit.

»Also, emm … vielen Dank erst mal für die Windböe. Und ich möchte mich dafür entschuldigen, dass ich mich so lange nicht mehr bei dir gemeldet habe. Aber irgendwie lief alles so gut, und ich war so sehr mit mir und meinen Plänen beschäftigt.

Du weißt, ich hatte meine eigenen Vorstellungen darüber, wie das Leben zu sein hat, darüber was gut und schlecht ist, darüber, was ›man‹' tun sollte und was nicht. Fleißig arbeiten, Geld sparen, irgendwann eine nette Frau heiraten, Kinder bekommen, ein Haus bauen, weiter Karriere machen, in Rente gehen, den Lebensabend genießen, sterben. Ganz klassisch war es, eine Blaupause der üblichen Leben. Alles hatte ich schon fertig gezeichnet auf dem Reißbrett meiner Lebensplanung. Scheuklappen setzte ich mir auf, damit mich auch nichts von meinem Weg ablenkte, mich nichts verunsicherte, auch du nicht.

Mein Job lief nach Plan. Eine Frau würde ich im Internet finden. ›Lovescout24‹' wird mich schon zu meinem Ziel bringen. Ja, auch die Liebe will geplant sein. Gesund bleiben ebenso, daher Fitness-Studio dreimal die Woche. Ja, und Hobbys müssen her. So was gehört schließlich zum Leben. Work-Life-Balance, liest man ja überall. Also Motorradfahren, Badminton, Sauna. Dann noch etwas Zeit für Freunde, für Essen und für Schlafen, und dann war es voll, mein Leben. Randvoll gefüllt mit all den Inhalten, die ich mir vorgenommen hatte, die ich und andere für richtig hielten, die sauber verankert waren in meinen unumstößlichen Vorstellungen davon, wie ein Leben zu sein hatte.

Ich gebe ja zu, viel Gelegenheit, mir irgendetwas anderes zu zeigen, hast du nicht gehabt. Nirgendwo hatte ich uns einen Platz eingeräumt, in dem ich nicht von meinen Plänen getrieben war. Wo war der Freiraum, die Offenheit, die Bereitschaft, dem zuzuhören, das zu denken, das zu fühlen, was vielleicht völlig von meinen Plänen abweicht? Warum ließ ich es nicht zu? Vielleicht deswegen, weil es mir nicht gefallen hätte, weil es so gar nicht in die viel zu kleinen Förmchen meiner Vorstellung vom Leben passen könnte?

Sag mal, kann es sein, dass du irgendwann mal die Schnauze voll hattest von meinen Plänen, sauer warst, dass ich verbissen daran festhielt, so dass du auf deine Art so richtig laut geworden bist und mich herausgezerrt hast aus dem Gefängnis meiner eigenen Vorstellungen? Ich meine damals, als ich im Wohnzimmer meine Pro-und-Contra-Liste für die Weltreise aufstellte und ich plötzlich gegen alle meine Pläne und völlig unvernünftig beschloss: ›Just do it‹.̉ Warst du das, als ich mich damals selbst nicht wiedererkannte?

Und was ist mit den Zufällen? Ich vermute, nichts passiert zufällig, richtig? Und damit meine ich nicht nur so etwas, wie die Windböe vorhin, ich meine einfach alles, was uns passiert. Jede Begegnung, jeder Blick, jeder Atemzug.

Nein, ich denke nicht, dass du alles bestimmst und wir nicht selbst entscheiden könnten. Es gibt ihn, unseren ›freien Willen‹, und es gelingt uns auch, unsere eigenen Pläne zu verfolgen. So weit gehst du nicht. Wir entscheiden, wo wir leben, wohin wir gehen, wen wir treffen. Doch während wir das tun, sprichst du mit uns. Auf deine Art. Durch die zufälligen und ungeplanten Ereignisse und durch die leisen Gefühle in uns, durch unsere ewig flüsternde innere Stimme.

Und dann ist es unsere Entscheidung, ob wir dich, unser wortloses Gefühl, unsere leise Intuition, unsere flüchtige Ahnung davon, wer wir wirklich sind, einfach ignorieren und an unseren Plänen festhalten oder ob wir doch einen Moment still werden, die Gedanken ruhen lassen, uns entspannen, hineinhorchen in uns, spüren, was kommt, und versuchen zu erahnen, was du für uns gedacht hast.

Ich glaube, wir haben sie alle irgendwo in uns, diese Stimme, das ewige Flüstern unserer Seele. Du bist da, immer und für jeden. Es ist nie die Frage, zu wem du sprichst, es ist immer nur die Frage, wer dir zuhört.

Spätestens jetzt, nach dieser Aktion mit der Windböe, gibt es für mich den Zufall als einen der großen Weichensteller in meinem Leben nicht mehr. Alles, was passiert, erscheint mir wie die Teile eines großen, für uns nicht überschaubaren Puzzles, die erst später erkennbar auf wundersame Weise präzise auf ihren Platz fallen. Ich glaube, wir vermögen es nicht, die große Einheit dahinter zu erkennen, und beschreiben das Zusammenkommen der Ereignisse nur schulterzuckend, hilflos und mit mächtigem Erstaunen als ›großen Zufall‹. Der ›Zufall‹' ist somit vielleicht nur ein künstliches Erklärungskonstrukt, ein dünnes Schleiertuch, das uns schützt vor dem unerträglichen Blick auf unsere immense Ahnungslosigkeit vom zusammenhängenden Großen und Ganzen, das unser Leben und die Welt ausmacht.

Den Dingen aber ihr Geschehen zu ermöglichen und damit dem ›Zufall‹, also eigentlich uns selbst, eine Chance zu geben, das erfordert vielleicht, das eigene Wollen ein wenig loszulassen, erfordert ein gewisses Maß an Planlosigkeit, damit mehr Luft in unser Leben kommt, damit Freiräume und Landeplätze entstehen, damit uns viel mehr von dem ›zufällt‹, was für uns gedacht ist. Wir sollten viel öfter die eigene Zwangsjacke unserer strengen Planung versuchen zu lockern und uns dann überraschen lassen, was du uns dort hineinsteckst.

Hilf mir ein wenig, Augen und Ohren offen zu halten, wachsam und achtsam zu sein, damit ich mehr spüre, was mein Leben für mich will.

Bis später … emm, ich meine: ›Amen‹.«

Von diesem Tag an hatte ich einen »inneren Mitfahrer«, und immer dann, wenn mir danach war, wenn die Strecken so lang und endlos waren wie jetzt hier durch die argentinische Pampa auf dem Weg nach Ushuaia, dann plauderte ich meine Gedanken einfach in den Helm hinein und tat so, als hörte er mir zu.

Es war am Nachmittag, einen Tag vor Heiligabend, als wir Ushuaia erreichten. Daniel wollte gleich zum Campingplatz, doch ich fuhr noch hoch auf einen Hügel, von dem aus ich in der Ferne die Ausläufer des Polarmeers zu erkennen glaubte. Dort hielt ich an, setzte mich auf mein aufgebocktes Motorrad, lehnte mich mit dem Rücken gegen die Gepäckrolle hinter mir, legte die Füße auf die Lenkstange und blickte in Richtung Antarktis. Ich verlor mich in Gedanken an Weihnachten zuhause. An jenen Abend, als mein Bruder mir das Motorradmagazin schenkte, das Stück Papier, mit dem die ganze Reise begonnen hatte.

Das ist jetzt schon zwei Jahre her. Hätte er mir damals etwas anderes geschenkt, wäre ich jetzt nicht hier. Stattdessen wäre ich wohl wieder zuhause und feierte Weihnachten so wie immer: Kirchgang mit meinen Eltern, danach ein Weihnachtsschwätzchen mit den Nachbarn, zuhause dann gemeinsames Tischdecken, Auftischen der Rinderzunge mit Pilzen und Preiselbeeren, Essen vom besten Geschirr, dann Glöckchen, Bescherung, Gespräche, Fernsehen, Bett. So war es immer, fast jedes Jahr, seitdem ich auf der Welt war. Darauf konnte ich mich verlassen, und irgendwie hätte ich schon Lust auf einen solchen Abend, auch wenn oder vielleicht gerade weil ich ihn schon so oft erlebt hatte.

Die Vorstellung dieses viele Male erlebten Rituals brachte mir den Abend so nah. Der Polarwind wehte mir um die Nase; dennoch roch ich die beheizte Luft in unserer Kirche, die dünstenden Wintermäntel der Besucher und den leichten Duft von Weihrauch. Alles war so vertraut, jeder nächste Schritt so bekannt. Es war ein verlässliches Wissen darüber, was genau geschehen wird, ein Wissen oder eine Gewissheit, die eine Vorfreude auf das nächste kleine Geschehnis an diesem Abend mit sich brachte. In der Kirche schon freute ich mich auf das Tischdecken, dabei schon auf das Abendessen, dabei auf die Bescherung danach und so weiter.

Wann aber hatte ich denn in den letzten zwei Jahren einen Tag oder vielleicht nur ein paar Stunden erlebt, in denen ich so genau wusste, was als Nächstes geschehen würde? Seit mehr als einem Jahr umgaben mich jetzt schon fremde Länder, fremde Kulturen, fremdes Essen. Traditionelles, Vertrautes, Berechenbares gab es schon lange nicht mehr für mich. Am Morgen wusste ich meist nicht, wo ich am Abend sein und schlafen würde. Ich wusste nicht, wann ich wo und was zu essen bekommen, was ich sehen, wem ich begegnen oder was ich erleben würde. Nie war etwas vertraut auf meiner Reise, immer war alles neu. Zumindest darauf konnte ich mich verlassen.

Bisher hatte es mich nie gestört. Jetzt und hier auf dem Hügel in Ushuaia aber vermisste ich mit einem Mal diese Vertrautheit. Morgen wollte ich mir Zeit nehmen für zuhause. Morgen würde ich an einem Lagerfeuer hocken und wenigstens in Gedanken bei meiner Familie sein und aus der Ferne jeden der kleinen, so vertrauten Schritte an diesem Abend mit ihnen gehen und mit ihnen fühlen.

Es war schon spätnachmittags, als ich die BMW startete und hinunterfuhr in die Stadt zum Campingplatz. Einige Motorräder und Zelte erblickte ich schon von weitem, und tatsächlich traf ich dort auf etwa fünfzehn andere Motorradfahrer, die schon seit Monaten in der Welt unterwegs waren:

Maria, die 35-jährige Italienerin, die sich tapfer auf der BMW durch Südamerika schlug; Heinz, der Sozialarbeiter aus dem Schwarzwald, der seine Freundin schrecklich vermisste; Silke und Oli aus Hessen, die es zusammen auf einem Motorrad bis hierher geschafft hatten, sowie die Pärchen Thomas und Andrea und Andreas und Saskia aus der Schweiz. Überhaupt waren die Schweizer stark vertreten: Cecilia, die bereits den 330.000sten Kilometer auf Ihrer BMW hinter sich gebracht hatte und seit drei Jahren unterwegs war, und Mathias mit mehr als einer Viertelmillion Kilometer auf dem Tacho. Dagegen war ich mit meinen 76.000 Kilometern ein Waisenknabe. Selbst Korea war mit dem Landschaftsgärtner Goh und seiner Frau vertreten. Und es gab natürlich Daniel, für den sich an diesem Tag sein Motorradtraum »von Texas bis Ushuaia« erfüllt hatte. Damit war auch für ihn die Reise zu Ende. Nach den Feiertagen wollte er es nur noch bis Buenos Aires schaffen und von dort samt Motorrad per Flugzeug zurück in die USA.

Es waren um die fünf Grad in Ushuaia. Meine Lust darauf, die bevorstehende Nacht im Zelt zu verbringen, lag bei null. Doch noch saß ich mit der ganzen Truppe im großen Gemeinschaftsraum des Campingplatzes, in dem ein großer, schwarzer Holzofen bollerte, was er konnte. »Hey, wie wäre es mit einem Lagerfeuer morgen Abend? Wir essen zusammen und machen es uns dann dort gemütlich. Was meint ihr?«, fragte ich in die Runde. Für das Essen waren alle zu haben, für das Lagerfeuer aber niemand. Wahrscheinlich hatten sie auf ihrer Reise schon an Tausenden von Lagerfeuern gesessen und brauchten das jetzt nicht schon wieder. Ich nahm mir vor, morgen selbst Holz für ein kleines Feuer nur für mich zu sammeln.

Es war eiskalt in der Nacht; als ich am nächsten Morgen den Reißverschluss meines Zeltes öffnete, war alles um mich herum mit einer leichten Schneedecke überzogen. Mein Nacken und mein Kopf schmerzten, meine Nase lief und die Stirn war heiß. Eine dicke Erkältung schien sich anzubahnen. Ausgerechnet heute, an Heiligabend.

Nach ein paar Einkäufen im nahen Supermarkt war ich platt, konnte nicht mehr, musste mich hinlegen und fand neben dem Gemeinschaftssaal noch einen kleinen geheizten Raum mit einer Pritsche darin. Drei Ibuprofen, und ich schlief tief, fest und … sehr lange.

Erst zum Abendessen wurde ich wieder wach. Alles war schon vorbereitet, als ich aus meiner Kammer trat und mir die Augen rieb. Der lange Tisch war gedeckt und von den Damen unter uns liebevoll mit grünen Tannenzweigen geschmückt. Sogar Servietten gab es und ein paar Kerzen.

Mir ging es schon wieder besser, nur mein Lagerfeuer, das konnte ich wohl vergessen, denn Zeit zum Holzsammeln war nicht mehr. Silke rief zum Essen.

Statt Rinderzunge gab es Gulasch mit Möhren, Blumenkohl und Kartoffeln, geschöpft aus einem riesigen Topf, und statt der Rheingauer Spätlese war es an dem Abend »Vino Toro« aus dem Tetra-Pack. Alles war gut, wunderschön und entspannt. Goh, der Koreaner, der noch am Vortag so gar nichts mit unserem Weihnachtsfest anzufangen wusste, hatte herumgefragt, wie wir Christen dieses Fest feiern. Nicht ohne Grund, denn plötzlich erhob er sich und zog zu unserer Überraschung eine große Plastiktüte hervor und überreichte jedem von uns ein kleines, in Geschenkpapier eingewickeltes Weihnachtspäckchen. Wir packten natürlich sofort aus. Jeder riss an den Papieren und Bändchen herum. Es fanden sich darin Kugelschreiber, gelbe Quietsch-Entchen, kleine Stofftiere und für mich ein Feuerzeug. Dann erhob sich Goh und hielt gekonnt die Weihnachtsansprache. Ich weiß nicht, was er alles erzählte, nur noch, dass er sie beendete mit: »… und jetzt lasst uns alle anstoßen auf die Gesundheit und allzeit guten Sex!«

Wir schauten uns alle kurz verwundert an, bevor wir dann losprusteten vor Lachen und dem Redner lautstark applaudierten.

Gegen elf Uhr fragte ich mich, wie meine Eltern diesen Abend wohl verbracht hatten und ob sie an mich gedacht oder mich vermisst hatten. Ich stand auf, zog meine Daunenjacke über und ging vor die Tür. Mir war danach, für einen Moment allein zu sein. Die Nacht war klar, voller Sterne, kein Lüftchen rührte sich. Der kleine Wald am Rande des Campingplatzes hatte etwas Verwunschenes an sich. Dunkel und geheimnisvoll lag er vor mir. Nur eine Stelle fiel mir auf, dort wo im blassen Licht des Mondes der Waldweg hinunter zum Fluss, zum Rio Pipo, zu erkennen war.

Die Tür hinter mir ging auf, ein paar Raucher gesellten sich zu mir. Doch mir war nicht nach weiteren Motorradgeschichten, ich drehte mich um und lief einfach auf den mir ungewöhnlich hell erscheinenden Waldweg zu. Kurz darauf hörte ich bereits das leise Rauschen des Rio Pipo. Er schien nicht weit zu sein; und tatsächlich erreichte ich nach ein paar Metern durch den Wald das Ufer des hier vielleicht fünf Meter breiten Flusses.

Ich schaute mich um, schaute nach rechts und sah etwa hundertfünfzig Meter weiter ein Feuer brennen. War doch noch jemand da? Wer denn? Verwundert lief ich langsam dem Licht entgegen. Ich war beinahe dort, doch immer noch sah ich niemanden. »Hola?« rief ich mehrmals. »Hola?«, doch keiner antwortete.

Dann stand ich mitten vor dem Feuer, und immer noch war niemand zu sehen. Es brannte hell, und die Äste darauf knisterten in den Flammen. Irgendwer musste gerade eben hier noch frisches Holz aufgelegt haben. Weit konnte er nicht weg sein. Neben dem Feuer war noch mehr gesammeltes Brennholz geschichtet, und ein großer Holzklotz gleich daneben diente wohl als Sitzplatz. Nochmals rief ich laut in den Wald:»Hola, hay alguien ahí? Is there anybody?« Doch nichts regte sich, niemand kam, alles blieb still. Noch völlig ungläubig schaute ich in die Glut. Da ist es, mein Feuer. Hatte ich es mir nicht genauso gewünscht, wollte ich Weihnachten nicht an genauso einem Feuer verbringen? Wer hatte es angezündet? Und für wen? Wer macht so ein Feuer, legt frisches Holz auf und geht? Und immer noch war niemand zu sehen. Mich fröstelte ein wenig. Noch einmal schaute ich mich um und setzte mich dann zögerlich auf den Holzklotz. Erst als ich die Wärme des Feuers in meinem Gesicht spürte und ich eine Zeit lang das Züngeln der Flammen an der Glut beobachtete, ließen die Spannung und meine Verwirrung nach.

Fast zwei Stunden saß ich hier an diesem Feuer, und niemand kam zurück, niemandem schien es zu gehören. Je länger ich darüber nachdachte, desto sicherer wurde ich mir. Dieses Feuer, zu genau dieser Zeit, als ich zum Fluss kam, gerade eben bestückt mit neuem Brennholz, dieses Feuer … es war mein Weihnachtsgeschenk, und ich wagte nicht daran zu denken, wer es für mich in dieser Heiligen Nacht angezündet haben mochte.

Ich schaute lange in das prasselnde Feuer und dann hoch in den schwarzen, kalten Himmel, aus dem nun langsam und schwer einzelne, schneeweiße Flocken dick und weihnachtlich heruntersegelten. Erst fielen ein paar wenige und dann wurden es immer mehr, so dass ich bald schon dort saß, umgeben von einem wundervollen, ständig fallenden Vorhang aus Millionen weißer Flockenpunkte, gelb angestrahlt von der hellen Wärme meines Feuers.

Als ich an diesem Abend an meinem Feuer saß, da fühlte ich mich nicht im Stande, etwas anderes zu glauben. Ich wollte damals so glauben, wie es ein Kind tut. Ich war mir einfach so sicher, dass dieses Feuer ganz allein für mich dort angezündet wurde, es keinen anderen Zweck hatte, als für mich da zu sein. Alles war so perfekt, so passend, so ganz genau so wie ich es mir gewünscht hatte.

Und ich spürte so deutlich wie nie, dass ich in dieser Heiligen Nacht nicht allein am Feuer war. Ein unbeschreiblich warmes, ja fast brennendes Gefühl von Nähe und Zugehörigkeit zu etwas Unerklärlichem, Unbeschreiblichen und sicher ganz, ganz Großem umgab mich dort unten am Ende der Welt.

Ich war mir sicher: Das mit dem Feuer war kein Zufall. Zufälle gibt es nicht. Auch das tiefe, innere Glück, das ich in dieser Nacht spürte, auch das war kein Zufall, keine Glücksache, sondern vielleicht nur die Konsequenz, wenn wir anfangen, ein wenig mehr auf unsere innere Stimme zu hören, wenn wir uns ein wenig mehr durch unser Leben hindurchtreiben lassen und wir ein offenes Auge und ein offenes Herz dafür haben, was uns das Leben jeden Tag auf seine leise Art zeigt, wie vielleicht einen Waldweg im Mondschein.

Der Tinnitus

Eine Reise um die Welt, die Route und Orte, sie lassen sich planen, bis ins Kleinste organisieren. Doch die wirklich wichtigen, die besonderen Momente, die Orte, an denen sie mir begegneten, die lassen sich niemals planen, nicht einmal erahnen. Ushuaia war ein solcher Ort, ebenso wie der Biergarten in Tiflis, in dem ich Achiko traf, oder Narkanda, wo ich im selben Bett wie der Dalai Lama übernachtete, oder viele andere Orte auch, von denen ich zuvor nie gehört hatte.

In Afrika, dem letzten Kontinent auf meiner Reise, hieß dieser besondere Ort Swakopmund. Es war der Ort, der das Ende meiner Reise einläutete, der Ort, an dem mir klar wurde, dass die Zeit des Weltreisens, dass dieses Kapitel meines Lebens langsam zu Ende ging.

Swakopmund war eine ehemalige deutsche Kolonie, eine deutsche Exklave, gegründet vor über 120 Jahren als Hafenstadt, als Handelsstadt deutscher Besatzer an der Küste des heutigen Namibias. Von anderen Touristen hatte ich gehört, dass es dort immer noch »sehr deutsch« zugehe. Und tatsächlich, als ich in die Stadt einfuhr, traute ich meinen Augen kaum. Wie? Was waren das denn für Straßennamen? Das war ja wirklich wie zuhause. »Nordring« oder »Kaiserstraße« las ich auf den Schildern. Das Wort »AMTSGERICHT« prangte über dem Portal eines Gebäudes, »Metzgerei« las ich an einem Geschäft, an einem anderen »Bücherei« und als ich das Schild »Freds Kneipe, Hopfen und Malz, Gott erhalt's« sah, hatte Mühe, mir vorzustellen, wirklich noch in Afrika zu sein.

Langsam und staunend über so viel exportierte Heimat fuhr ich durch die gepflegten Gassen dieses Urlaubsortes, bis ich an einer Ecke das Schild »Bäckerei-Café« ausmachte. Ich vermutete in dem Café auch deutsche Brötchen, und auch wenn ich nicht wirklich Hunger verspürte, genau das wollte ich jetzt. Ein deutsches Brötchen, so wie es sie zu Hause oft auf dem Frühstückstisch gab. Ich betrat die Bäckerei und blickte in das breite Lächeln dreier farbiger Verkäuferinnen. Vor ihnen in der Glastheke ein riesiger, goldgelb leuchtender Berg an Brötchen, so wie sie in meiner Heimat nicht leckerer hätten aussehen können.

»Emm … I would like to have one of these …?« ich überlegte noch, wie das englische Wort für Brötchen war, als eine der drei mich unterbrach, lächelte und in akzentfreiem Deutsch sagte: »Sie wollen Brötchen, nicht wahr?«

Völlig perplex antwortete ich immer noch auf Englisch: »Well, yes, one please.« Ich bekam, was ich wollte. Direkt auf die Hand, genauso wie ich früher als Kind, wenn ich mit meiner Mutter einkaufen ging, an der Wursttheke von der Verkäuferin immer eine extra Scheibe Kinderwurst heruntergereicht bekam. Genauso fühlte ich mich auch jetzt und strahlte wie ein Fünfjähriger den immer noch breit lächelnden Damen entgegen. Erst als diese anfingen zu kichern, erwachte ich aus meinen Erinnerungen, bezahlte und wollte hinausgehen.

Doch als ich mich umdrehte, sah ich aus den Augenwinkeln heraus, hinten am Ende des Cafés, etwas, das mir irgendwie bekannt vorkam. Ich schaute noch einmal genauer hin. Es war eine große Zeichnung quer über die gesamte hintere Wand des Cafés. Sie zeigte eine Burg, doch nicht irgendeine. Ich rieb mir die Augen, konnte es nicht glauben. Ich war irgendwo in Afrika und entdecke hier an der Wand dieser Bäckerei die Schwanenburg, das Wahrzeichen meiner Heimatstadt Kleve, dort wo ich aufgewachsen war, dort wo ich so viele Scheiben Kinderwurst bekommen hatte. Wie angewurzelt stand ich dort, starrte immer noch ungläubig auf das Bild, hatte mein deutsches Brötchen in der Hand, der Duft von Filterkaffee zog durch meine Nase, und genauso wie damals bei den Bratkartoffeln in Bangkok überfiel es mich hier erneut, dieses tiefe Heimatgefühl. Bilder von Straßen und Plätzen meiner Heimatstadt hatte ich mit einem Mal vor Augen, meine alte Schule, die Einkaufsstraße, mein Elternhaus. Doch dieses Mal mischte sich noch ein anderes Gefühl hinzu: Ich wäre gerne dort gewesen, jetzt, in dem Moment, am liebsten sofort. Es war Heimatgefühl mit einem Anflug von Heimweh darin. Ja, es war das erste Mal nach zwei Jahren, dass ich so etwas wie Heimweh verspürte. Es war das erste Mal auf der Reise, dass ich an einem anderen Ort als diesem hier sein wollte.

Viele in der Stadt sprachen Deutsch. Auch Achim, der früh am nächsten Morgen, als ich mein Motorrad besteigen wollte, um »Little-Germany« weiter zu erkunden, plötzlich neben mir stand.

»Du kommst aus Deutschland?«, sprach er mich an. Er mochte vielleicht fünfzig Jahre alt sein, war leicht untersetzt und trug einen Vollbart. Er hatte ein mildes, sympathisches Lächeln in seinem freundlichen Gesicht. »Sag mal, bist du etwa den ganzen Weg von Deutschland aus hier herunter gefahren?«, fragte er und deutete auf mein deutsches Kennzeichen.

»Nun ja, nein, nicht auf direktem Weg. Also, vorher bin ich noch bis nach Vietnam gefahren, dann noch von Alaska bis nach Feuerland, ans Ende der Welt, naja, und jetzt bin ich fast fertig mit meiner Runde. Bin gerade auf dem Endspurt zurück nach Deutschland«, sagte ich und grinste breit.

»Okay, sicher, warum nicht?«, sagte Achim und zog die Augenbrauen hoch. »Emm, ich habe gerade Brötchen geholt. Und wenn du magst, dann komm doch mit zu uns, zu mir und Sabine, meiner Frau, und lass uns gemeinsam frühstücken. Wir sind dort in der Anlage mit den Ferienbungalows untergekommen«, sagte er und zeigte auf ein Gelände mit vielen kleinen Chalets.

Achim und Sabine waren keine Touristen aus meiner Heimat, wie ich wegen ihres perfekten Deutsch zuerst vermutete, sondern aus Südafrika, aus Nelspruit, hatten jedoch deutsche Vorfahren und verbrachten jetzt ihren Jahresurlaub hier in Swakopmund.

»Sag mal, Theo«, meinte Achim nach dem Frühstück, »meine Schwester Sandra wohnt hier in der Nähe. Wir wollen sie morgen besuchen und dort auch einmal übernachten. Wenn du willst, dann komm mit.«

»Ja, genau, die Sandra, die solltest du kennenlernen«, klinkte sich Sabine ein, »Sie wohnt auf einer Farm, etwa zwanzig Kilometer abseits der Hauptstraße nach Windhoek. Irgendwo im Nichts, inmitten der Wüste an einem ausgetrockneten Flussbett. Vor vier Jahren hatte sie mit ihrem Mann die Farm gekauft, die Ehe ging kaputt, er zog weg und sie blieb. Seit fast zwei Jahren wohnt sie jetzt dort völlig allein mit ihren Hunden und Hühnern. Achim hat recht, du solltest sie kennenlernen.«

»Ach, und warum, meint ihr, sollte ich das?«, fragte ich, ohne wirklich viel Lust auf Verwandtenbesuch zu verspüren, denn eigentlich wollte ich weiter, wollte so langsam nach Hause.

»Sandra hat Psychologie oder so was studiert und berät jetzt auf ihrer Farm die Top-Manager der Wirtschaft darin, mit ihrem Leben besser klarzukommen, wenn sie Probleme haben. Genaueres wissen wir allerdings auch nicht. Ich dachte nur, weil du doch auch so etwas wie ein Berater bist, und das wird dich bestimmt interessieren, oder?«, fragte Sabine und nickte mir aufmunternd zu.

Eine Lebensberatung für Manager? Sie musste so etwas wie ein Coach sein, ein Life-Coach. Soviel ich weiß, sind Coaches auch Berater, doch sie kümmern sich mehr um das Seelenheil der Menschen, nicht um Prozesse oder Strategien von Unternehmen, so wie ich es früher getan hatte.

Und Sandra hatte so ein Coaching-Center irgendwo in der Wüste Namibias? Das war wirklich ungewöhnlich, und sofort tauchte ein Bild davon in mir auf. Ich stellte mir eine moderne Seminaranlage vor, deren klimatisierte Räume mit sandfarbenen Parkett ausgelegt und mit hellen Möbeln bestückt waren. Die Wände bestanden zu drei Seiten hin aus Glas und boten den bürogewohnten Managern in ihren Anzügen einen für sie fremdartigen Blick auf eine endlose Landschaft aus Dünen, in dessen flirrender Hitze nichts weiter zu sehen war als einige in der Ferne dahinziehende Kamele.

Vor ihnen stand Sandra, die Management-Beraterin, die morgens noch in ihren Gummistiefeln Ziegen fütterte und Hühnereier einsammelte und jetzt geschminkt und in schickem Kostüm den ernst dreinschauenden Damen und Herren half, ihre Themen zu klären.

Sabine hatte recht, das interessierte mich nun doch. Vielleicht weil mich das auch an zuhause erinnerte oder zumindest an die Klientel, mit der ich so viele Stunden meines Arbeitslebens verbracht hatte. Vielleicht könnte ich dort mithelfen und prüfen, wie es sich jetzt, nach so langer Arbeitsabstinenz, anfühlt.

Zwei Stunden dauerte die Fahrt zur Farm, bis zum Seminarcenter. Die letzten zwanzig Kilometer führten uns über eine einsame, holprige Sandpiste, die uns in Achims Toyota kräftig durchschüttelte. Pünktlich zu »Kaffee und Kuchen« trafen wir bei Sandra ein.

Sie erwartete uns draußen vor einem alten, gelb verputzten und mit Wellblech bedachten Haus. Ein moderner Glasbau allerdings, mit klimatisierten Seminarräumen, wie ich ihn mir vorgestellt hatte, war weit und breit nicht zu sehen. Selbst Strom schien es nicht zu geben, denn an vielen Stellen hingen Öl- und Gaslaternen. Sandra war höchstens fünfzig Jahre alt und wirkte mehr wie eine Farmerin als wie eine Managementtrainerin in ihrem geblümten Arbeitskleid und in den Gummistiefeln, mit den lockigen rotbraunen Haaren, dem netten, ungeschminkten Lächeln auf den Lippen … und der Schrotflinte in ihrer Hand.

»Puffottern«, rief sie uns von der Terrasse entgegen und deutete mit der Flinte zum Hühnerstall, »die Biester sind zu gefährlich. Ein Biss, und ich hab ein Problem allein hier draußen. Hab grad noch eine bei den Hühnern erledigt.« Sie grinste zufrieden, brachte das Gewehr ins Haus und kam stattdessen mit einer Kaffeekanne auf uns zu, um uns herzlich zu begrüßen.

»Emm, Achim? ... Wo waren hier noch gleich die »Topmanager der Wirtschaft«?«, flüsterte ich ihm zu, als wir gemeinsam zur Kaffeetafel schritten.

»Frag sie, ich weiß nicht, war schon lange nicht mehr hier«, antwortete er schulterzuckend.

Zwischen Schwarzwälder Kirschtorte und einem Stück Käsekuchen erklärte mir Sandra das Konzept. »Weißt du, es ist eine »Selfness Farm.« Die Leute, die hierher kommen, schlafen dort im Nebengebäude oder in dem umgebauten alten Hühnerstall. Am liebsten nehme ich immer nur einen oder zwei Teilnehmer hier für mindestens fünf Tage auf. Im Moment allerdings ist keiner da.«

Dann beendete sie ihre Erklärungen und widmete sich wieder ihrem Käsekuchen.

»Wie jetzt? Und das Programm? Was passiert in den fünf Tagen? Welche Seminare gibt's? Und wo hältst du sie ab?«, fragte ich.

»Gibt kein Programm«, antwortete Sandra amüsiert, als erwartete sie genau diese Frage. »Gibt nichts. Gar nichts. Und genau das ist die ›Therapie‹. Selfness eben. Wirklich, hier passiert nichts, zumindest nicht äußerlich, und genau das sorgt dafür, dass innen drin in den Leuten umso mehr passiert.

Stell dir doch mal einen typischen Manager vor. Der Terminkalender ist rappelvoll, oft noch Arbeit am Wochenende, ständig sind sie umgeben von Menschen, die sie mit Informationen füttern; nie sind sie allein, hechten von einer Besprechung, von einer Entscheidung zur nächsten. Abends ist die Familie dran. Die Kinder und der Ehepartner wollen ihre Zeit haben. Selbst die Urlaube sind meist vollgepackt mit irgendwelchen Aktivitäten. Und so geht es über Jahre. Doch wann haben diese Menschen mal Zeit für sich, wann haben sie eine Chance, sich auch mal mit der allerwichtigsten Person in ihrem Leben zu beschäftigen, mit sich selbst? So gut wie nie nehmen sie sich Zeit dafür. Vielleicht auch, weil sie sich vor sich selbst etwas fürchten. Sich fürchten, etwas zu entdecken, was ihnen nicht gefällt.

Doch hier auf der Farm können sie sich entdecken, nein, hier müssen sie es sogar, wenn sie so mutig sind und sich erst mal darauf eingelassen haben. Kein Wellnessangebot, keine Seminare, kein Abendprogramm, keine anderen Teilnehmer, nichts, nur die Wüste und sie selbst.

Sie werden aufgefordert, einmal aus ihrer Welt auszutreten, sich mit einem für sie völlig neuen Thema zu befassen, mit sich selbst eben. Es geht hier um Selbsterfahrung, darum, einmal loszulassen von allem, was ihr Leben bisher ausgemacht hat, um zu sehen, was dann übrig bleibt, was dann hochkommt. Verstehst du?«

»Und ob ich das verstehe, Sandra«, sagte ich und musste schmunzeln, denn war meine ganze Reise nicht selbst so etwas wie eine einzige, riesige »Selfness-Kur«? War ich nicht auch von heute auf morgen aus dem Job ausgebrochen und mehr oder minder für mich allein unterwegs in all den Monaten gewesen? Hatte ich mich früher nicht selbst zwölf Stunden am Tag mit Terminen und Aufgaben zugeschüttet, so dass kaum Zeit für mich war? Zumindest hatte ich mir nie Zeit nur für mich eingeräumt, einmal nichts vorgehabt, nichts geplant, nichts getan und bewusst und still gewartet, was passiert. Ständig war irgendetwas und war mal nichts, dann füllte ich die Zeit schleunigst mit Internet-Dates, Motorradtouren oder sonst etwas. »Tu was«, lautete mein Credo, mein anderer Glaubenssatz; nichts zu tun gehört sich nicht, bringt nichts, ist Verschwendung von Lebenszeit.

Kaum aber war ich unterwegs, hatte Projekte und Pläne, Ziele und Zwänge vorerst hinter mich gelassen, hatte die

Ruder eingezogen und das Steuer losgelassen, hatte mir das Treiben erlaubt und war zum Spielball auf den Wellen meines Lebens geworden, schon wurde mein Leben lebendiger. Es war, als wäre es entfesselt und wollte jetzt endlich nachholen, wollte mir endlich zeigen, was es noch zu bieten hat. Es brachte mich zu meiner georgischen Blumenfrau, die mir eine Ahnung vom Zauber einer universellen, uns alle verbindenden Sprache gab. Es schickte mir Achiko, der mir selbstlos das Bild seines Schutzpatrons, des heiligen Georg, überließ. Es führte mich durch die Straßen Indiens und ließ mich spüren, wie es ist, wenn Mitgefühl und Ohnmacht ein Herz ertränken. Es zeigte mir in der Wüste von Jordanien und in Narkanda, zu welchen anderen Dimensionen des Glücks ich fähig bin. Es gibt so viel zu finden in uns und mit jeder Erfahrung entdeckte ich ein wenig mehr von dem, der ich wirklich bin.

»Ja, Sandra, »Selfness«, das ist das richtige Wort für das, was du machst«, sagte ich.

»Siehst du«, sagte Sandra, »das ist mein Konzept. Ich verkaufe hier auf meiner Farm die Entdeckungen der besonderen Art. Entdeckungen, die man nur bekommt, wenn man ausbricht aus seinem Alltag.«

Moment mal, durchfuhr es mich. Ausbrechen? Könnte das nicht DAS Thema sein für eine eigene Coaching-Praxis, wenn ich wieder zuhause bin, für die Zeit nach der Reise? War ich da nicht schon ein halbwegs glaubwürdiger Experte und wusste genau, wie das Ausbrechen funktioniert und was es mit einem machen kann? Ja, was wäre, wenn ich Menschen, die unzufrieden sind in ihrem Leben, dabei helfen würde, daraus auszubrechen, dabei helfen würde, sich selbst einmal so zu entdecken, wie ich es getan hatte?

Es muss ja keine Weltreise sein, vielleicht nur eine Auszeit von ein paar Wochen. Ich könnte sie dabei begleiten, eben als Coach, als eine Art »Lebensberater«. Ich könnte ihnen aus eigener Erfahrung erzählen, was alles möglich war, was alles noch unentdeckt in uns steckte. Ich könnte kleinere Reisen für sie organisieren, vielleicht sogar hierher auf die Farm, und sie dann auf ihrer »inneren Reise« als Berater begleiten, sie ermuntern, sich auch einmal treiben zu lassen, ihnen Mut machen, einmal loszulassen von dem ständigen »Tun müssen« und dann mit ihnen auf ihre ganz persönliche Entdeckungsreise gehen.

Ich stellte mir vor, wie ich mit meinen zukünftigen Klienten arbeiten würde: Zuerst erzähle ich ihnen von mir, von meiner Reise, begeistere sie für ihr eigenes Ausbrechen, ermutige sie, den ersten Schritt zu tun, zu kündigen oder ein Sabbatical zu beantragen. Dann komme ich mit ihnen wöchentlich in meiner Praxis zusammen, spreche mit ihnen über ihre Gefühle und ihre Fortschritte, später, sollten sie unterwegs sein, coache ich sie über Skype. Ja, das könnte doch funktionieren. Ich wüsste sogar schon, wen ich ansprechen würde. Und ich bräuchte ein Büro, einen Internetauftritt und natürlich einen Firmennamen, vielleicht nenne ich sie …

»Noch ein Stück Käsekuchen?«, unterbrach Sabine meine hitzigen Gedanken. Ich nickte wortlos und lächelte kurz, während Sabine mir den Kuchen auf den Teller schob.

»Hier ist deine Suite«, sagte mir Sandra, als sich unsere kleine Runde nach einem geselligen Grillabend gegen Mitternacht auflöste und sie mir mein Quartier zeigte. Es war eine kleine, gemauerte Hütte mitten auf dem Hofplatz, die nur aus einem einzigen, aber neu renovierten Raum bestand. Darin ein Bett, eine Gaslampe und ein Waschbecken.

»Lass die Tür einfach auf, damit frische Luft hereinkommt, aber stell dir dieses Brett hier vor den Eingang. Hier gibt es Skorpione, die du nicht in deinem Bett haben willst … und Puffottern«, grinste sie, wünschte eine gute Nacht und ging zurück zum Haus.

Es war eine wunderbare Ruhe hier draußen. Was hätte hier auch Lärm machen sollen? Kein Autoverkehr, keine Stimmen, auch keine surrenden Insekten oder raschelnden Tiere, auch kein Lüftchen wehte in dieser Nacht, nichts, absolute Stille.

Doch diese sollte bald ein Ende haben. Es war etwa gegen drei Uhr in der Nacht, als ich von einem lauten, andauernden Pfeifton geweckt wurde. Ich schreckte hoch und lief zur Tür, schaute hinaus in die Dunkelheit, doch ich konnte das Geräusch nicht orten. Aber Moment mal, das Pfeifen kenne ich doch, ja, aus Thailand kannte ich das Geräusch. Oh nein, bitte nicht. Ich hielt meine Ohren zu und tatsächlich, das Pfeifen wurde nicht leiser, es blieb. Es war nicht draußen, es war in meinem Kopf, in meinen Ohren. Es musste wieder dieser Tinnitus sein. Er war zurück, sogar noch viel lauter als damals beim ersten Mal.

Oh nein, bitte nicht, nicht jetzt, nicht hier in der Wüste. Aber bestimmt verschwindet der gleich wieder, wie damals, beruhigte ich mich. Ich zündete die Gaslampe neben mir auf meinem Nachttisch an, setzte ich mich senkrecht und angespannt auf mein Bett und wartete. Das Pfeifen in beiden Ohren war laut und unangenehm, fast schmerzhaft. Die Minuten vergingen. Doch nichts wollte sich ändern. Ich versuchte alles. Ich steckte mir die Finger ins Ohr, hielt mir die Nase zu und pustete, um möglichen Druck im Ohr auszugleichen, kreiste mit dem Kopf, um meine Muskulatur zu lockern, und dann, mit einem Mal, vielleicht nach etwa zehn ewigen Minuten, wurde es viel leiser, und gerade als ich schon erleichtert aufatmen wollte, wurde es wieder lauter, noch viel lauter als zuvor. Was zum Teufel ist das und was soll das? Wo soll ich denn hier einen Arzt her bekommen? Swakopmund hat kein Krankenhaus und bestimmt auch keinen HNO-Arzt. Was ist, wenn es nicht aufhört? Wenn es nie wieder aufhört, ich das jeden Tag aushalten müsste? Bitte nicht!

Erstarrt saß ich auf meinem Bett und konnte nichts tun, gar nichts, fühlte mich diesem Dauerton genauso ausgeliefert wie damals diesem Hermann. Stundenlang hielt das Geräusch an. Erst im Morgengrauen wurde es ein klein wenig leiser. Oder vielleicht hatte ich mich auch nur schon etwas daran gewöhnt. Ich wusste es nicht, ich wusste nur: Ich muss es loswerden. Irgendwie.

Gleich zum Frühstück erzählte ich den anderen davon und hoffte auf deren Einfälle. Doch stattdessen waren sie sich einig, dass damit nicht zu spaßen sei, und berichteten von einem schweren Tinnitus-Leiden in ihrem Bekanntenkreis und was für ein »armer Kerl« der Betroffene doch sei.

»Achim, das ist mir alles nicht geheuer. Ich möchte möglichst schnell zurück nach Windhoek«, sagte ich entschlossen, »dort gibt es bestimmt HNO-Ärzte. Mal hören, was die dazu meinen.«

»Wenn die dir auch nicht helfen können«, meinte Achim, der spürte, wie viel Sorgen ich mir darum machte, »dann flieg doch nach Deutschland und lass es dort behandeln, dann brauchst du dir zumindest keine Vorwürfe zu machen, dass du nicht alles Erdenkliche getan hast.«

Kurz nach dem Frühstück waren wir auf dem Weg zurück nach Swakopmund, von wo ich mich am Nachmittag noch nach Windhoek aufmachte, um baldmöglichst einen HNO-Arzt aufzusuchen. Dabei kreisten Achims Worte immer wieder in meinem Kopf umher: »… dann flieg doch zurück nach Deutschland.« Mal abgesehen davon, dass meine Ohren dort wirklich professionelle Hilfe erwarten konnten, hatte der Gedanke etwas für sich.

Die deutschen Brötchen im Café, die Schwanenburg an der Wand, das Heimweh, das dieses deutsche Swakopmund in mir ausgelöst hatte, die Bilder von einem erfolgreichen »Coach für Ausbrecher«, die ich mir von mir gemalt hatte, all das zog mich in diesem Moment nach Hause, vielleicht sogar noch stärker als dieser dämliche Tinnitus.

Ja, ich hatte jetzt Lust auf zu Hause, auf noch mehr Vertrautes, auf eine Pause von der Reise, auf eine Pause von dem ewig Fremden. Noch bevor ich in Windhoek ankam, war für mich klar: Egal, was die Medizinmänner hier diagnostizieren, ich werde nach Deutschland zu meiner Basisstation fliegen, mich dort untersuchen lassen und mir ein weiteres Mal ein paar Wochen Auszeit gönnen.

Wie schon erwartet, konnte mir der HNO-Arzt in Windhoek auch nach etlichen Tests nicht helfen. Er verschrieb mir einen Ginkgo-Extrakt für bessere Durchblutung und entließ mich mit den Worten: »Mit der Art von Tinnitus, den Sie haben, werden Sie wohl leben müssen.«

Niemals!

Dann musste alles ganz schnell gehen, denn ich wollte nicht zu viel Zeit bis zur Behandlung in Deutschland verstreichen lassen. Sandra kannte eine Bäuerin in der Nähe von Windhoek, in deren Scheune ich mein Motorrad für ein paar Wochen sicher unterstellen konnte. Gleich am nächsten Morgen fuhr ich dorthin, einigte mich mit ihr auf einen Preis, klemmte die Batterie ab, deckte das Motorrad mit ein paar herumliegenden Pferdedecken zu, damit es nicht einstaubte, und fuhr mit einem Taxi zurück zu der Jugendherberge, in der ich mich einquartiert hatte. Auch der Flug nach Düsseldorf war schnell über das Internet gebucht, und schon zwei Tage später landete ich mit meinem Tinnitus in Deutschland.

Das Kräuterbonbon

Ein dreiviertel Jahr war es her, dass ich das letzte Mal einen Zwischenstopp zuhause eingelegt hatte, damals, als das Motorrad von Bangkok nach Seattle verschifft wurde. Und auch dieses Mal war die Heimkehr so wie damals. Meine Eltern holten mich ab, und schnell war alles wieder so vertraut, so normal, so als wäre ich gar nicht weg gewesen. Vater schloss die Tür auf, und ich lief durch die Räume meines Elternhauses. Die Gerüche, die Geräusche, alles vertraut, alles Heimat. Heimat vergeht nicht.

Noch war es Wochenende, doch gleich am Montag rief ich in der Universitätsklinik in Münster an, denn dort hatte ich einen Spezialisten für Tinnitus ausgemacht. Zwei Tage später saß ich Dr. Scholl gegenüber.

»Viel kann man gegen einen Tinnitus nicht tun. Doch um alles zu versuchen, empfehle ich ihnen eine dreitägige stationäre Infusionstherapie. Wir sollten heute damit beginnen, um keine Zeit zu verschenken.«

Vorsorglich hatte ich bereits ein paar Sachen für eine Übernachtung eingepackt und blieb gleich dort. Für drei Tage schlossen mich die Ärzte an einen Tropf an. Und tatsächlich tat sich etwas. Am dritten Tag wurde es leiser in meinen Kopf, viel leiser. Bei der Entlassung empfahl mir Dr. Scholl, mich zusätzlich von einem Physiotherapeuten behandeln zu lassen. Oft kämen solche Geräusche auch von verspannten Muskeln im Nacken- und Schulterbereich. Vielleicht lasse sich damit das Pfeifen sogar ganz abstellen.

Ich wollte nichts unversucht lassen, mir so viel Zeit hier in Deutschland nehmen, wie ich brauchte, vielleicht noch drei oder vier Wochen. Also suchte ich mir einen Physiotherapeuten in der Nähe von Kleve aus, der für die Behandlung solcher Fälle einen guten Ruf besaß. Und ausgerechnet Hermann hieß.

Sechs Mal Fango und Massage hatte ich mir verordnen lassen, und bald schon lag ich bei dem sympathischen Niederländer – er mag vielleicht Mitte fünfzig gewesen sein – auf der Liege. Seine trainierten Finger bearbeiteten gerade schmerzhaft meine Schulter, als er mich fragte, ob ich nicht der sei, der mit dem Motorrad um die Welt fährt. Er hätte von mir in der Zeitung gelesen und mich von den Fotos darin wiedererkannt.

»Ja, der bin ich«, sagte ich und erzählte davon, plapperte einfach drauflos, nur um mich von dem Schmerz abzulenken, den Hermanns kräftige Zugriffe auf meine Muskeln hervorriefen.

Mit jeder der folgenden Behandlungen wurden die Massageschmerzen weniger, und ich hatte das Gefühl, dass auch das Pfeifen noch leiser wurde, manchmal sogar völlig verschwand. Als ich nach der fünften Behandlung seine Praxis verließ und auf dem Parkplatz davor noch mit meinem Handy hantierte, hörte ich eine weibliche Stimme hinter mir. »Theo?«

Ich drehte mich um. Vor dem Eingang der Praxis, ein paar Meter entfernt, sah ich eine Frau, gutaussehend, vielleicht Mitte dreißig, mit langen blonden Haaren, die mich anlächelte.

»Theo Schlaghecken?«

»Ja, bitte …«, antwortete ich verwirrt. »Kennen wir uns …?«

»Ja, also eigentlich nein, nicht wirklich«, sagte sie und schaute dabei zu Boden. »Ich heiße Helen, Helen Baier. Ich bin die Tochter von Manfred Baier, den kennst du vielleicht. Er ist mit deinem Vater früher öfter mal zur Jagd gegangen.«

»Aha, ja, Manfred Baier, das sagt mir etwas. Ich wusste gar nicht, dass er eine Tochter hat.«

»Ja, hat er«, sagte sie und strahlte mich an. »Hermann hat mir von dir erzählt. Er meinte, du fährst mit dem Motorrad um die Welt und machst hier grad eine Pause oder sowas?«

»Ja, so in etwa. Ich habe die Tour unterbrochen, damit Hermann mich von meinem pfeifenden Mann im Ohr befreit, Tinnitus nennt er sich. Scheint zu klappen. Und du? Foltert Hermann dich auch?«

»Ja, ich hab Probleme mit den Nackenwirbeln, aber eigentlich ist er ganz zärtlich mit mir.« Sie lachte. »Also dann, viel Glück für die restliche Reise«, sagte sie, winkte mir zu und lief, ohne sich noch einmal umzuschauen, zu ihrem Auto.

Als sie den Parkplatz mit ihrem schwarzen Audi, der ein ortsfremdes Kennzeichen hatte und irgendein Firmenlogo trug, verließ, winkte sie noch einmal, und ich sah hinten auf der Rückbank zwei Kindersitze.

Warum auch immer, für mich war klar, sie war verheiratet, hatte zwei Kinder und war mit dem Dienstwagen ihres Mannes unterwegs. Und trotzdem, für eine Sekunde dachte ich darüber nach, ob ich sie vielleicht wiedersehen wollte. Doch dann verwarf ich den Gedanken und befasste mich wieder mit meinem Handy.

Zwei Tage später, es war kurz vor Ostern, saß ich vor meinem Rechner, und es kam eine E-Mail herein. Von ihr:

Hallo Theo,
hab Deine E-Mail-Adresse auf Deiner Website
gefunden.

Was macht der Mann im Ohr? Ist er still?
Sonnigen Tag wünscht Helen

Ich antwortete gleich, und bald schon gab ein Wort das andere:

Hi Helen,
ja, er hat so langsam ausgepfiffen. Und was
macht Dein Nacken?
Wünsche viele bunte Eier … Theo

Ja, Nacken gut.
Bist du nächste Woche noch beim Physio?
Gruß Helen

Ja, hab nächste Woche noch eine halbe Stunde
bei dem Folterknecht. Dienstag um 13.45.
Warum fragst Du?

So ein Zufall, bin am Dienstag um 14.20 Uhr
dort … und nun???

Dann würden wir uns um ein paar Minuten
verpassen … Ganz schön knapp, hm?

Theo, das wäre doch ein bisschen schade,
oder???

Also, Du meinst, wir sollten uns nochmal
wiedersehen?

Ja, mein ich. Wie wäre es mit Ostermontag?
Vielleicht etwas essen, bei Bacco in der Pizzeria?

Waaaas??? Du meinst am heiligen Ostermontag,
dem Familientag? Ganz losgelöst von unseren
Massage-Terminen? Extra wegen uns in die
Stadt reinfahren? Meine Eltern alleine zu Mittag
essen lassen? Meinem Mittagsschlaf entsagen?
Auf das Wiedersehen mit meiner Großtante ver-
zichten?
…JA, DAS IST EINE GUTE IDEE!!! Wie wäre
es mit 12.30 Uhr?

12.30 ist gut! Bis Montag … ich freu mich …
sehr
Gruß Helen

Moment mal. Hatte ich jetzt wirklich ein Date? Ich war nicht einmal zwei Wochen zu Hause und hatte mich schon mit einer Frau verabredet? Sicher, es gab zig Treffen mit Frauen, damals vor meiner Abreise, aber alle hatte ich sie über Dating-Portale organisiert. Doch ein Date hier in der Heimat, so einfach auf »freier Wildbahn«, so ungeplant und unbeabsichtigt, so wie sie das Leben früher arrangiert hatte, als es noch kein Internet gab, das war mir schon ewig nicht mehr passiert.

Vor ein paar Tagen noch, da hockte ich mitten in der Nacht allein auf einer Matratze in einem afrikanischen Hühnerstall irgendwo in der Wüste, vermutlich umzingelt von Skorpionen und Puffottern. Und wie aus heiterem Himmel pfiff mich in dieser Nacht der Tinnitus zurück nach Hause, wo ich jetzt mit einer Frau aus dem Nachbardorf zu einem Date verabredet war. Wer dachte sich eigentlich die Geschichten aus, die uns in unserem Leben passieren? Fantasie musste er jedenfalls haben. Oder ganz konkrete Pläne.

Ostermontag, zwölf Uhr dreißig. Helen saß schon vor einer Cola light, als ich die Pizzeria betrat, lächelte, stand auf, und fast wie selbstverständlich umarmten wir uns kurz zur Begrüßung.

»Ich habe gar nicht so viel Hunger, ich glaube, ich nehme nur einen Salat Caesar«, sagte sie, als wir uns wieder setzten, sie an ihrer Cola herumfingerte, sich leicht nach vorn beugte und mich von unten mit einem Lächeln anblickte.

»Ja, ich auch nicht wirklich, aber eine kleine Pizza wird schon machbar sein«, erwiderte ich, als der Kellner an unseren Tisch kam.

Kaum war er in der Küche verschwunden, redeten wir drauflos. Gleich von Beginn an war die Distanz zwischen uns ungewöhnlich gering. Kein peinliches Schweigen, kein vorsichtiges Annähern, Beobachten, Abchecken, Abfragen, wie ich es tausendmal vorher bei den Dates getan hatte. Meine übliche Checkliste zur »Identifikation potenzieller Prinzessinnen«, die ich immer im Kopf hatte und mich nach Alter, Sternzeichen, Beruf, Wohnort, Hobbys, Beziehungen und Altlasten fragen ließ, brauchte ich hier nicht. Alles ergab sich irgendwie von allein und immer mehr kam bei mir dieses »Ich-kenn-dich-schon-ewig«-Gefühl auf. Es war ein wenig so wie ein Wiedersehen, ein Zurückkommen zu jemandem, den ich schon lange kannte, obwohl das nicht sein konnte. Ja, sie zu sehen, sie zu hören, war mir irgendwie vertraut.

»Ich mag den nicht mehr«, sagte sie, nachdem sie die Hälfte gegessen hatte, und zeigte auf Caesar. »Wenn du willst, dann nimm du doch noch was davon. Ist gesund!«, sagte sie und schmunzelte, als ich daraufhin begann, in ihrem Salat herumzustochern.

»Weißt du was?«, fragte ich sie, »ein Verdauungsspaziergang ist auch gesund. Was meinst du? Lass uns doch noch ein wenig im Reichswald spazieren gehen. Hast du Lust?«

»Ja gern«, strahlte Helen, »das machen wir! Komm, lass uns gehen.«

Helen war 39 Jahre, lebte allein, getrennt von ihrem Mann, mit ihren beiden Jungs in einem Einfamilienhaus auf dem Land. Klassisch mit Garten, Doppelgarage und neugierigen Nachbarn. Max, ihr Ältester, war acht und Josh sechs Jahre alt, doch das hinderte sie nicht daran, tagsüber einen Vollzeit-Job im Außendienst bei Siemens zu managen, bei dem sie viel unterwegs war mit ihrem Firmenwagen, dem Audi, mit dem wir eine Viertelstunde später auf einen kleinen Waldparkplatz fuhren. Bevor wir ausstiegen, kramte sie noch im Handschuhfach und zog eine große Tüte heraus.

»Willst noch ein Kräuterbonbon für unterwegs, hm?«, fragte sie und hielt mir die Tüte unter die Nase, in der sämtliche Bonbons schon so dermaßen miteinander verklumpt waren, dass es nur noch ein einziger riesiger Kräuterklotz war.

»Ja, nehm ich doch gern«, antwortete ich und werkelte an dem Stück herum, brach einen viel zu großen Kräuterbrocken ab und begann, etwas unbeholfen darauf herumzulutschen.

Wir hatten schon ein Stück Waldweg hinter uns, doch das Ding in meinem Mund wurde irgendwie nicht kleiner.

»Ganch Chön groch, dein Chräuterbonbon«, brachte ich hervor.

Erst sagte sie nichts darauf und schien zu überlegen. Dann schaute sich mich verstohlen von der Seite an und meinte:»Na, wenn's dir zu groß ist, dann gib es mir doch wieder.« Aus dem leicht erröteten Gesicht blitzen mich ihre blauen Augen schüchtern und gleichzeitig herausfordernd an.

Wie jetzt? Wie meinte sie das denn? Nein, sie meinte doch nicht das, was ich gerade dachte? Oder doch? Wir blieben stehen, ich schaute sie mit dem Kräuterknubbel in der Wange ungläubig an, versuchte ein Lächeln, sagte nichts, war unsicher, und dennoch näherte ich mich vorsichtig ihrem hübschen Mund. Auch sie kam langsam näher und ich sah noch ein kurzes Lächeln, bevor sich unsere Lippen das erste Mal berührten. Ja, und dann, dann gab ich ihr das Bonbon zurück. Das war unser erster Kuss. Ich glaube, wir waren beide etwas erschrocken und irritiert darüber, wie schnell alles ging.

Als ich sie wieder anblickte, sah ich, wie sie jetzt versuchte, den übernommenen Kräuterbrocken mühsam irgendwo in ihrem Mund unterzubringen. Sie versuchte ihn erst zu zerbeißen, doch das gelang ihr nicht. Dann schob sie den Brocken hamsterhaft herüber in ihre rechte Wangentasche und schaute mich mit großen Augen an. Sie sah lustig aus mit ihrem »verbeulten« Gesicht, und als sie versuchte zu lächeln, lief ihr schon der Speichel aus ihrem strapazierten Mundwinkel. Wir standen auf dem Waldweg und lachten beide laut drauflos, konnten uns kaum halten vor Lachen und als wir wieder Luft bekamen, meinte Helen: »Weißt du eigentlich, dass Hermann ein richtiger Kuppler ist?«

»Ein Kuppler?«, fragte ich und wischte mir noch die Lachtränen aus den Augen.

»Ja, ein Kuppler. Ich kenne Hermann schon länger«, sagte sie, und ihr Gesicht wurde ernster. »Und er wusste auch, dass ich mich vor Monaten von meinem Mann getrennt hatte. Dann lag ich auf seiner Liege, er massiert meinen Nacken und meinte nebenbei: ›Also eigentlich müsste so ein nettes Mädchen doch wieder einen Mann haben. Ich kenne da übrigens jemanden. Der könnte etwas sein für dich!‹« Dabei machte Helen Hermanns niederländischen Akzent nach und grinste dabei.

»Nein danke, Hermann, hab ich ihm gesagt. Keine Männer im Moment. Mein Bedarf ist erst einmal gedeckt, wirklich! Doch Hermann ging nicht weiter auf meine Einwände ein, und als er mit der Behandlung fertig war, hat er mir noch deinen Namen genannt und meinte, ich solle den mal googeln. Erst wollte ich nicht, aber als ich zuhause war, hab ich dann doch mal auf deine Website geschaut. Ja, und wie soll ich sagen, die fand ich dann doch sehr ›interessant‹«, sagte sie und lachte laut.

»Ja, und ein paar Tage später war ich bei Hermann in der Nähe und wollte noch einen Termin verlegen lassen. Als ich vom Parkplatz kam, sah ich dich da plötzlich stehen. Was für ein Zufall, hm? Und den Rest, den kennst du.«

»Hermann!«, sagte ich kopfschüttelnd, »was hat er nur gemacht? Und was machen wir nur? Hey, überleg mal. Ich bin seit zwei Jahren in der Welt unterwegs, war meistens allein, komme damit sehr gut klar, habe bisher nichts vermisst, und ich werde bald noch monatelang in Afrika unterwegs sein und habe keine Ahnung, was ich danach mache und wo. Es ist alles noch so ungewiss, Helen. Und jetzt stehen wir zwei hier im Wald mit einem gemeinsamen Kräuterbonbon. Das geht alles ganz schön schnell, hm?«

»Ja«, sagte Helen und schaute mich mit traurigen Augen an. »So ist das wohl. Ich habe keine Ahnung, worauf ich mich da gerade einlasse.«

In den nächsten Tagen sahen wir uns häufiger, abends, wenn sie Feierabend hatte. Wir gingen spazieren, in irgendein Café oder etwas essen. Sie schien sehr glücklich, meinte es ernst mit uns. Ich allerdings war hin- und hergerissen. Ich mochte dieses Vertraute, fühlte mich sehr wohl mit ihr, doch wollte ich das wirklich? Eine Beziehung? Mich jetzt festlegen? Die alten Fragen brachen wieder in mir auf: Ist sie das? Meine Prinzessin? Konnte sie es wirklich sein? Sie, die »Erstbeste«, die mir hier zu Hause über den Weg lief? Außerdem, weshalb brauchte ich sie? Ich war doch sehr glücklich gewesen in den letzten beiden Jahren, so allein mit mir, mit meiner Freiheit. Würde ich das jetzt vielleicht alles gefährden? Etwas wehrte sich in mir. Genau wie damals, als ich noch eine Internetgeschichte nach der anderen anfing, war von der ersten Sekunde an der Zweifel mit dabei. Irgendetwas hielt mich davon ab, es einmal richtig zu versuchen, es länger auszuhalten, es zuzulassen, dass es mit ihr und mir wirklich etwas werden könnte.

Nein, trotz des warmen Gefühls der Vertrautheit und des Wohlfühlens mit ihr erlaubte ich mir nicht, dass Helen zu der Zeit mehr werden konnte als nur ein »Kapitel«, ein wieder mal leichtsinnig begonnenes Intermezzo, ein heimatliches Zwischenspiel, das sich jedoch nicht gehörte, das ich besser nicht begonnen hätte, wenn ich mir nicht sicher wäre, nicht leichtfertig mit den Herzen der anderen umgehen wollte. Doch ich hatte es getan, wieder einmal, das Spiel war eröffnet. So wie ich schon oft die Spiele begonnen hatte, nur um erst ein paar Züge später zu spüren, wie der Fluchtinstinkt in mir aufkam und ich um jeden Preis das Spielfeld verlassen wollte.

Doch noch war es nicht so weit, noch konnte ich bald erst einmal nach Afrika fliehen und musste nicht gleich unsere kurze Beziehung »kündigen«. Dieses Timeout würde mir erst einmal etwas Abstand, etwas Luft verschaffen.

Helen aber war anders als ich. Sie spielte mit vollem Einsatz, von Beginn an. Doch eigentlich war es für sie gar kein Spiel, nein, das war es nie. Vom ersten Tag an war ich für sie derjenige, der mit jedem Anruf oder Nichtanruf ihre Gedanken, ihre Stimmung, ihren Tag bestimmte. Mit mir im Kopf und im Herzen stand sie auf, ging sie zur Arbeit und ging sie wieder zu Bett. Das hat sie mir später gestanden. An meinen vielleicht leichtsinnig und unüberlegt daher gesagten Worten, an meinen Gesten und Lauten, daran, ob und wann und wie ich mich meldete, daran machte sie ihre Träume und Hoffnungen auf eine glückliche Zukunft mit mir fest.

Doch das interessierte mich damals nicht, ich war immer noch für mich, gut aufgehoben in meiner eigenen Welt, in der zu dieser Zeit niemand anders Platz hatte als ich.

Etwa zwei Wochen später war es so weit, und Helen brachte mich nach Düsseldorf zum Flughafen, zu meiner letzten Reiseetappe. Wir umarmten uns lange am Eingang des Flughafens, und als sie sich aus meinen Armen löste, sah ich die Abschiedstränen in ihren blauen Augen und darin ihre Sorge darüber, wie es mit uns wohl weitergehen würde. Wir wussten es wohl beide nicht.

»Ich hasse Abschiede«, sagte sie kurz, gab mir einen letzten Kuss, drehte sich um und lief zurück zu ihrem Auto, ohne noch einmal zurückzublicken.

Die Freiheit

Ich war wieder in der Welt. Das Motorrad fand ich unversehrt in der Scheune vor. Ich klemmte die Batterie wieder an, und der Motor ließ sich problemlos starten. Über neunzigtausend Kilometer hatte ich darauf schon hinter mich gebracht, fast vierzig Länder hatte dieses Motorrad schon überstanden und dabei vier Antriebsketten und acht Sätze Reifen verschlissen. Nicht ein einziges Mal hatte es mich in dieser ganzen Zeit im Stich gelassen. Einmal hatte sich ein Drähtchen im Startschalter gelöst und musste gelötet werden, der Gaszug war irgendwann durchgescheuert, und auch die Batterie musste mal ausgetauscht werden, doch das waren Verschleißteile, die schnell ersetzt waren und nie wirkliche Probleme machten.

Mein Motorrad schnurrte wohlig vor sich hin und schien sich auf die Weiterfahrt zu freuen. Bei mir aber war es anders. Schon nach ein paar Tagen auf den Straßen Afrikas ertappte ich mich dabei, wie ich die Tagesetappen immer größer werden ließ, wie ich Kilometer machen wollte.

Was hatte ich mir zu Beginn der Reise doch alles vorgenommen für diesen Kontinent? Ich wollte Safaris erleben, die Victoriafälle, wollte Sansibar erkunden, den Kilimandscharo besteigen, durch den Urwald streifen, Nächte im Dschungel verbringen. Und jetzt? Jetzt war der Reiz von alle dem verflogen, weggeweht von dem Wunsch, voran, nach Hause zu kommen. Irgendwann hielt ich vor dem Straßenschild:»Sansibar rechts ab, 160 Kilometer«, überlegte kurz und bog nach links ab. Irgendwann stand ich vor den Büros der Agenturen, die Touristen auf den Gipfel des Kilimandscharo führten. Ich ging nicht einmal hinein, um mich zu informieren.

Ich genehmigte mir selbst ein höheres Tagesbudget und fand mich immer häufiger in guten, sauberen Hotels und Lodges wieder, hockte in bequemen Ledersesseln und malte mir mit wachsender Begeisterung aus, wie es danach sein würde. Mehr noch, ich begann mich für die Zeit danach aufzurüsten. Ich meldete mich für eine Ausbildung zum Coach an, begann mit wachsendem Eifer, Prospekte, Handzettel und Visitenkarten zu entwerfen, mit denen ich meine ersten Klienten gewinnen wollte, und überlegte mir schon, welche Erlebnisse der Reise ich in einem Buch veröffentlichen könnte, um bekannter zu werden, um mehr Klienten auf mich aufmerksam zu machen. Ja, das alles machte Sinn und Lust. Selbst für meine neue Website malte ich schon erste Entwürfe und überlegte mir einen Firmennamen. »Outbreak Coaching & Consulting«, das klang doch gut.

Tagsüber, in meinem Helm, stellte ich mir vor, wie ich die Menschen mit meinen Geschichten begeistern würde, wie ich gefragt wäre als »Keynote-Speaker«, als Unterhalter, als Weltenbummler, der etwas zu berichten hätte. Wie ich mit einem Buch von der Reise Erfolg haben würde, wie die positiven Rezensionen auf Amazon nicht mehr abreißen wollten. Wie ich als Coach mit meinen Klienten zusammensäße, sie zum Ausbrechen aus ihrem Leben bewegte, sie begleitete und mit ihnen – zumindest in Gedanken – noch einmal auf Reisen ginge.

Je mehr ich mich mit den selbstgemalten rosigen Bildern meiner Zukunft beschäftigte, umso schneller fuhr ich, wollte ich vorwärts kommen. Ich hatte den Endspurt meiner Reise eingeläutet.

Und dieser Endspurt war ein Abschnitt, der sich völlig anderes anfühlt als die bisherige Strecke. Plötzlich wurde das Ende, das Ziel sichtbar oder zumindest vorstellbar. Und in dem Moment änderte sich die Motivation, nahm plötzlich die Energie wieder zu. Die Gedanken fixierten sich auf das Ankommen, nicht mehr auf das Durchhalten, auf die Strecke. Sie malten dem Läufer aus, wie es wäre, schon dort zu sein, im Ziel, ließen ihn an das Ende denken. Und dadurch verlor die Strecke, der aktuelle Ort, der jetzige Moment an Beachtung, an Bedeutung, denn innerlich war alles bereits auf »Ankommen« eingestellt.

Bei diesem neuen Tempo brauchte ich nur vier Wochen von Windhoek bis zur »Jungle Junction«. So nannte Chris seine Motorradwerkstatt in Nairobi. Er war ein ehemaliger deutscher BMW-Motorradmonteur, der sich mit jener Werkstatt und einem Guesthouse auf einem ummauerten Gelände im Südwesten der Hauptstadt Kenias niedergelassen hatte. Eine kleine Oase war es, eine Enklave für Weltreisende mit WiFi, sauberen Betten und gutem Essen inmitten der wuseligen und lärmenden Millionenstadt.

Hier quartierte ich mich erst einmal für ein paar Tage ein und ließ mein Motorrad komplett überholen. In der Stadt ließ ich mich kaum blicken, sie interessierte mich nicht. Stattdessen hing ich bequem in den Sesseln des großen Gemeinschaftsraumes, las herumliegende Bücher, surfte im Internet danach, was ein Coach alles können musste, und gegen Abend skypte ich oft mit Helen.

Sie konnte es kaum abwarten, bis sie endlich wieder meine Stimme hörte. Bei mir aber war es anders. Trotz des Vertrauten und Heimatlichen, das immer noch in ihrer Stimme lag, aktivierte sie wie von selbst und ohne, dass ich mich dagegen wehren konnte, meinen Fluchtinstinkt. Dabei wusste ich genau, sie konnte nichts dafür. Es lag an mir.

Und auch jetzt sickerte dieses Gefühl wieder in mich hinein. Es kam wie nach einem Winterschlaf aus irgendeiner Seelenhöhle gekrochen; ausgeschlafen, und in aller Frische reckte es sich mir entgegen. Es brauchte nicht viel, um es aufzuwecken. Einmal, da sagte Helen: »Hey, wenn du wieder da bist, dann könnte ich mir auch einen Helm kaufen, und du könntest mich dann mal auf dem Motorrad mitnehmen.«

Allein das war mir schon zu viel. Ich wollte nicht, dass sie in uns investiert. Weder Geld noch Gefühle. »Ich freue mich so auf dich«, oder gar »Ich vermisse dich«, so etwas wollte ich nicht hören, das würgte mich, schrie danach, es erwidern zu müssen, etwas, das ich nicht konnte, bisher nie gewagt hatte.

Ich glaube, es gibt in jedem von uns so etwas wie eine kleine, ganz private »Legislative«. Eine Instanz in uns, die aufgrund dessen, was uns an Schmerzhaftem widerfahren ist, Gesetze und Verhaltensregeln erlässt, um uns künftig vor diesen Verlusten und Qualen zu schützen. Und irgendwelche mir heute nicht mehr erinnerlichen Erlebnisse müssen einmal zu einem »Gesetz« geführt haben, das besagt, dass Beziehungen immer und unausweichlich mit Enttäuschungen, mit Schmerzen enden und sie deswegen »gefährlich« sind, dass sie niemals zu tief, zu innig werden dürfen, um nicht verletzt zu werden. Dieses Gesetz schützt mich, es sorgt dafür, dass ich nie wirklich etwas zu verlieren habe, wenn eine Beziehung wieder einmal auseinanderbricht.

Vielleicht war dies auch der ehrliche Grund dafür, dass ich mich nicht mit Haut und Haaren auf Helen einlassen konnte. Vielleicht war meine bisherige Begründung – »Ich brauche meine Freiheit, um glücklich zu sein« – nur inneres Gerede, selbst Vorgeplappertes, das sich besser, heroischer, männlicher anhörte als das Eingeständnis, dass ich Angst hatte, mein Gesetz zu brechen, Angst hatte, mich einmal richtig zu verlieben, dass ich Angst vor dem Verlieren hatte.

Dabei hatte ich nie verstanden, dass die Liebe kein Spiel ist, bei dem es um Verlieren oder Gewinnen geht. Sie hat kein Ziel, keinen Ausgang, kein Finale. Sie ist darauf ausgelegt, ewig zu spielen, des Spielens wegen. Sie ist einfach nur, und es ist an uns, sie mit all ihrem Glück und ihrer Gefahr in uns hineinzulassen oder uns ihr zu verweigern.

Es war verrückt. Ich hatte mich auf die ganze Welt eingelassen, auf die ungewöhnlichsten Begegnungen, war unersättlich nach Erfahrungen, die mein Herz berührten. Ich hatte in einem Hospiz gearbeitet und wagte mich in die Nähe des Todes, doch in die Nähe der Liebe wagte ich mich nicht? Hier gab es meinen Schutzschild, meine Rüstung, die verhinderte, dass mein Herz jemals durch eine Frau verletzt werden konnte.

Ich fühlte mich nur dann wohl, wenn SIE dem gleichen Gesetz folgte, wenn auch SIE geschützt war vor dem Unausweichlichen, wenn auch sie nicht wirklich investierte, wenn keiner von dem anderen etwas erwartete, wenn wir beide die Chance hatten, ungeschoren aus einer solchen Geschichte herauszukommen. Aber was waren das dann nur für halbherzige Beziehungen? Immer nur flügellahme Schmetterlinge im Bauch, geknebeltes Herzklopfen in der Brust, verbotenes Vermissen im Herz. Alles war gebremst.

Und so gab es auch nie die »Aufs und Abs« in meinen Beziehungen, kein wirkliches »zu Tode betrübt«, aber auch nie ein »himmelhoch jauchzend«. Kein Streit, kein Kuss, kein Wort, nichts brachte mein Herz in die Höhen und Täler der Liebe, für die es doch gemacht war. Es war immer gleich in mir. Ich war ein »Beziehungs-Flatliner«.

Helen hingegen scheute das Risiko nicht. Wie sollte das nur gut gehen? Das konnte doch nicht passen. Was ich brauchte, war eine, die so tickte wie ich, eine »Flatlinerin«. Doch mir war klar, damit würde sich auch niemals etwas ändern.

Eine von Chris' Aufgaben war es, die Motorräder für die Moyale Road in Hochform zu bringen. Die Moyale Road war die von allen Motorradfahrern gefürchtete Straße von Nairobi Richtung Norden eben bis hoch nach Moyale, dem Grenzort zu Äthiopien. Siebenhundert Kilometer ist sie lang, und ein Großteil der Strecke ist unbefestigt. In Afrika bedeutet »unbefestigt«: rutschiger Morast, tiefe von LKW-Reifen gezogene Furchen, Hunderte von Kilometern mit tiefen Schlaglöchern und sandigen Wellblechpisten, deren Gerüttel schon etliche Stoßdämpfer zum Opfer gefallen waren.

»Manche von euch Motorradfahrern tun sich die ›Moyale‹ auch nicht an«, meinte Chris, als er mir mit ölverschmierten Händen das Lenkkopflager an meiner BMW wechselte. »Einige packen ihre Maschinen auf einen LKW bis nach Äthiopien, aber wenn man das Motorrad nicht richtig darauf befestigt, dann geht durch die Schaukelei auf der Ladefläche mehr kaputt, als wenn man selbst fährt.«

»Ach, Chris«, stöhnte ich, »Ganz ehrlich? Lust hab ich keine mehr darauf. Ich bin jetzt seit über zwei Jahren unterwegs. Mich zieht es so langsam nach Hause.«

»Dann flieg doch darüber weg. Am besten gleich bis nach Europa. So sicher ist es im Sudan und in Ägypten im Moment auch nicht. Auch in Äthiopien sollen jetzt wieder irgendwelche Rebellen aus Somalia unterwegs sein, die auch gelegentlich Touristen entführen. Ich habe zwar noch nicht gehört, dass ein Motorradfahrer dran glauben musste, aber ehrlich gesagt, ich würde mir das nicht antun, wenn ich es nicht unbedingt wollte.«

Nein, das konnte ich doch nicht tun. Die Reise hier einfach so abkürzen? Was wäre denn das für eine Weltreise? Einmal rundherum um den Globus war der Plan, und hier, kurz vor Schluss, sollte ich kneifen?, schoss es mir durch den Kopf. Aber hatte ich nicht auch gelernt, dass ich ein wenig mehr auf mein Gefühl, auf meine innere Stimme hören sollte? Die Stimme, die mir doch schon seit Swakopmund, mit ihrem leisen Anflug von Heimweh, als ich in dem Café mit dem Brötchen in der Hand vor der Schwanenburg stand, zuflüsterte, dass die Zeit der Reise zu Ende geht?

Es war, als ob ich fühlte, dass es an der Zeit war zurückzukehren. Genau wie damals, als ich so deutlich fühlte, dass die Zeit für diese Reise gekommen war.

Die Entscheidung fiel mir leicht, und sie fühlte sich richtig an. Nairobi sollte der letzte Ort für mich in Afrika sein.

Gleich am nächsten Tag machte ich mich auf zum Flughafen und klapperte die Büros der »Freight Agents« ab, fragte nach den machbaren europäischen Destinationen und nach den günstigsten Preisen, um das Motorrad nach Europa zu verfliegen. Portugal war »im Angebot«. Die Maschine war noch nicht ausgelastet, und so bekam ich einen guten Kurs für mich und mein Motorrad.

Ich hatte Afrika hinter mich gelassen. Nach zwei Jahren und zwei Monaten war ich mit meinem Motorrad wieder in Europa.

Vom ersten Tag meiner Reise an hatte ich mir ausgemalt, wie es sein würde, wenn ich nach einer Weltumrundung mit meinem Motorrad wieder über die deutsche Grenze führe. Es müsste doch ein ganz besonderer Moment sein, wenn dann irgendwann das blaue Europaschild »Bundesrepublik Deutschland« mit dem gelben Sternenkranz darin am Straßenrand auftauchte. Einmal mit dem Motorrad um die Welt.

Ich würde davor anhalten, absteigen und vielleicht sogar auf die Knie fallen und dafür danken, dass alles so gut gelaufen war. Ich würde vor Stolz platzen, Tränen vor Glück würden mir das Gesicht herunterlaufen. Ich würde es selbst kaum glauben können.

Bald schon war ich in den Niederlanden und fuhr auf Venlo zu. Nur noch achtzig Kilometer bis zu diesem Schild. An diesem Moment, an diesen Gefühlen durfte ich auf keinen Fall vorbeifahren, durfte sie nicht verpassen.

Das Schild fand ich irgendwo am Ortsausgang von Venlo, ich sah es schon von weitem und fuhr langsam darauf zu. Der Moment war so nah. Ich spürte in mich hinein … doch noch tat sich nichts. Ich kam näher, und bald war ich da, stieg von meinem Motorrad, stand vor dem Schild, starrte es an und wartete. Und? Was war los? Wo waren sie denn nun, die tausendmal vorgedachten, die erwarteten Gefühle? Wo war mein Stolz, meine Dankbarkeit, dass alles gut gelaufen ist, wo waren sie denn nun? Es tat sich nichts. Vor mir war einfach nur ein Straßenschild, mehr nicht. Wenigstens eine Träne oder so etwas hätte doch jetzt drin sein müssen für diesen »großen Moment« hier. Doch es tat sich nichts.

Das konnte doch nicht sein. Was für ein Scheiß! Tausendmal hatte ich mir den Moment als einen ganz besonderen herbeigewünscht und dann, dann hielt er nichts von dem, was er versprochen hatte. Nichts, genauso wie damals auf der Golden Gate Bridge in San Francisco. Ich hätte es ahnen können.

Wenigstens ein Foto, das musste sein. Also läutete ich an der Tür eines Hauses in der Nähe. Ein Niederländer öffnet. Ich erklärte ihm kurz meine Geschichte, erklärte ihm meine Kamera und bat ihn, ein paar Fotos von mir und meinem Motorrad zu schießen. Während er fotografierte, riss ich die Arme hoch, sprang vor meinem Motorrad auf und ab und versuchte ein glückliches Gesicht hinzubekommen. Ich kam mir so falsch vor, denn ich wusste, ich spielte ihm doch nur etwas vor, vor allem aber mir selbst.

Noch zwei Sprünge für eine andere Fotoperspektive, dann bedankte ich mich bei dem Herrn, prüfte, ob die Bilder dieses einzigartig dämlichen Momentes gut geworden waren, und setzte mich für die letzten Kilometer wieder auf mein Motorrad.

Es war um die Mittagszeit, als ich zu Hause ankam. Schon aus der Ferne sah ich, wie meine Eltern in der warmen Septembersonne vor ihrem Haus im Garten an dem immer noch gedeckten Frühstückstisch saßen und auf mich warteten.

Langsam durchfuhr ich die kleine Platanenallee zu unserem Bauernhof. Erst vor dem Frühstückstisch hielt ich an, schaltete den Motor ab, nahm den Helm vom Kopf und sagte mit einem stolzen Lächeln auf den Lippen: »So, das war's, bin rum«, und grinste sie breit an. Dann stieg ich ab und nahm meine Mutter erst einmal richtig lange in den Arm.

»Bin so froh, dass es vorbei ist und du wieder heil hier bist, Junge«, sagte sie und wischte sich die Tränen aus dem Gesicht. Mein Vater umkreiste währenddessen das Motorrad, betrachtete es kopfschüttelnd und murmelte: »Unglaublich, mit so einem Ding einmal um die ganze Welt.« Dann nahm ich auch ihn in den Arm, widerstandslos, ohne dass er auch nur versuchen konnte, mir – wie damals am Flughafen – nur die Hand zu reichen.

Mutter brachte noch ein Frühstücksgedeck in blauweißem Zwiebelmusterdesign, das es hier schon gab, als ich geboren wurde, und zeigte auf die selbstgemachte Holundermarmelade, die ich unbedingt probieren müsse, und lächelte dabei glücklich in die kleine Runde. Vater schenkte mir eine Tasse Filterkaffee ein und reichte mir die Brötchen.

»So, jetzt bist du wieder hier, Jung. Für die nächste Zeit kannst du gern hier wohnen, bis du weißt, wie es hier mit dir weitergeht. Ach, weißt du denn schon, wie du dein Geld jetzt verdienen willst?«

»Ja, eine grobe Idee habe ich, aber keine Ahnung, ob das wirklich klappt. Irgendwoher wird schon Geld kommen, bin ich sicher«, erwiderte ich, als genau in dem Moment ein grauer Golf auf den Hof fuhr. Eine etwa vierzigjährige Dame stieg aus, kam auf uns zu und fragte, wem der Acker dort hinten gehöre.

Mein Vater zeigte auf mich, denn vor vielen Jahren schon hatte er meinem Bruder und mir als vorgezogenes

Erbe ein wenig Land übertragen. »Da hab ich nichts mehr mit zu tun. Ist deine Sache«, sagte er zu mir, und so bat ich die Frau ins Haus, um zu hören, worum es ging.

»Und, was wollte sie?«, fragte mein Vater neugierig, nachdem ich mich eine halbe Stunde später von ihr verabschiedet hatte.

»Eine Telefongesellschaft will eine Leitung in unserem Acker verlegen, dafür wollte sie unser Einverständnis. Sie zahlen natürlich dafür, ein paar tausend Euro«, sagte ich kurz und musste grinsen. »Hab ich nicht gerade noch gesagt, dass schon irgendwoher Geld kommen wird?« Am Abend machte ich mich auf zu Helen. Ich wollte sie mit dem Wiedersehen überraschen: In meinen Mails und am Telefon hatte ich ihr vorgegaukelt, ich sei noch in Frankreich unterwegs, und sagte, dass ich noch bestimmt zwei Wochen bis nach Hause bräuchte. Sie ahnte also nichts.

Ich klingelte an ihrer Tür, nichts tat sich, noch einmal drückte ich die Klingel und erkannte dann durch die milchigen Scheiben, wie das Licht im Flur eingeschaltet wurde, und hörte ihre Stimme, hörte, wie sie mit jemandem sprach. Sie öffnete die Tür, ich sah Helen mit dem Telefon in der Hand, sie sah mich, schwieg plötzlich mitten im Satz, ihr Mund stand weit offen, sie starrte mich an und ihre Augen wurden größer und größer.

»Nein! Was? Wie jetzt? Du?«, rief sie verwirrt, drückte ihr Gespräch einfach so weg, legte den Hörer auf den Boden und hüpfte vor Freude im Flur auf und ab und drehte sich dabei um sich selbst, klatschte in die Hände und rief laut: »Ja, ja, ja!« Dann sprang sie mir an den Hals, drückte mich so fest, dass ich beinahe keine Luft mehr bekam, küsste mich ab, schaute mich mit Freudentränen in den Augen an und war sprachlos. Keine Frage, Überraschung gelungen.

Was war das nur für eine Rückkehr, was war das nur für ein perfektes Nest. Alles war da, wie für mich vorbereitet. Ich war noch nicht angekommen, da gab es Helen, meine Eltern gaben mir vorerst »Kost und Logis«, ein paar Wochen später zahlte mir die Telefongesellschaft tatsächlich einige tausend Euro, mein Vater hatte gerade ein neues Auto für sich bestellt und überließ mir seinen alten Opel, vom Arbeitsamt erfuhr ich, dass ich noch mehr als ein Jahr lang Anspruch auf Arbeitslosengeld hatte, und mein Tinnitus war mittlerweile völlig verschwunden. Was wollte ich mehr?

Und was sollte mir auch in Zukunft schon passieren? Ich machte mir keine Gedanken, nahm es, wie es kam, und ich glaubte genau in diesem Modus, in dieser Leichtigkeit, in diesem Vertrauen in mein Leben, in diesem undefinierbaren Wissen, dass alles gut ist, darin schien das Geheimnis zu liegen. Dieses Lebensgefühl schien alles irgendwie anzuziehen, was ich brauchte. Ich müsste nur so weitermachen, das Leben so weiterfühlen wie bisher, wie auf meiner Reise, dann bliebe alles gut.

Und so tat ich es. Ich verhielt mich, als wäre ich noch alleine unterwegs. Ich machte, was ich wollte, wie ich es auch in den letzten zweieinhalb Jahren immer tun konnte. Ich flog wie ein bunter Vogel durch das Leben, dorthin, wo es mir gerade gefiel. Ich kam nach Hause zu meinen Eltern oder übernachtete bei Helen. Ich kam zum Mittagessen, das meine Mutter immer für mich kochte, oder ich kam nicht, aß einfach unterwegs, wenn mir danach war, und Mutter hatte das Nachsehen.

Auch bei Freunden tauchte ich auf, einfach so, unangemeldet. Ich war willkommen, meistens jedenfalls, und war ich es mal nicht, weil keine Zeit war, so machte es auch nichts, dann flog ich einfach weiter und landete bei jemand anderem.

Ich war gern gesehen, hatte immer etwas zu erzählen. Jeder hörte mir gespannt zu, wenn ich von unterwegs erzählte, und keiner konnte es verstehen, mit welcher Sorglosigkeit ich jetzt unterwegs war und welche Freiheiten ich mir gönnte – oder mir einfach nahm.

Ich hielt Vorträge über die Reise an meiner alten Schule, in einem Rotary-Club, in Sportvereinen oder auf Bikertreffen. Erzählte von Achiko, den Bahnhofskindern in Agra, erzählte von dem Hospiz in Thailand und auch von meinem Lagerfeuer. Und manches Mal las ich Auszüge aus den Geschichten vor, die ich unterwegs aufgeschrieben hatte. Die Zuhörer hingen an meinen Lippen. Vorträge, die für eine Stunde angesetzt waren, dauerten manches Mal zwei oder drei Stunden, weil ich immer noch weitererzählen sollte. Und ich liebte es, mit meinen Geschichten zu begeistern, zu inspirieren, anzustecken mit meiner Leichtigkeit. Vor mir glaubte ich die »Theos« zu sehen, die sich, wie ich damals, in einem viel zu engen Leben zwischen Wänden aus Verpflichtung und Routine eingerichtet hatten.

Ich wollte sie überraschen, verändern, aufmischen, ein Fenster in ihre Wände schlagen. Ich wollte in den Köpfen und Herzen der anderen Feuer legen, wollte dazu anstiften, ebenso auszubrechen, indem ich sie einfach mitnahm auf meine Reise, zeigte, was möglich war, zeigte, wie anders die Welt und ein Leben darin auch sein können.

Und ich liebte die Anerkennung, die ich auf solchen Veranstaltungen bekam, konnte gar nicht oft genug hören, wie »mutig« ich doch war, wie mich viele um meine Erfahrungen »beneideten« und so etwas auch gern einmal täten.

Die Begeisterung der Zuhörer für das Thema »Ausbrechen« schien mir und meiner Geschäftsidee, die ich in Afrika hatte, recht zu geben. Ich würde gute Chancen haben als »Coach für den persönlichen Ausbruch«, und so begann ich eine Coaching-Ausbildung und gründete meine Einmannfirma »Outbreak Coaching & Consulting«.

Nach den Vorträgen mischte ich mich oft unter die Teilnehmer, unter meine »Zielgruppe«. Ich wollte erste Kunden gewinnen. Viele von ihnen sprach ich an und wies schon in meinen Vorträgen auf meine »Beratungsleistungen« hin. Doch bald schon merkte ich, wie sehr ich mich getäuscht hatte. Auch nach Wochen hatte ich nicht einen Einzigen für ein erstes unverbindliches Gespräch gewonnen.

»Ich finde es klasse, was Sie gemacht haben, wirklich. Aber für mich wäre so eine Auszeit nichts, nicht einmal für ein paar Wochen«, bekam ich oft zu hören oder: »Ich habe Familie, die kann ich nicht einfach so allein lassen«, »Mein Arbeitgeber macht das niemals mit und wenn doch, wer weiß, ob ich danach noch einen Job habe?«, »Ich habe den Terminkalender voll, wann sollte ich das noch machen?«, »Ja, ich will das eine oder andere ändern, aber doch nicht gleich alles auf einmal. Ihr Ansatz ist mir da zu radikal.«

Ein Teilnehmer sagte mir: »Wissen Sie, sicher, es gibt immer etwas zu beklagen, aber mal ehrlich, im Grunde bin ich doch zufrieden mit meinem Leben, wie die meisten hier. Es reicht mir, wenn ich ab und zu mit solchen Menschen wie Ihnen nur für ein paar Stunden ausbreche, nur mit dem Kopf unterwegs bin. Oder ich lese ein gutes Buch darüber. Das ist dann schon für mich so, wie selbst auf der Reise sein, nur ungefährlicher und mit viel weniger Aufwand, verstehen Sie? Und gleichzeitig kann ich hier bleiben, hier, wo alles sicher ist, wo ich meine Familie, meine Freunde und mein Einkommen habe.«

Und irgendwann hatte ich dann verstanden: Ich hatte die Begeisterung für das Ausbrechen verwechselt mit dem Wunsch der Menschen, es selbst auch zu tun. Ich war davon ausgegangen, dass die meisten mehr oder weniger unzufrieden wären und – wie ich damals – alles verändern wollten. Ich hatte angenommen, dass viele auf der Suche nach dem Besten wären, dass auch sie so getrieben wären, wie ich damals, dass auch bei ihnen früher oder später der Punkt kommen würde, an dem sie bereit wären, einmal auszubrechen. Ja, und dann wäre ich ja dagewesen, der »Ausbrecher-Coach«, der ihnen dabei helfen würde.

Doch so war es nicht. Niemand rannte mir die Tür ein, um sich von mir beraten zu lassen, und so begrub ich fürs Erste meine Pläne, als Coach zu arbeiten. Auch wenn ich in Afrika noch so begeistert von meiner Idee gewesen war, den Biss, unbedingt etwas auf die Beine zu stellen, hatte ich nicht, und die Notwendigkeit dafür sah ich nicht, denn noch war etwas Geld da, und ich war sicher, es kommt schon irgendetwas anderes, irgendwann. Bis dahin blieb ich erst einmal bei meinen Vorträgen, blieb mit Leidenschaft dabei, mich als Exot, als Paradiesvogel in meiner Region zu präsentieren und beklatschen zu lassen.

Ich konnte davon nicht genug bekommen, bald schon wurde mir mein Revier zu eng. Ich wollte noch mehr Menschen von meiner Reise erzählen. Mit einem Buch würde ich noch mehr erreichen. Also fasste ich einfach meine Texte, die ich unterwegs geschrieben hatte, zu einem Manuskript zusammen, suchte mir einige Verlage aus dem Internet heraus und verschickte die Seiten. Möglicherweise würde ich über ein solches Buch richtig bekannt werden und könnte als Weltreisender und Autor später noch einmal einen Versuch als Coach starten.

Vielleicht wollte ich aber noch aus einem anderen Grund ein Buch schreiben. Manchmal, wenn ich vor meinem Laptop saß und durch die Fotos meiner Reise blätterte, ich mich darauf mit Menschen in Pakistan reden und lachen sah oder Bilder von Din Bohs armseliger Hütte in

Vietnam betrachtete, dann durchzuckte mich eine Gefühl, nur kurz, wie ein Blitz. Und in diesem kurzen Moment fragte ich mich:»War ich das? War ich es wirklich, der mit dem Motorrad in all den Ländern war?« Und dann kam mir der Typ auf den Fotos so fremd vor, so wie einer dieser Weltreisenden auf den Bildern in dem Motorradreisemagazin, das mir mein Bruder damals zu Weihnachten geschenkt hatte. Und langsam wurde mir klar, dass dieses Kapitel »Weltreise« sich abzuschließen drohte und sich mit rasender Geschwindigkeit auf dem Zeitstrahl meines Lebens von mir entfernte. Es drohte aus meiner Sicht zu geraten, nur noch zur Erinnerung zu werden, zu verblassen.

Vielleicht würde irgendwann nicht nur die Erinnerung verblassen, sondern auch mein Lebensgefühl, das ich von der Reise mitgebracht hatte. Die Leichtigkeit, die Gelassenheit, das grundlose Vertrauen? Was wäre dann mit mir? Dann wäre ich ein vierzigjähriger Arbeitsloser, der bei Mama und Papa auf dem Bauernhof lebt, sich weigert, zurückzugehen in die Tretmühle seines alten Jobs, und nicht weiß, wie es weitergehen soll?

Mit einem Buch aber könnte ich die Reise konservieren, könnte ich vielleicht auch mein Lebensgefühl, die Zuversicht, das Glück, die Gelassenheit haltbar machen und immer wieder hervorzaubern, indem ich nur meine eigenen Geschichten läse und sie dabei noch einmal nacherlebte. Mit einem solchen Buch könnte ich meiner Reise ein Denkmal setzen.

Die Chancen jedoch, als Nobody unter den Schreibern einen größeren Verlag auf sich aufmerksam zu machen, gingen gegen null. Die Verlage wurden täglich zugeschüttet mit Manuskripten, und jetzt kam noch meines dazu. Weltreisender hin, Weltreisender her, auch von denen gab es wahrscheinlich genug, und so erhielt ich auch in den nächsten Wochen nur Absagen oder auch einfach gar keine Antwort.

Also hielt ich weiter ein paar Vorträge und lebte meine »Freiheit« aus. Keine Verbindlichkeit, nirgendwo. Keine Gedanken an eine Festanstellung, an einen festen, geregelten Tagesablauf. Ich wehrte mich gegen alles und jeden, der Erwartungen an mich stellte. Ich machte keine Zusagen für irgendwelche Termine, selbst Einladungen zu Geburtstagen ließ ich offen. Entweder ich kam, oder ich kam einfach nicht. Ich liebte die Leichtigkeit in meinem Leben, hatte Blut geleckt und wollte es hier fortsetzen, mein Reiseleben, gesäubert von jeder Art von Erwartung und Verbindlichkeit.

Aufstehen, frühstücken und mal sehen, wozu ich dann Lust hatte. Gelegentlich aufkommende Zukunftssorgen wurden erstickt in dem immer noch dominierenden Gefühl, dass das Leben mir schon alles Nötige geben werde. Nein, ein solches Leben wollte ich nicht aufgeben, selbst wenn es auf Kosten der anderen ging. Und das tat es.

Helen litt sehr unter meinem Freiheitstrieb. Auch bei ihr ging ich ein und aus, wie es mir passte. Mal war ich da, blieb über Nacht oder verabschiedete mich vorher, kam am nächsten Tag wieder oder meldete mich einfach drei Tage nicht bei ihr. Ich wollte mich nicht fest verabreden. Woher sollte ich denn bitteschön wissen, ob ich am nächsten Tag Lust hätte, wieder zu kommen? Nein, alles sollte offen bleiben.

Wenige Monate zuvor, in Afrika noch, hatte ich mir vorgenommen, es zu versuchen, mich einzulassen auf uns, die »Flatline« in mir in Schwingung zu bringen, mich zu ihr zu bekennen. Doch was tat ich stattdessen? Ich sorgte mit meiner für Helen so unerträglichen Unverbindlichkeit dafür, dass auch sie vorsichtig wurde, dass auch sie begann, sich langsam eine Rüstung zuzulegen. Sie unterdrückte ihre

Freude auf mich, sie dämpfte ihre Erwartungen an mich, und damit nahm sie sich selbst das Leuchten aus ihren Augen, wenn sie mich sah. Und statt dies zu bedauern, war es mir nur recht, denn je mehr sie sich zu schützen wusste, desto mehr konnte ich mir erlauben.

Einmal, da bepackte ich von jetzt auf gleich mein Motorrad und fuhr für ein paar Tage nach Frankfurt, besuchte drei »alte Freunde«. Zu Helens Entsetzen waren diese alten Freunde allerdings Ex-Freundinnen aus meiner Internetzeit, zu denen ich noch losen Kontakt hatte. Nicht, dass ich mich einfach nur mit ihnen traf, nein, ich übernachtete als »guter Freund« sogar bei ihnen, erzählte es Helen wie selbstverständlich, machte kein Geheimnis daraus, dachte mir nichts dabei und merkte noch nicht mal in Ansätzen, wie sehr sie darunter litt.

Doch eines wusste sie: Sie durfte mich nicht daran hindern zu fahren. Jedenfalls nicht ohne Gefahr zu laufen, mich mit dem Gerassel einer solchen Fessel – als die ich es damals empfunden hätte – für immer zu vertreiben. Ich verschwand für ein paar Tage zu meinen »Frankfurter Besuchen«, und Helens Eifersucht malte ihr die schrecklichsten Bilder, die sie Nacht für Nacht nicht schlafen ließen. Ich war nicht untreu, doch woher sollte sie das wissen, weshalb sollte sie mir trauen, mir, einem so lockeren Vogel, der bisher eh immer das gemacht hatte, was er wollte, und den sie noch nicht wirklich kannte. Ich trat ihr entflammtes Herz mit Füßen, ohne dass ich es merkte.

Ich verstand ihre Eifersucht und ihre Ängste nicht. Im Gegenteil, ich überreichte ihr mit einem Lächeln und voller Überzeugung von seiner Wirksamkeit mein Glücksrezept, forderte sie auf, sich auch so »frei zu machen«, das zu tun, wozu sie Lust habe. Sie sollte am besten keine Erwartungen haben, weder an mich noch an andere. Dann würde es ihr gleich viel besser gehen.

»Erwartungen sind die Grundlage allen Leidens«, dozierte ich. »Wenn ich keine Erwartungen habe, dann kann mich auch nichts enttäuschen, dann ist alles so, wie es ist, und nicht, wie es nach meinen Erwartungen hätte sein sollen.« Und indem ich so auf sie einpredigte, merkte ich nicht, wie ich dabei war, sie genau zu der Art von Freundin zu machen, mit der ich wohl immer noch am besten auskam: zu eine »Flatlinerin«.

Doch das gelang mir nicht. Sie ließ sich nicht verbiegen, wusste, was sie wollte, nämlich meine Nähe. Ich sollte bei ihr sein, so oft wie möglich, am liebsten nie wieder fortgehen. Und nicht nur Helen, auch der kleine Josh hing an mir wie eine Klette, sobald ich nur zur Tür hereinkam. Einmal fragte Helen ihn, als er im Garten auf dem Trampolin herumhopste: »Sag mal, Josh, wenn du richtig überlegst, was ist im Moment das Schönste für dich?« Dann wurde er für einen kleinen Moment still, schaute zu Boden und flüsterte etwas. »Was, Josh? Sag es noch einmal, wir haben es nicht verstanden«, baten wir ihn. Dann sagte er leise und etwas verschämt: »Das Schönste für mich ist, wenn Theo zu uns kommt.«

Damit hatte ich nicht gerechnet. Nicht wenn ein Freund zum Spielen kommt, nicht wenn er den Papa sieht, nicht wenn er Geburtstag hat, nein, das Schönste war für ihn, wenn er mich sieht. Mich?

Für einen ganz kurzen Moment wurde mir ungewohnt warm ums Herz, und für eine Sekunde war mir sogar danach, ihn in den Arm zu nehmen. Doch ich tat es nicht, verbat es mir, nickte nur, lächelte ihm zu und ließ ihn dort einfach stehen, obwohl er sich sicher nichts mehr gewünscht hätte, als einmal von mir festgehalten zu werden. Doch ich konnte es nicht, es war zu viel für mich, allein das war zu viel an Nähe. Und doch wäre es meine große Chance gewesen, es einmal anders zu machen, einmal Nähe zuzulassen, das Gefühl zuzulassen, zu umarmen und zu sehen, was es mit mir machte, wie es war, ihn festzuhalten. Doch ich konnte es nicht.

Immer noch war Nähe in meinem Freiheitsevangelium der Teufel, konnte mich abhängig machen von jemandem, unfrei. Diese Nähe gehörte vielleicht für viele zum »Glück der Dritten Ordnung« und damit zum »abhängigen Glück«. Abhängigkeit aber passte nicht in mein Leben, barg die Gefahr, unglücklich zu werden. Und so verbot ich mir weiterhin die Sehnsucht nach jemandem, verbot mir das Vermissen, versagte mir selbst die Sehnsucht nach Helen. Denn das alles, so glaubte ich, hätte mich auf die Seite derjenigen verschlagen, die litten, wenn es auseinanderbrach.

Nein, ich konnte sie nicht verstehen, die Menschen, die sich jahrzehntelang laufende Hypotheken aufluden und sich damit selbst die Beweglichkeit nahmen, zu dem zu springen, was das Leben noch für sie vorgesehen hatte. Ich konnte sie nicht verstehen, die Menschen, die bei ihrer Hochzeit einander ewige Liebe versprachen. Wie konnten sie das tun? Wie konnten sie nur übersehen, dass das Leben – wie es ja millionenfach passiert – ihnen vielleicht ein paar Jahre später jemand anderen an die Seite stellen wollte? Ich verstand sie nicht. Ja, glaubten sie denn, sie könnten alles planen, sich damit eine Sicherheit verschaffen, die sie vor Unvorhergesehenem schützt und die Haltbarkeit des Glücks verlängert?

Selbst Kinder in die Welt zu setzen wäre für mich ein »zu langfristiges Projekt«. Helen hätte gern noch ein Kind mit mir gehabt und schüttelte nur traurig den Kopf, wenn wir darüber sprachen.

»Solange du keine eigenen Kinder hast, wirst du diese Art von Glück niemals erfahren«, sagte sie mir oft. »Du wirst nie erfahren, wie es ist, wenn sich dein Kind an dich kuschelt, du es in deinen Armen spürst, du die warme Haut riechst, die feste Umarmung um deinen Hals fühlst und du nichts anderes möchtest, als alles dafür zu tun, damit es glücklich ist. Du wirst nie diese Liebe, dieses unsichtbare, unzerreißbare Band erfahren, das es nur zwischen einem Kind seinen Eltern geben kann.«

»Mag sein«, sagte ich einfach nur und bügelte damit Helens Plädoyer für das Familienglück ab. Das alles erreichte mich zu der Zeit nicht. Ich war frei, ich war mit mir glücklich. Das zählte, und so sollte es bleiben. Was war ich nur für ein Arsch.

Regelmäßig unterschätzte ich die Gefühle, die Helen, vielleicht auch die Eltern, grundsätzlich für ihre Kinder entwickeln können. So hatte ich auch immer geglaubt, meine Eltern interessiere meine Reise nicht wirklich, nur weil sie so selten nachfragten, nur weil sie damals, als ich von meinem Vorhaben das allererste Mal erzählte, mit den Schultern zuckten und lediglich meinten: »Jung, du musst wissen, was du tust!«

Erst kurz nach meiner Rückkehr begriff ich, wie sehr ich mich geirrt hatte: Ich brauchte ein paar leere Aktenordner, denn ich wollte mein »Leben danach« organisieren. Einwohnermeldeamt, TÜV, Krankenkasse, jeder schickte mir Belege, die ich vielleicht nie mehr benötigen würde und doch abheften wollte. Also kramte ich bei der Suche nach den Ordnern in einem Büroschrank meiner Eltern herum.

Dabei fielen mir zwei weiß-blau karierte, randvoll gefüllte Ordner vor die Füße. Ich hob sie auf, und gerade als ich sie wieder einräumen wollte, fiel mein Blick auf eine ausgedruckte Mail darin. Ich las eine Zeile daraus und merkte, dass ich sie selbst vor langer Zeit geschrieben hatte. Es war eine Mail von unterwegs an meine Eltern. Ich schaute mir die Ordner genauer an, und was ich sah, brachte mein Herz ins Stocken.

Jede einzelne Mail, die ich von meiner Reise nach Hause geschickt hatte, hatte meine Mutter ausgedruckt und abgeheftet. Es waren über Hundert. Zwischen den Mails fand ich Karteikarten, und auf diesen hatte meine Mutter jede einzelne SMS, die ich meinen Eltern von unterwegs geschickt hatte, mit der Hand abgeschrieben und mit Datum versehen, jedes Foto, das ich versandt hatte, war ausgedruckt und eingeheftet, jeder meiner Anrufe bei ihnen war auf einer Karte festgehalten, jeden Text, den ich irgendwo im Internet veröffentlich hatte, fand ich darin, jeder Zeitungsartikel über meine Reise war abgelegt, und gelegentlich fand ich Anmerkungen darüber, was die Nachbarn und Freunde meiner Eltern über meine Reise gesagt hatten. Meine ganze Reise, jedes Detail, alles, was ich meinen Eltern irgendwie in den zwei Jahren mitgeteilt hatte, war hier bis ins Letzte dokumentiert.

Jede einzelne Seite zeigte mir jetzt, wie sehr sie doch mit mir unterwegs gewesen waren, wie sie sich mit mir mitgefreut und mitgelitten hatten, wie sehr sie mitgefühlt hatten, wie sehr sie mich liebten. Wie konnte ich nur glauben, meine Reise interessiere sie nicht? Wie konnte ich nur?

Weiter hinten im Schrank fand ich noch eine große zusammengerollte Weltkarte. Ich breitete sie aus und sah vielen roten Kreuzchen darauf. Immer dann, wenn meine Eltern erfahren hatten, wo ich gerade steckte, hatten sie wohl eines von den Kreuzchen gesetzt. Gerade als ich sie wieder zusammenrollte, kam meine Mutter ins Zimmer, und ich konnte nicht anders, als sie ganz fest in die Arme zu nehmen.

»Hey, ihr wart ja die ganze Zeit mit mir unterwegs, das wusste ich gar nicht.«

»Ja, Papa hat jeden Morgen in den letzten zwei Jahren noch vor dem Frühstück als Erstes den Computer angemacht und nachgeschaut, ob du uns von irgendwoher geschrieben hast. Und wenn Post da war, hab ich das ausgedruckt. Wir haben oft in den Ordnern geblättert oder sie herumgezeigt, wenn Besuch da war. Aber jetzt bist du ja wieder da, nimm sie für dich«, sagte sie und lächelte mich an.

Sprachlos setzte ich mich wieder auf den Boden vor den Ordnern hin und merkte jetzt, wie wichtig jede Meldung aus der Welt für sie war, wie stolz sie auf mich waren und vielleicht auch wie viel Angst sie um mich gehabt haben mussten. Zwei große Ordner hielt ich in den Händen, voll mit den schönsten Liebesbeweisen, die ich je von meinen Eltern bekommen hatte.

Fast ein halbes Jahr war seit meiner Rückkehr vergangen, als ich eines Morgens eine E-Mail in meinem Posteingang vorfand. Sie war von einem Verlag. »Eine weitere Absage«, dachte ich, doch der Blick auf die nur zweizeilige Mail ließ mich stutzen. Zwei Zeilen sind zu knapp für die üblichen Absagetexte. Und tatsächlich, dieses Mal war es keine Absage. Kurz und völlig unprätentiös stand dort: »Eine Mail zum Freuen. Gute Nachrichten aus dem Lektorat. Bitte setzen Sie sich mit mir wegen Ihres Manuskriptes in Verbindung.«

Dann ging alles ganz schnell. Zwei Wochen später saß ich dem Geschäftsführer des mittelgroßen Verlagshauses gegenüber, unterschrieb kurz darauf meinen ersten Autorenvertrag und bekam sogar einen Vorschuss. Wir vereinbarten die Abgabe des fertigen Manuskriptes in sechs Monaten. Zudem bot mir der Verlag für den letzten Schliff der Texte eine »Schreibwerkstatt« an: eine Woche Intensivarbeit zusammen mit einer Lektorin. Und das Beste daran: Die Lektorin veranstaltet diese Schreibwerkstatt auf La Palma, auf den Kanaren. Dorthin lud mich der Verlag ein.

Bis dahin war aber noch eine Menge zu tun. Ich machte mich gleich daran, richtete mir bei meinen Eltern und bei Helen jeweils einen Raum mit Schreibtisch ein. Es dauerte nicht lange, da ging mir das Geschrei der Kinder auf die Nerven oder Mutters ständige Fragerei, was ich zu Mittag essen wollte oder ob ich noch Schmutzwäsche hätte. Nirgendwo konnte ich für mich sein, allein mit meiner Reise. Irgendwie brauchte ich dieses »alleine für mich sein« immer noch. Vielleicht wollte ich mir aber auch nur dadurch beweisen, dass ich niemand anderen außer mir selbst brauchte, damit es mir gut ging. Selbst Helen nicht.

Ich fand eine Lösung: Meine Eltern besaßen noch eine kleine Anglerhütte an einem See in der Nähe des Hofes. Es war eine einfache Holzhütte mit nur einem Raum, in dem bisher Gerümpel und Angeln untergebracht waren. Ich baute mir einen Ofen ein und stellte ein Bett und einen Schreibtisch hinein. Ich hatte mir meine kleine Zuflucht gebaut, in der ich in den nächsten Monaten an dem Buch schrieb, manchmal sogar Nächte hindurch. Immer seltener war ich dadurch bei Helen und den Kids, und wenn sie es vor Sehnsucht nach mir gar nicht mehr aushielt, klopfte sie mit ein paar Stücken Kuchen »als Eintrittskarte« auf dem Arm an das Fenster der Anglerhütte, um ein wenig mehr Zeit mit mir verbringen zu können.

Das Manuskript

Fünf Monaten später war es so weit. Ich saß im Flieger nach La Palma, auf den Knien eine braune Ledertasche mit dem Manuskript darin. Ich war sehr zufrieden damit. Jetzt noch der letzte Schliff, und das Buch war fertig.

Frau Vogt leitete die Schreibwerkstatt. Das hieß, sie war die Schreibwerkstatt, und ich war für die nächsten Tage ihr einziger Auftrag. Sie empfing mich mit einem sympathischen Lachen und winkte mir mit beiden Armen zu, als ich in Tazacorte, einem kleinen Ort am Strand im Westen der Insel, aus dem Flughafenbus ausstieg.

»Herzlich willkommen auf meiner Insel!«, strahlte die Lektorin mit dem brünetten Kurzhaarschnitt. Sie reichte mir die Hand und sah mir dabei fest in die Augen. »Bevor ich Ihnen das Hotel zeige, lassen Sie uns doch keine Zeit verlieren und gleich mit der Arbeit starten. Ich kenne ein kleines Café in der Nähe, kommen Sie, ich lade Sie ein«, sagte sie und lief bereits los zu ihrem Auto.

Kaum hatten wir an einem der kleinen Cafétische Platz genommen, blätterten wir bereits gemeinsam durch das vorab an sie gesandte Manuskript, an dessen Rand sie handschriftlich ihre Anmerkungen notiert hatte.

»Wissen Sie«, begann sie unser Gespräch und schaute mich ernst an, »Sie müssen, bevor wir beginnen, eine Entscheidung treffen. Entweder wir lassen das Buch so, wie es ist, und wir korrigieren noch Schreibfehler und schleifen etwas an den Übergängen zwischen den Kapiteln und fertig. Das ist Option A.«

»Oder?«

»Oder wir schreiben ein richtig gutes Buch.«

»Wie, was meinen Sie mit ›ein richtig gutes Buch‹?« Ich ging davon aus, dass es dies schon sei, weshalb sonst hätte mir ein Verlag einen Vertrag geben sollen?

»Ich glaube, Sie können sehr gut schreiben, wirklich, doch es ist nicht durchgängig gut in dem Manuskript. Manchen Geschichten kommen so richtig von innen heraus, das spüre ich, so wie die von Achiko. Diese Texte sind wunderbar, daran gibt es fast nichts mehr zu ändern. Dann aber gibt es einige Texte, da haben Sie zu viel mit dem Kopf gearbeitet, da wirkt der Text hölzern, da beschreiben Sie, statt zu erzählen, da werde ich nicht mitgenommen, da habe ich sogar den Eindruck, dass Sie dies nicht wirklich schreiben wollten. An solche Passagen müssten wir ran. Ein Buch, ein ›gutes Buch‹, ist es dann, wenn es von Beginn an ehrlich geschrieben ist, wenn es authentisch ist, wenn es mir erlaubt, bei Ihnen zu sein auf Ihrer Reise, mit Ihnen zu fahren und zu fühlen, alles Geschehene und alles, was Sie dabei empfanden, durch Ihre Augen und durch Ihr Herz zu erleben.«

»B«, sagte ich.

»Wie?«

»B, ich nehme Option B. Ich möchte ein gutes Buch schreiben. Auch wenn sich das nach viel mehr Arbeit anfühlt«, sagte ich, ohne zu wissen, worauf ich mich da eingelassen hatte.

Am nächsten Morgen wurde ich gegen halb fünf durch Hahnengeschrei geweckt. Nicht von einem einzelnen Hahn, bestimmt waren es zehn oder zwanzig. Ein riesiges Feld mit Bananenstauden erstreckte sich bis direkt unter meinen Balkon. Und irgendwo in diesem Dickicht hatten sie sich versteckt und krähten die Einwohner und mich aus dem Schlaf. Sie waren den umliegenden Bauern entwischt, und selbst diese konnten die Tiere in diesen dichten Feldern nicht mehr einfangen. Ich fühlte mich wie gerädert, als ich gegen halb zehn das Büro von Frau Vogt betrat.

»Kaffee? Milch? Zucker?«, fragte sie mich gut gelaunt und hielt eine Zuckerdose in die Höhe. »Ja, gern, mit allem bitte«, erwiderte ich, zog mir einen bequemen Stuhl heran und nahm vor ihrem Schreibtisch Platz.

»Also«, sagte sie, als sie mir meinen Kaffee reichte, »ich habe ein paar Anmerkungen zu den verwendeten Tempi, zum Satzbau und auch zu einigen Übergängen, die mir noch nicht gefallen. Das können wir im Vorbeigehen korrigieren.« Ich nickte.

»Aber, wie gesagt«, fuhr sie fort, »ich habe noch einige Fragezeichen an Stellen, bei denen ich glaube, dass Sie nicht alles erzählt haben, wo wir noch tiefer hineinmüssen. Steigen wir doch mal ein. Hier zum Beispiel schreiben Sie, dass Sie die Reise machen wollten, weil Sie ... Moment«, sagte sie und blätterte in dem Manuskript, »ja hier, weil Sie eine ›Sehnsucht nach der Welt da draußen‹ verspürten, weil Sie ›genug hatten vom Business-Leben‹ und, wie Sie schreiben, sich nach Abenteuer sehnten. Wenn ich Ihre Geschichten lese und auch daran denke, wie ich Sie bisher in unseren Telefonaten kennen gelernt habe, glaube ich Ihnen das nicht. Sie haben meist Cluburlaube gebucht, hatten immer einen normalen Bürojob, Ihre Vita scheint sehr bedacht geplant, ohne Lücken und Risiken … Ganz ehrlich? Sie sind für mich nicht der Abenteurer, der die Welt sehen will.«

Ich war perplex. »Also, so genau habe ich mir noch gar keine Gedanken gemacht«, stammelte ich. »Einer, der so etwas macht, der muss doch ein Abenteurer sein. Also warum sollte ich das nicht auch so schreiben?«

»Ach, wissen Sie, es gibt tausend Motive, weshalb Menschen Dinge tun. Doch das ist egal, wichtig ist, warum SIE es getan haben. Es ist Ihr Buch, Ihre Geschichte. Ich habe den Eindruck, Sie bedienen hier ein Klischee. Abenteurer sein wollen, ja, das klingt gut, macht was her. Jeder stellt sich vor, Sie suchen das Risiko, sind bereit, sich Gefahren auszusetzen. Aber waren Sie das wirklich? Sind Sie wirklich ein Abenteurer? Erzählten Sie mir nicht, dass Sie niemals allein gefahren wären, froh waren, Martin gefunden zu haben, weil er ein Typ war, dem Sie vertrauten, der Sie beschützen würde? Wo steht das hier in dem Buch?«, sagte Frau Vogt. »Ich wage zu behaupten, dass Sie den wahren Grund Ihrer Reise noch gar nicht kennen.«

Zugegeben, wirklicher Abenteurer war ich nicht, weder damals noch heute, und dennoch hatte ich es so geschrieben. Warum nur? Weil es gut klang? Weil ich mich gerne so sehen oder zumindest darstellen wollte? So langsam dämmerte es mir, so langsam verstand ich, was sie meinte mit »Ehrlichkeit«.

»Wo, glauben Sie, fehlt es noch an dieser Ehrlichkeit?«, wollte ich wissen.

»Hier zum Beispiel. Sie kommen zurück von der Reise und finden mit Helen sofort die große Liebe. Sie sitzen mit ihren Kindern eng eingekuschelt vor dem Kamin und berichten wie ein – entschuldigen Sie – weiser alter Mann von Ihrer Reise, geben Lebensweisheiten von sich, lieben Ihre Freundin und die Kinder über alles, wohnen in einem biederen Einfamilienhaus irgendwo weit draußen auf dem Land, und alles ist gut, wie in einem – entschuldigen Sie – kitschigen Roman. Verzeihen Sie, wenn ich so offen zu Ihnen bin. Aber so, wie es da steht, glaube ich Ihnen das nicht.«

Ich sagte nichts darauf. Sie hatte recht. Zuhause war oft alles andere als »Harmonie«. Ich dachte an die vielen oft heftigen Diskussionen mit Helen über meinen Drang nach Freiheit, dachte daran, dass mir die Kinder oft lästig waren, mich ihre Nähe eher würgte, als dass ich sie annehmen konnte. Hin und wieder tobte ich mit ihnen auf dem Trampolin draußen im Garten. Doch nur fünf oder zehn Minuten, dann wurde es mir zu viel, zu eng, zu nah, wenn sie begannen, sich an mich zu hängen und mich toll zu finden. Nein, das sollten sie nicht, das schaffte doch Nähe, Abhängigkeit, Verpflichtung.

»Helen, gib die Kinder zur Adoption frei, dann können wir zu zweit in Urlaub fahren«, hatte ich oft scherzhaft gesagt und nur ein trauriges Lächeln geerntet. Ständig stand sie zwischen mir und den Kindern und versuchte, es allen recht zu machen. Es war nicht einfach für sie.

Nein, es war nicht so harmonisch wie in diesem Buch. Aber weshalb hatte ich es dann so geschrieben? Weil es dann ein Buch mit einem Happy End war, einem Happy End, das ich mir für mein Leben nach der Reise vielleicht gewünscht hätte? Dabei könnte ich so ein Leben sogar haben, wenn ich mich nur darauf einließe.

Fest stand jedenfalls: Ehrlich war es nicht, da hatte Frau Vogt recht.

»Können wir morgen weitermachen?«, fragte ich. »Ich bin gerade etwas durcheinander und muss das alles erst mal sortieren. Ich kam hierher und dachte, wir machen einen Feinschliff am Text, doch jetzt scheinen mir ganze Kapitel in Frage zu stehen.«

»Ja, kein Problem, wir haben noch Zeit genug«, stimmte Frau Vogt zu. Ich packte eilig meine Sachen. Ich wollte raus aus ihrem Büro, weg von der Frau, die meine Kapitel, ohne dass sie es merkte, Seite für Seite zerriss.

Ich verschanzte mich in meinem Hotelzimmer und machte ich mich daran, das »Abenteurerkapitel« und die letzten Kapitel nach der Reise zu überarbeiten.

Also, wie war das? »Aus dem Herzen schreiben«, hatte sie gesagt, und authentisch muss es sein. »Sie merken es daran, wenn es nur so fließt, so wie es auch bei Ihren Texten von unterwegs war.« Hier aber floss gar nichts. Das Herz war still, schwieg sich aus. Der Kopf hingegen war eifrig als Zensor meiner Gedanken beschäftigt und versuchte mir zu diktieren, was man in so einem Buch über sich preisgeben könnte und was nicht.

Keine innere Stimme flüsterte, kein echtes Gefühl wollte aufkommen, kein inneres Wissen darüber, was ich jetzt zu schreiben hätte, nichts. Ich tippte die halbe Nacht hindurch, doch mit nichts von dem war ich einverstanden. Wie sollte ich das Buch denn nur fertig bekommen?

»Wenn Sie sich noch schwertun mit den besprochenen Kapiteln, dann lassen Sie uns erst einmal weitermachen und uns die Reiseerlebnisse vornehmen. Um Anfang und Ende kümmern wir uns später«, schlug Frau Vogt vor, als ich am nächsten Nachmittag wieder vor ihrem Schreibtisch saß. Das war mir sehr recht.

»Also, steigen wir mal ein. Ich habe mir gestern Abend noch Ihren Text ›Die Georgische Tafel‹ angeschaut. Ein wirklich gelungener Text. Der ist für mich ein ganz zentrales Element in dem Buch. Fast zu Beginn ihrer Reise erhalten Sie das Täfelchen von Achiko, das Sie die ganze Zeit über beschützt. Und am Ende der Reise schließt sich der Kreis, als Sie es zurückgeben wollten. Sein Tod könnte vielleicht der ›Beweis‹ dafür sein, dass dieses Täfelchen wirklich irgendwelche Kräfte hat, denn nachdem er es Ihnen gegeben hatte, ist er ja tödlich verunglückt, Sie hingegen haben die Reise völlig unbeschadet überstanden.«

»Puh«, sagte ich erleichtert, »ich fürchtete schon, Sie würden das Manuskript komplett auseinandernehmen, aber dann gibt es ja doch Teile, die man so stehen lassen kann.«

»Ja, natürlich«, fuhr sie fort, »nur beim letzten Absatz, als Sie beschreiben, wie Sie nach Ihrer Rückkehr dort angerufen haben in Georgien, als Sie erfahren hatten, dass Achiko bei einem Verkehrsunfall ums Leben gekommen war. Da braucht es noch ein wenig mehr Tiefgang. Überlegen Sie mal genau, fühlen Sie in sich hinein, wie war denn das genau?«

Dann geschah es. Etwas war in dem Moment anders, etwas hatte diese Frage in mir losgetreten, etwas, das jetzt in mir ins Rutschen gekommen war. Und tatsächlich, mein Herz schlug schneller, wieder schoss diese Hitze über meine Haut, und mit einem Mal wurde es mir klar. Ich saß dort vor ihr wie erstarrt, und schaute sie nur an. »Was ist los?«, fragte sie verwundert, als sie meinen Blick sah.

Ich musste schlucken, mir wurde leicht schwindelig, ich bekam feuchte Hände. Und dann sagte ich mit leicht erstickter Stimme: »Ich hab da nicht angerufen.«

»Wie? Sie haben da nicht angerufen?« Sie lachte, wohl weil sie irritiert war. »Und woher wissen Sie, dass er gestorben ist?«

»Ich weiß es nicht«, sagte ich.

Frau Vogt starrte mich ungläubig an. Nur kurz, dann schlug sie die Hände über den Kopf zusammen. »Nein, bitte nicht!«, rief sie beugte sich vornüber und drückte ihre Stirn auf die Schreibtischplatte.

»Nein, bitte nicht«, wiederholte sie, als sie sich wieder aufrichtete und sich mit den Händen Luft zufächelte.

»Wenn das so ist, dann ist diese Geschichte …«, sie holte noch einmal tief Luft, »wenn das so ist, dann bricht gerade einer der wichtigsten Stützpfeiler Ihres Buches einfach weg. Wenn Achiko, so schön das auch wäre, nicht gestorben ist, dann ist die ganze Geschichte ›ganz nett‹, aber

mehr nicht. Dann hat Ihnen jemand ein Täfelchen geschenkt, ja schön, aber dann weiß ich nicht, ob sie dann
noch erzählenswert ist, geschweige denn als Rahmenge-
schichte für Ihr Buch taugt. Bitte sagen Sie mir, dass Sie
dort doch angerufen haben. Bitte.«
»Nein, hab ich nicht«, sagte ich mit gesenktem Kopf und
fühlte mich elend. Mir schoss das Blut in den Kopf, ich
schämte mich so, fühlte mich als Betrüger, wollte im Boden
versinken, weg von hier.
»Wenn das so ist, dann können wir die Geschichte
nicht mehr so stehen lassen, verstehen Sie? Das ist gefährlich, und jetzt denke ich betriebswirtschaftlich. Sie müssen
sich das so vorstellen: Sollte dieses Buch wirklich ein Erfolg
werden, dann interessieren sich auch Journalisten für solche Geschichten, fahren vielleicht nach Georgien, um mit
Achikos Witwe zu reden. Und wenn sich dann herausstellt,
dass er noch lebt … wissen Sie, was dann passiert? Dann
wittern Journalisten eine ganz andere Story. Dann wird Ihr
Buch nämlich selbst zur Story – und zu keiner guten. Sie
schreiben keinen Roman, verstehen Sie?«
   Wie konnte ich das nur schreiben? Und wieso wird es
mir jetzt und hier erst klar, dass dieser Absatz nicht stimmte? Wie konnte es sein, dass ich das Manuskript guten Ge-
wissens an den Verlag gegeben hatte, mir keiner Schuld
und keiner Lüge bewusst gewesen war? Ich verstand mich
nicht mehr, ich verstand die Welt nicht mehr, ich wusste
nur, dass ich ziemlichen Mist gebaut hatte.
   Frau Vogt reichte mir ein Glas Wasser. »Hier, trinken
Sie erst einmal. Sie sehen gerade nicht gut aus. Aber das
bekommen wir schon hin«, sagte sie, um mich ein wenig
aufzumuntern.
   »Sagen Sie, wie kam es überhaupt, dass Sie diesen letzten
Absatz geschrieben haben«, fragte sie, als ich mich wieder
gefasst hatte. Es sah für mich so aus, als wäre es Ihnen ge-

rade selbst erst klar geworden, dass Sie dort nicht angerufen haben.«

»Das ist es ja. Ich weiß nicht, weshalb. Es ist gerade wie ein echt böses Erwachen für mich. Wissen Sie, ich habe die Geschichte vor Monaten geschrieben. Es war eine von denen, die sich von ganz allein schrieben, eine, bei der ich nicht nachdenken musste, bei der alles schon da war. Und diesen letzten Absatz habe ich einfach nahtlos daran gehängt, so als wäre erst damit die Geschichte komplett. Und seitdem ich sie geschrieben habe, habe ich sie mir auch nicht mehr angeschaut, war sie für mich fertig, in Ordnung und richtig. Und jetzt kommen Sie, stellen mir diese Frage, und mir wird hier klar, was für ein Bullshit das ist. Ich komme mir vor wie ein Betrüger, ein Schwindler. So als hätte ich Sie und den Verlag absichtlich belügen wollen. Natürlich, es muss ja so aussehen.« Ich suchte immer noch das Loch im Boden, um darin zu verschwinden.

»Wissen Sie was? Heute ist Samstag, wir wollten heute eh nicht so lange arbeiten, und Sie können sich jetzt so oder so nicht mehr konzentrieren. Lassen Sie uns Schluss machen für heute, gehen Sie am Strand spazieren, und wir machen Montag weiter, hm?«, sagte Frau Vogt mit einem Lächeln.

Das war mir ganz recht, weg hier. Ich packte meine Sachen, verabschiedete mich und war kurz darauf am Strand. Dort setzte ich mich auf eine Bank, zog die Schuhe aus und öffnete eine der Dosen Bier, die ich noch am Kiosk besorgt hatte.

Moment mal, schoss es mir durch den Kopf, was war denn mit den anderen Texten, die ich bisher für in Ordnung gehalten hatte? Was wäre, wenn ich noch an anderen Stellen etwas geschrieben hätte, was so nicht stimmte? Könnte ich das wirklich ausschließen? Nun war ich völlig unsicher. Das Manuskript auf dem Schoß fühlte sich an, als wäre es nicht meines.

Ich stellte mein Bier zur Seite und begann wild in dem Stapel Papier zu blättern, wollte prüfen, suchte nach Stellen, mit denen ich mich richtig gut fühlte. Ich las die Absätze über meinen letzten Reisetag, als ich über Venlo wieder nach Deutschland zurückfuhr. Ich schrieb dort, wie mir beim Anblick des Grenzschildes die Tränen vor Glück in die Augen schossen, wie ich es nicht glauben konnte, tatsächlich einmal die Welt umrundet zu haben, wie stolz ich war. So ein absoluter Quatsch! So ein Blödsinn. Ja, so hatte ich es mir vielleicht gewünscht, aber so war es nicht gewesen. Ich blätterte weiter zurück, war dort in Afrika und erzählte, wie sehr ich mich nach Helen sehnte. Nein, so war es nicht. Sie war nicht der Grund dafür, die Reise abzukürzen: Ich hatte einfach keine Lust mehr, wollte nach Hause, mehr war es nicht. Auch hier hatte ich mich belogen.

Dann schoss mir noch ein anderer Gedanken durch den Kopf und mir wurde ganz heiß dabei: Wenn ich tatsächlich alles so aufschriebe, wie es war und wie ich mich gefühlt hatte, wollte ich es dann wirklich in einem Buch veröffentlicht sehen? Wollte ich wirklich schreiben, wie unspektakulär die Heimkehr nach Deutschland doch gewesen war, wollte ich wirklich schreiben, dass ich mich mit Helen eingelassen und es doch nicht wirklich ernst gemeint hatte und wie schwierig es in der ersten Zeit mit uns gewesen war? Wollte ich mein Bild vom Abenteurer einfach so zerreißen und stattdessen zugeben, dass ich mit Martin einen »Beschützer« gebraucht hatte und keinen Reisepartner? Mein ganzes Bild von mir, das Bild, in dem ich mir doch so gut gefiel, schien sich aufzulösen. Der Typ in dem Buch, das war nicht ich.

Ich stellte mir vor, wie mein Buch im Schaufenster eines Buchladens lag, gefüllt mit Geschichten und Gefühlen, von denen ich mittlerweile selbst nicht sicher war, ob sie sich genauso ereignet hatten. Und war es erst einmal veröffentlicht, dann konnte ich sie nicht mehr zurücknehmen. Der Gedanke würgte mich. So sah ich mich schon vor einem Buchladen stehen und beten, dass nur keiner mein Buch kaufte, denn jeden, der es läse, den würde ich belügen. Meine Familie, Helen, meine Freunde, meine Verwandten, alle. Das könnte ich nicht! Niemals.

Mit einem Mal war das Manuskript, mit dem ich mich Tage zuvor noch so wohl gefühlt hatte, mir selbst nur noch unheimlich und fremd. Ich wollte auf keinen Fall, dass dieses Buch so veröffentlicht würde, nicht bevor ich mir über all das völlig im Klaren wäre, nicht bevor ich sicher wäre, dass alles darin stimmte.

Was tat ich nur? Ich demontierte mein eigenes Buchprojekt. Mehr als fünf Monate hatte ich daran geschrieben, Nächte hindurch in der Anglerhütte gesessen, stundenlang hatte ich nach den richtigen Formulierungen gesucht, an den Texten herumgefeilt, mein Gehirn zermartert über Strukturen und Übergänge. Und das alles sollte jetzt umsonst gewesen sein?

Mein Kopf glühte, und ich öffnete eine weitere kühle Dose Bier. Vielleicht war ich auch nur in Panik, und morgen sähe die Welt schon anders aus. Morgen war Sonntag und ich hatte frei. Keine Frau Vogt, und Zeit, über alles nachzudenken.

Ich erwachte um halb fünf morgens. Diese verfluchten kanarischen Bananenhähne kannten keinen Sonntag und krähten mich wieder aus dem Schlaf. Schnell waren alle Gedanken wieder da und die Welt sah nicht anders aus als gestern, im Gegenteil, fünfzig Hähne schienen zu rufen: »Wach endlich auf, steh zu dir, werde ehrlich!«

Mir grauste schon vor dem nächsten Treffen mit Frau Vogt. Was würden wir dann noch alles in dem Manuskript entdecken? Ich hatte Magenschmerzen, war hin- und hergerissen. Könnte ich mit einem solchen Buch leben, oder wäre es besser, alles sein zu lassen und einfach wieder nach Hause zu fliegen? Ich nahm mir vor, mit ihr darüber zu reden. Wollte wissen, was sie denkt.

Als ich ihr Büro am nächsten Morgen betrat, war etwas anders. Frau Vogt war viel schweigsamer als zuvor, viel verhaltener, als ob auch sie etwas bedrückte.

»Ich habe mir Gedanken gemacht, und bevor wir weitermachen«, begann sie, nachdem sie mir schweigend einen Kaffee aufgebrüht hatte, »möchte ich noch zwei Punkte mit Ihnen klären.«

»Ja, Gedanken habe ich mir auch gemacht«, sagte ich etwas gequält.

»Gut. Also, ganz ehrlich? Ich glaube nicht, dass wir es in der vorgesehenen Zeit schaffen, alles zu überarbeiten. Es ist nun doch mehr als nur Textarbeit. Ich glaube, Sie müssen sich noch viel mehr darüber im Klaren werden, aus welchen wirklichen Motiven Sie gefahren sind, und vor allem müssen Sie sich überlegen, ob Sie mit Ihrer Reise wirklich schon zu Ende sind. Mit Ihrer inneren Reise meine ich, und darum geht es ja in diesem Buch.«

Ich nickte stumm, denn ich wusste genau, was sie meinte. »Ja, genau darüber …«, fing ich an, doch sie unterbrach mich, und dabei erschien sie mir mindestens so nervös, wie ich, so, als hätte auch sie mir etwas Unangenehmes zu sagen.

»Warten Sie, lassen Sie mich noch meinen zweiten Punkt machen«, fuhr sie fort. »Wissen Sie, ich war gestern Abend noch mit meinem Freund etwas essen. Auch er ist viel in der Welt unterwegs gewesen. Also erzählte ich ihm von Ihnen, von unserer Arbeit und von Ihren Geschichten.

Und mit einem Mal, wie aus heiterem Himmel, da bekam ich so richtige Bauchschmerzen. Ich wusste erst gar nicht, weshalb, doch dann wurde es mir klar. Es war wegen des Manuskripts. Ich war mir mit einem Mal nicht mehr sicher, was in dem Buch den Tatsachen entspricht und was vielleicht erfunden ist, wie Achikos Tod. Und wenn wir so etwas schreiben, dann kann es für uns beide unangenehm werden, denn wie ich Ihnen sagte, Sie schreiben keinen Roman.«

Ich saß auf dem Stuhl vor ihr und nickte erneut stumm.

»Außerdem«, fuhr sie fort, »glaube ich auch, dass Sie sich mit dem Buch nicht wohlfühlen werden. Stellen Sie sich vor, das Buch würde ein Erfolg und Sie würden in den Interviews nach Ihrer Abenteuerleidenschaft oder Ihrer »Liebesgeschichte mit Helen« gefragt. So wie ich Sie kennengelernt habe, sind Sie nicht so cool und würden darüber erzählen, ohne dass man merkt, dass da etwas nicht stimmt. Sie wären dabei nicht authentisch – und glauben Sie mir, die da draußen haben ein Gespür dafür, wenn etwas nicht stimmt, und bohren nach. Gnadenlos. Und dann?«

Sie schwieg und schaute mich ernst an. Ohne dass ich ein Wort gesagt hatte, hatte sie mir alle meine Fragen beantwortet. Sie hatte recht. Ich würde nicht glücklich mit diesem Buch und der Verlag vielleicht auch nicht.

»Ganz ehrlich, ich wäre damit einverstanden, wenn wir alles abblasen, es am liebsten ungeschehen machen«, sagte ich und war fast erleichtert, als ich das aussprach.

Frau Vogt nickte. Sie wollte noch am Abend mit dem Geschäftsführer des Verlags telefonieren, sich mit ihm beraten und mir morgen davon berichten.

Dank der Bananenkräher war ich schon über vier Stunden wach, als mich Frau Vogt am nächsten Tag so gegen neun Uhr anrief. Wir sollten uns nicht im Büro, sondern lieber bei der Eisdiele treffen, sie habe mit dem Verlag gesprochen. Eisdiele? Mir war klar. Das war das Aus.

Sie hatte sich schon einen Platz an einem Tisch vor dem Lokal gesucht und einen Kaffee bestellt, als ich dort eintraf. Auch ich bestellte mir einen Kaffee, und kaum war die Kellnerin außer Sichtweite, holte sie tief Luft und berichtete, was sie mit dem Verleger besprochen hatte. »Also, ich habe ja in Deutschland angerufen, sagte ich Ihnen ja. Habe denen alles erklärt, und auch dem Verlag wäre es wohler, wenn wir das Buchprojekt nicht weiter verfolgen würden. Er wäre damit einverstanden, alles rückabzuwickeln. Sie müssten dann den Vorschuss zurückzahlen und auch meine Kosten übernehmen.«

Ich schenkte ihr einen »Jetzt-ist-so-oder-so-alles-egal«-Blick, nickte nur kurz und wollte zu all dem nichts mehr sagen. Selbst das Geld war mir egal. Ich wusste, es war besser so.

Zwei Tage später hob mein Flieger ab. Es ging zurück nach Hause. La Palma wollte ich nie wieder betreten.

Achiko

Helen nahm mich am Flughafen lange in den Arm. Wir hatten oft miteinander telefoniert, als ich auf der Insel war, und sie wusste, wie viel Zeit und Herzblut ich in das Buch gesteckt hatte. Sie litt mit mir, und es tat sehr gut, als sie mich festhielt. Zu Hause angekommen, wickelte ich das Manuskript in eine Plastiktüte und verstaute es irgendwo weit hinten in einem Schrank. Nein, ich verstaute es nicht, ich verbannte es dorthin. Ich wollte nicht mehr schreiben.

Meine Stimmung war auf dem Tiefpunkt. Der Traum von meinem Buch war einfach zerplatzt, weg, erledigt, und meine Reise war mir selbst seit La Palma so fremd geworden. Ich blieb morgens lange im Bett, war reizbar; alles, was die Kinder anstellten, jede Kleinigkeit nervte mich. Mal waren sie zu laut, mal krümelten sie die Couch voll, dann räumten sie ihren Krempel mal wieder nicht weg, alles nervte. Die Zeit in der ich einfach alles so sein lassen konnte, wie es war, schien vorbei. Ewig weit weg war ich von dem Zustand, in dem »alles gut« war, in dem ich jeden und alles so akzeptieren konnte, wie es war, ich keine Erwartungen hatte. Immer mehr musste alles um mich herum so sein, wie ich es haben wollte. War es das nicht, wurde ich zynisch, ungerecht und begann herumzustänkern.

»Nein, Josh, natürlich brauchst du keinen Teller für das Nutellabrötchen. Setz dich nur auf die Couch und sau nur alles so richtig ein, wie du möchtest. Ich mach das doch gerne für dich weg.« Mein Umgang mit den Kindern und manchmal auch mit Helen war mehr als unangemessen, war lieblos und roh.

Ich verstand nicht, was passiert war. Alles lief doch perfekt. Ich hatte schnell einen Verlag gefunden, schon einen Vorschuss bekommen, eine Lektorin auf La Palma für den letzten Schliff gestellt bekommen, was konnte ich mir mehr wünschen? Und dann? Dann schubste mich mein Leben von der Zielgeraden. Wozu sollte das gut sein?

Viel Zeit hatten Helen und ich in den letzten Monaten vor La Palma nicht miteinander verbracht. Schließlich musste ich ja mein unsägliches Manuskript fertig bekommen und hatte mich dafür in meine Hütte verzogen. Daher hatten wir einen gemeinsamen Urlaub immer hintangestellt. Doch jetzt war Zeit dafür, und wir beide überlegten, wohin wir reisen könnten. Es war nicht so einfach bei mir, denn viele Urlaubsziele kannte ich schon. Die Kanaren kamen natürlich nicht in Frage. Thailand, USA, Indien, Nepal, Südafrika, Namibia, Tansania … fast überall war ich schon gewesen. Auch sollte es kein Pauschalurlaub in irgendeine Touristenhochburg sein, viel lieber wollte ich Helen zeigen, wie es mir auf der Reise gegangen war, wollte mit ihr in ein für Urlauber »untypisches« Land.

»Ich habe eine Idee!«, sagte ich zu Helen, »Ich bin mir aber nicht sicher, ob du das mitmachen würdest. Wie wäre es, wenn wir nach Georgien fliegen, dort Achiko besuchen und ihm sein Täfelchen persönlich wiederbringen würden?«

Helen brauchte nicht lange zu überlegen und sagte sofort zu. Ich buchte den Flieger nach Tiflis und nahm das Täfelchen und den Zettel mit Achikos Telefonnummer aus meiner Schreibtischschublade. Ich wählte sie, um zu erfahren, wo er war, und um uns anzukündigen. Vielleicht gab es ja jemanden in seiner Nähe, der deutsch oder englisch sprach und übersetzen konnte, doch ich hörte nur eine Bandansage in georgischer Sprache, die ich nicht verstand. Wahrscheinlich hatte er das Telefon gewechselt, schließlich war es schon mehr als drei Jahre her, dass wir uns getroffen hatten.

Drei Jahre war es auch her, dass ich Sigrid das letzte Mal gesehen hatte. Sigrid, mit der zusammen Martin und ich Achiko kennengelernt hatten und die wir »zufällig« nachts auf unserer Irrfahrt zur armenischen Grenze in Tiflis wiedergetroffen hatten und die uns mit ihrem Freund geholfen hatte, rechtzeitig das Land zu verlassen. Ich rief sie an, wollte nach einem guten Hotel in Tiflis fragen, schließlich flog sie schon jahrelang dorthin.

»Wann fahrt ihr?«, wollte sie sofort wissen.

»Wir sind für den 10. Oktober gebucht«, antwortete ich.

»Wieso fragst du?«

Da lachte sie. »Ach, Theo, wir haben es ja nicht so mit dem Zufall, nicht wahr. Ich war, seitdem wir uns in Tiflis getroffen hatten, nicht mehr dort, seit drei Jahren nicht mehr, aber vor kurzem habe ich auch einen Flug nach Tiflis gebucht. Ich lande zwei Tage vor euch. Was für ein schöner ›Zufall‹, hm? Dann könnten wir uns doch dort treffen, ja? Und ich besorge euch vorher eine schöne private Unterkunft.«

»Ja, natürlich, so machen wir das! Genial«, erwiderte ich und erzählte ihr, dass wir Achiko aufsuchen und ihm das Täfelchen zurückgeben wollten.

»Und wie stellt ihr euch das vor«, fragte sie. »Ihr könnt dort nicht einfach als Ausländer bei der Polizei hineinspazieren und nach Achiko fragen. Das geht in diesem Land nicht so, glaube mir. Dort regiert immer noch die Willkür, und ihr könnt nie wissen, ob ihr euch dadurch in Gefahr bringt oder vielleicht auch Achiko in Schwierigkeiten. Macht das nicht.«

»Und was schlägst du vor?«, fragte ich Sigrid, die mit Anfang sechzig immer noch voller Unternehmungslust steckte. Es tat gut, mit ihr zu reden, ihre Energie war einfach ansteckend.

»Also, folgende Idee«, sprudelte es sofort aus ihr heraus, »Ich bin ja seit zig Jahren immer wieder mal in Georgien gewesen und habe mir da einen guten Bekanntenkreis aufgebaut. Auch mit guten Beziehungen zum Militär und zur Polizei. Mit Kathia als Dolmetscherin kann ich mit meinen Freunden zusammen dort Nachforschungen anstellen, ohne dass es jemand merkt. Die können dann auch ein Treffen mit Achiko arrangieren. Anders geht es nicht. Ehrlich.«

Natürlich war ich damit einverstanden. Und auch einverstanden war ich damit, dass uns Sigrid in zwei Wochen um dreiundzwanzig Uhr unbedingt persönlich am Flughafen in Tiflis abholen und zu unserem Hotel bringen wollte. Das ließ sie sich nicht nehmen.

Eine halbe Stunde nach der Landung fielen wir uns in die Arme. Sigrid hatte sich kein bisschen verändert, strahlte über ihr ganzes Gesicht und stellte uns dann Georgi, ihren Freund vor, der sie an diesem Abend fuhr.

»Hab schon alles arrangiert«, sprudelte es aus ihr heraus, »Bevor wir zu eurer Unterkunft fahren, zeig ich Helen erst einmal Tiflis. Kommt, nehmt eure Koffer, auf geht's.«

Ich sah Helens angestrengte Augen und ihren leicht entsetzten Blick, denn ich wusste, sie wollte nur schnell ins Bett, war hundemüde. Und ich auch.

»Sigrid? Es ist schon halb zwölf«, sagte ich.

»Ach was, Helen will das bestimmt sehen, und bei Nacht ist ein Blick auf Tiflis von oben, von den Bergen aus einfach wunderbar. Kommt«, sprach sie und duldete keinen Widerspruch.

Kurz vor zwei fielen wir in unsere Betten, nicht jedoch ohne uns mit Sigrid und Kathia für den nächsten Mittag zu verabreden, um unsere »Soko Achiko« ins Leben zu rufen.

Nach einem wirklich ausgiebigen späten Frühstück am nächsten Tag machten wir uns auf den Weg, um Sigrid und Kathia zu treffen. Ich berichtete ihnen, was in der Zwischenzeit geschehen war. Das erste Mal erzählte ich nach Helen noch jemandem in aller Ausführlichkeit von La Palma, auch davon, dass Achiko in meiner Geschichte bei einem Verkehrsunfall ums Leben gekommen war.

»Na, dann schauen wir mal, wie es Achiko heute geht, und dann schreibst du von dieser zweiten Begegnung mit ihm. Das wird sicher auch ein berührender Moment«, meinte Sigrid. »Aber jetzt lasst uns mal alle zusammentragen, was wir über Achiko wissen.«

Wir sammelten die Fakten. Viele waren es nicht, doch sie sollten ausreichen.

Zuerst wählte Kathia die Telefonnummer, die Achiko mir damals mitgegeben hatte, um zu hören, was die Bandansage hergab. Kathia übersetzte:»Der Teilnehmer ist derzeit nicht verfügbar. Bitte versuchen Sie es später noch einmal.« Das half uns nicht weiter, bestimmt aber sein Nachname, den er auch noch auf dem Papier notiert hatte.

»Eine Telefonnummer, einen Namen haben wir, auch Fotos gibt es noch von damals, und wir wissen, dass er bei der Polizei arbeitet. Das muss reichen«, sagte Sigrid.»Ich werde morgen gleich zwei Leute darauf ansetzen, und Kathia kennt auch noch welche. Wartet mal ab, unseren Achiko, den finden wir.«

»Und was sollen *wir* tun?« fragte Helen, die nun auch Lust bekam auf eine solche Aktion, auch wenn sie mit Urlaub wenig zu tun hatte.

»Ihr?«, sagte Sigrid,»Ihr geht mal schön Kaffee trinken und stellt euer Handy auf laut. Kathia und ich geben euch dann immer den aktuellen Ermittlungsstand durch. Mehr braucht ihr nicht zu tun. Ist besser so, glaubt mir«, strahlte Sigrid voller Tatendrang.

Der nächste Tag, es war ein Freitag, begann wie ein Urlaubstag für Helen und mich. Nach einem guten Frühstück brachen wir auf, um Tiflis zu erkunden. Auf dem Weg zur U-Bahn schlug ich vor, uns einfach noch ein wenig in den Straßen des Wohnviertels, in dem unsere Pension lag, zu verlieren, zu schauen, wie hier gelebt wurde. Ich wollte Helen ein wenig von der Art zeigen, wie ich gereist war, wie ich die Städte damals kennengelernt hatte. So viel hatte ich ihr schon von meiner Reise erzählt, doch es waren eben nur Erzählungen. Hier in Georgien konnte ich Helen ein wenig mitnehmen, ein Stück von dem zeigen, was zweieinhalb Jahre mein Leben gewesen war. Ich hoffte, sie werde ein wenig nachfühlen können, wie es ist, ziellos durch die Gassen zu laufen, nur zu schauen, zu staunen, sich zu wundern, nichts zu bewerten, sondern alles einfach so hinzunehmen, wie es ist, so wie es mir damals oft gelungen war.

Zerfallene Häuser zu sehen, aus deren zersprungenen Fenstern heraus uns Menschen lachend zuwinkten; offene Stromkabel und riesige Kabelsalate an Masten zu entdecken, die wie auch immer die Stromversorgung sicherstellten; schrottreife Autos zu beobachten, die ungesichert und meterhoch Schränke und Betten auf ihren Dächern transportierten; Kinder zu sehen, die sich mit aus Draht und Holz gebasteltem Spielzeug vergnügten; in ein abbruchreifes Hochhaus zu gehen, zehn Etagen hoch durch das beschmierte, verdreckte Treppenhaus, weil wir dem rostigen Aufzug nicht trauten, nur um letztendlich die vermüllten, dunklen Gänge zu sehen, die zu den kaputten Türen führten, hinter denen Menschen ein Leben versuchten, das wir uns nicht vorstellen konnten: Das alles lieferte ein anderes, ein echteres Bild von einer Stadt und den Menschen darin, als wenn wir uns nur in den schicken Cafés der Altstadt von Tiflis vergnügt hätten.

Ich wünschte mir, dass Helen ein wenig mit meinen Augen reiste, ich wollte an diesem Morgen, dass Helen ein Stück mehr zu meiner großen Reise wird, der Reise, auf der ich mich noch immer befand. Sie ließ sich darauf ein, auf die Bilder, auf die Menschen, auf die Gerüche, schwieg oft und beobachtete nur, nickte nur, und manches Mal sah ich eine Träne in ihren stahlblauen Augen, wenn die Armut oder die Menschen sie besonders anrührten, so wie es mir so oft erging in der Welt. Ich fühlte mich in diesem Moment von ihr sehr verstanden, und ich fühlte mich ihr an diesem Morgen sehr nah, denn ich glaubte, dass wir genau dasselbe in den vielen Bildern der Straßen von Tiflis gesehen hatten. Und dieses Mal war es eine Nähe, die ich zulassen konnte, vielleicht, weil ich sie das erste Mal wirklich in mein Leben hineinließ und wir ein winziges Stück davon miteinander teilten.

Es war bald Mittag, und Sigrid hatte sich noch nicht bei uns gemeldet. Wir machten uns auf den Weg in die Altstadt, sehnten uns nun doch nach einem guten Kaffee und einer weichen Couch. Kaum saßen wir auf dem großen, roten Sofa vor einem Café inmitten der Fußgängerzone, da klingelte das Telefon.

»Hi, hier ist Sigrid. Habt ihr gut geschlafen, ist alles gut bei euch?«

»Ja, alles gut. Wir sitzen in der Altstadt bei einem Kaffee, so wie du uns befohlen hast. Habt ihr etwas herausgefunden?«

»Also, wir sind ein Stück weiter als gestern. Wir wissen jetzt, dass Achiko in der Forensik arbeitet. Also, er macht die Spurensicherung an Tatorten, so wie es diese CSI-Leute im Fernsehen tun, kennst du bestimmt. Die Abteilung ist dem Innenministerium zugeordnet, und dahin machen Kathia und ich uns jetzt auf den Weg. Es ist Freitag und gleich ein Uhr. Die arbeiten auch in Georgien nicht so lange heute. Ich hoffe, wir treffen da noch jemanden an. So viel für jetzt. Wir melden uns, wenn wir mehr wissen, ja?«

»Ja, klar, danke für die Info. Bitte haltet uns auf dem Laufenden, das ist ja richtig spannend, und vielleicht treffen wir Achiko ja heute noch«, sagte ich, doch Sigrid hatte schon aufgelegt, war im Recherchefieber.

»Wie gern wäre ich jetzt dabei, schade, dass wir nicht mitgegangen sind«, sagte ich zu Helen, und sie stimmte mir zu.

Die Minuten zogen sich. Würde ich Achiko heute noch sehen? Wie würde er reagieren? Hatte ich mein Täfelchen auch dabei? Ich suchte in meinen Taschen herum, fand es und lehnte mich beruhigt zurück.

Dann, es war etwa gegen halb drei, klingelte das Handy erneut vor uns auf dem Tisch.

»Sigrid, gibt es etwas Neues?«, fragte ich, und Sigrid redete drauflos. Sie war aufgeregt, und ich konnte sie kaum verstehen. Sie sagte etwas von einem Keller und einer Frau.

»Sigrid!«, unterbrach ich sie lautstark, »mach langsam, erzähle langsam und von vorn, ich verstehe nichts.« Ich schaltete das Handy auf Lautsprecher, damit Helen mithören konnte.

»Also gut«, begann sie. »Wir sind also hin zu diesem Ministerium für Innere Sicherheit. Da sind wir jetzt auch noch. Kathia fragte an der Pforte nach Achiko, doch der Pförtner fand ihn nicht in seinen Unterlagen. Das war komisch, denn die Information, dass er hier arbeitet, kommt aus verlässlicher Quelle. Kathia bohrte weiter, und dann schickte uns der Pförtner zur Personalabteilung, die hätten alle Mitarbeiter in ihrem Computer und vielleicht könne man uns dort weiterhelfen. Doch er wusste nicht, ob um die Uhrzeit noch jemand da sei.

Er schickte uns in den Keller, dort wo die Abteilung ist. Wir gingen die Treppe hinunter und kamen in einen langen Gang, doch hinter keiner der Türen, an die wir klopften, war noch jemand. Nur hinten am Ende des Ganges, da stand noch eine Tür offen, und Neonlicht fiel heraus. Wir schauten in den Raum hinein und sahen ein paar Schreibtische und Computer. Aber niemand schien mehr hier zu sein, nur auf einem der aufgeräumten Schreibtische stand eine Tasche. Wahrscheinlich war sie von dem letzten Mitarbeiter, der auch in Kürze Feierabend machen wollte. Der ist bestimmt noch zum Klo oder so, meinte Kathia noch ...« Sigrid holte noch einmal tief Luft, bevor sie weitersprach.

»So, und nun pass auf. Hinter uns knarrte es plötzlich, und eine Tür auf der anderen Seite des Ganges öffnete sich. Es waren die Toilettenräume, und heraus trat eine etwa vierzigjährige Frau. Ich sah sie, sie sah mich, und wir beide konnten es kaum glauben. Theo, Helen, ich kannte sie. Es war Elene, eine gute Freundin von Timo, von dem, der euch damals nach Sadakhlo gelotst hat. Ich kenne Elene gut, wir haben schon einige Abende miteinander verbracht, und jetzt hier unten in diesem dunklen Ministeriumskeller, da sehe ich sie wieder. Wir sind uns dann erst mal in die Arme gefallen. Ist das nicht unglaublich? Und wir hatten sie nur angetroffen, weil sie heute ausnahmsweise mal Überstunden gemacht hatte. Was ist das denn wieder für ein Zufall?«

Ich wollte gerade etwas dazu sagen, doch dann redete sie weiter drauflos.

»Also, ich erklärte Elene, wen wir suchten und weshalb. Natürlich machte sie für mich eine Ausnahme, fuhr nochmal ihren Computer hoch, um Achiko ausfindig zu machen. Es dauerte nicht lange, und das Ding zeigte uns seine Personalakte. Kathia und Elene überflogen schnell die Zeilen. Dann sah Kathia langsam vom Monitor auf und schaute mich mit großen Augen an. Dann sah auch Elene mich an. Beide sagten nichts.«

»Was ist los? Sag schon, wo ist er?«, drängte ich Sigrid.

»Sitzt ihr?«

»Ja, wir sitzen hier im Café, was ist los? Mach es nicht so spannend!«, erwiderte ich schon leicht unruhig.

Sigrid räusperte sich, holte noch einmal tief Luft und sagte: »Wir werden Achiko heute nicht treffen. Wir werden ihn nie treffen. Denn Achiko ist vor einiger Zeit bei einem Verkehrsunfall ums Leben gekommen. Theo, es ist genauso, wie du es geschrieben hast.«

Entgeistert blickte ich Helen an.

»Komm, wir müssen uns sehen«, unterbrach Sigrid meine Schockstarre, »Ihr wisst doch, wo die Thermen sind, die kleinen Häuschen mit den runden Kuppeln. Wir treffen uns dort. Das ist nicht weit von uns und auch nicht von euch.«

»Ja, ist gut, bis gleich«, brachte ich noch heraus und legte auf.

Dieser Moment erinnerte mich an einen anderen, einen, den ich schon mal genauso erlebt hatte, es war wie ein Déjà-vu. Und mit einem Mal wusste ich, weshalb sich dieser Augenblick so bekannt anfühlte. Es war, als hätte ich zum zweiten Mal von Achikos Tod erfahren.

Als wir uns sahen, uns gegenüberstanden, sagte keiner von uns etwas. Irgendwie gab es auch nichts zu sagen. Keiner fand einen vernünftigen Gedanken. Vielleicht weil diese Situation nichts mehr mit Vernunft, mit Verstand, mit Logik zu tun hatte? Vielleicht, weil alle noch von ihrer Fassungslosigkeit über das Geschehene betäubt waren? Wir standen dort, schauten uns mit großen Augen an und das einzige was wir taten: Wir zuckten mit den Schultern und hoben hilflos unsere Arme.

»Kommt wir gehen zu mir«, übernahm Sigrid die Initiative. »Ein Freund hat mir für die Zeit, in der ich in Tiflis bin und er auf Geschäftsreise ist, seine Wohnung überlassen.«

Unterwegs erzählte Kathia, wie es laut der Akte zu dem Unfall gekommen war. Achiko war nach einer Feier mit drei anderen Kollegen im Auto unterwegs. Alle hatten sie gut getrunken, nur der Fahrer soll nüchtern gewesen sein. Irgendwie muss der Wagen dann ins Schleudern gekommen sein und ist mit der Beifahrerseite gegen einen Brückenpfeiler geprallt. Achiko saß auf dem Beifahrersitz und war sofort tot. Alle anderen überlebten.

»Levan ist sehr großzügig«, erklärte uns Sigrid auf dem Weg zu der Wohnung ihres Freundes. »Er verdient sein

Geld mit dem Verkauf von Videokonferenzanlagen in Europa.«

Entsprechend modern und technisch war seine Wohnung ausgestattet. Kathia schalteten die edel aussehende Musikanlage ein, die die angenehme warme Sommerluft um uns herum mit leiser klassischer Musik füllte. Sigrid kramte ein paar Kekse und Schokolade aus dem Schrank, legte sie in eine weißlackierte Porzellanschale und stellte sie auf den Glastisch. Ich öffneten eine Flasche georgischen Rotwein, den Sigrid unterwegs besorgt hatte, Helen holte die passenden Gläser dazu aus der Vitrine, wir zogen uns die Schuhe aus und machten es uns bequem auf den beiden großzügigen Designer-Couches. Immer noch sprachen wir wenig. Jeder von uns schien mit seinen Gedanken beschäftigt zu sein. Jeder für sich versuchte zu verstehen, zu interpretieren, versuchte das Erlebte einzusortieren in die eigenen Gesetzmäßigkeiten, die jeder für sich formuliert hatte, um die Welt zu begreifen.

Dann, als wir uns alle hingesetzt hatten, als es nichts mehr zu tun gab, mit dem wir von einem Gespräch hätten ablenken können, begannen wir zu reden, doch das, was wir sagten, wiederholte sich bald. »Unglaublich, ... nicht erklärbar, ... wie konntest du es wissen? ... « Auch wenn keiner von uns wirklich etwas zu sagen wusste, so wollte niemand von uns ein anderes Thema beginnen, zu präsent, zu unglaublich, zu geisterhaft war Achikos Tod. So als wären wir einer anderen Wirklichkeit, anderen Naturgesetzen auf der Spur, so als hätten wir alle für einen kurzen Moment den Hauch einer neuen Welt gespürt, in der unsere Gesetzmäßigkeiten keine Gültigkeit besaß. Wir waren sprachlos.

Ich erinnerte mich daran, wie Achiko mir das Täfelchen überreichte. Ich spürte immer noch an meinen Fingerspitzen, die damals respektvoll nach dem Täfelchen griffen, seinen Widerstand, wie er noch an diesem Stückchen Holz festhielt, wie er zögerte, es loszulassen. Es war ein wenig so, als wollte er nicht, als gäbe es einen Kampf in ihm, ob er es mir überlassen sollte oder nicht. Bis heute begreife ich es nicht. Weshalb hatte er es ausgerechnet mir gegeben, weshalb zu dem Zeitpunkt? Bestimmt hatte er schon andere, intensivere, längere Bekanntschaften gehabt als die unsere, er hatte viele Freunde, er hatte Kinder, doch sein Täfelchen überließ er mir. Mir, dem Ausländer, dem er nie zuvor begegnet war, den er seit kaum zwanzig Minuten kannte, den er niemals wiedersehen würde. Und doch schien für ihn jetzt die Zeit gekommen zu sein, das Täfelchen abzugeben. Ob er es jemals bedauert hat? Ob er sich jemals danach unsicher und unbeschützt gefühlt hat?

Konnte er nicht auch geahnt oder gar gewusst haben, dass seine Tage gezählt waren? Nein, nicht dass es ihm bewusst wäre, er es hätte benennen oder aussprechen können, nicht ein solches Wissen. Es ist ein anderes Wissen, kein Wissen des Kopfes. Es wäre ein Wissen der Seele, das uns etwas tun lässt, was niemand versteht und auch wir selbst nicht. Es ist vielleicht ein allumfassendes Wissen, das nicht unserem Zeitverständnis von Vergangenheit, Gegenwart und Zukunft unterliegt, eines, das alles bereits in sich trägt, das was war, was ist, was sein wird. Und so scheint mir, dass es in jedem von uns eine weitere Dimension gibt, die uns lenkt, uns handeln lässt, wie Achiko damals. Eine weitere, viel tiefere, allwissende Natur scheint in uns zu existieren, die nach eigenen Gesetzen in uns wirkt, die wir zum Zeitpunkt unseres Handelns nicht begreifen und deren Sinn uns vielleicht erst viel später offenbart wird.

Nur so war für mich zu erklären, weshalb er mir, dem Unbekannten, das Täfelchen gab. Und vielleicht spürte ich das Zögern in seinen Händen, weil er für einen kurzen Moment nicht verstand, wozu ihn irgendetwas tief in ihm aufforderte. So kam es dazu, dass Achiko mir das Täfelchen gab, und genauso kam es vielleicht, dass ich den Text in meinem Manuskript mit der Inbrunst der Überzeugung, dass es so war, einfach weitergeschrieben und von Achikos Tod berichtet habe.

Und vielleicht war es auch jenes Allwissen in uns, das mir damals in Batumi leise zugeflüstert hat, was die Blumenfrau mir erzählte?

Sigrid riss mich aus meinen Gedanken. Sie schwenkte vor sich ein Glas Rotwein, prostete uns zu. »So, jetzt ist es wohl auch dir klar, Theo«, sagte sie und schaute mich fragend an.

»Wie, was meinst du? Mir ist gerade gar nichts klar. Ich spinne hier gerade rum«, antwortete ich.

»Was ich meine ist: Jetzt ist es wohl auch dir klar, dass dein Buch geschrieben werden soll, egal welche Schmerzen du damit hast, aber fertig werden muss es. Irgendwie bist du es Achiko schuldig – und wie wir wissen: Zufälle gibt es nicht. Das Täfelchen, deine Geschichte, dann La Palma und das jetzt heute, das alles gehört zusammen, das alles gehört erzählt, es gehört noch zu deiner Reise, Theo. Das darfst du nicht für dich behalten. Und wenn letzten Endes Achiko dir das Täfelchen nur geschenkt hat, damit die Welt von alledem erfährt und es sie genauso nachdenklich macht wie uns jetzt. Und wenn es nur dafür gut ist«, sagte Sigrid und prostete mir erneut zu.

»Hm, ja vielleicht, Sigrid«, seufzte ich, »irgendwann werde ich das tun, doch im Moment liegt das Manuskript weit hinten im Schrank ganz gut«, sagte ich. Doch ich wusste von diesem Tag an, dass ich es fertigstellen würde, fertigstellen musste, mir, meiner Wahrheit zuliebe und vielleicht auch Achiko zu Ehren. Egal, wie lange es dauern würde.

Einer von Achikos besten Freunden und Kollegen war David, ein Mann, der auch damals an der Georgischen Tafel mit uns gefeiert hatte. Das hatte Kathia in Erfahrung bringen können. Sie schlug mir vor, über David Achikos Familie zu kontaktieren und sie zu besuchen und vielleicht noch ein wenig mehr über das Täfelchen zu erfahren und es zurückzugeben. Achiko war verheiratet gewesen und hatte zwei kleine Kinder, und auch seine Mutter lebte noch in seinem Haus, so viel wusste Kathia.

»Was ist, wenn seine Familie mir seinen Tod ankreidet, denn ich hatte ja das Täfelchen, das ihn beschützen sollte? Was, wenn sie wütend auf mich sind, wir nicht willkommen sind?«, fragte ich Kathia.

Sie zuckte mit den Schultern. »Das glaube ich nicht, aber möglich wäre es.«

»Egal, ich will die Familie kennenlernen. Ja, das machen wir«, entschied ich spontan. »Sprich doch morgen mit David. Vielleicht können wir zuvor noch Achikos Grab besuchen und dann seine Familie. Ich würde dann mit Helen und David zusammen dorthin fahren, wenn es euch recht ist. David spricht ja ein wenig Englisch, soweit ich mich erinnere.«

Kathia arrangierte alles wie besprochen, und schon am späten Nachmittag des nächsten Tages war es so weit. Wir trafen uns mit David am Friedhof und besuchten Achikos Grab. Ein Abbild seines Gesichtes war in den glatten schwarzen Granit des Grabsteins graviert. Genauso wie ich ihn hier sah, hatte ich ihn in Erinnerung, ja, das war er, mein Achiko. Ich hockte mich zu ihm hinunter an den Grabstein, zog das Täfelchen aus der Tasche und hielt es ihm hin, so als wolle ich es ihm zurückgeben. Nichts geschah, natürlich nicht, was auch. Dennoch, so hatte ich mir das Wiedersehen mit ihm nicht vorgestellt.

Eine Stunde später hielten Helen, David und ich vor dem Haus, in dem Achikos Familie wohnte. Bereits im Garten empfing uns Anna, Achikos Witwe. Vielleicht etwas über dreißig mochte sie sein. Um sie herum ihre Kinder, zwei Mädchen, vier und neun Jahre alt.

Achiko war vor einigen Monaten verstorben. Die braunen Augen in ihrem hübschen Gesicht waren gerötet von den vielen Tränen, die sie wohl immer noch täglich weinte. Verhalten, fast schüchtern und mit leiser Stimme bat sie uns in ihr Wohnzimmer, an dessen Wände sie einige Bilder von Achiko aufgehängt hatte. Auch seine Mutter gesellte sich zu uns. Sie war vielleicht etwas über sechzig Jahre und arbeitete als Lehrerin, wirkte etwas streng und resolut, aber sehr freundlich.

Zuerst dachte ich, es werde eher eine bedrückende Runde, in der wir uns in großer Trauer über Achikos Tod und Leben unterhielten, doch da kannte ich die Georgier schlecht, zumindest David. Kaum saßen wir, schlug er vor, da weiterzumachen, wo wir gemeinsam das letzte Mal mit Achiko aufgehört hatten: bei einer Georgischen Tafel. Er besorgte alles an Alkohol, was das Haus hergab. Georgische Schnaps-, Wein- und Sektflaschen sammelten sich auf dem Tisch vor uns, und wir begannen mit den kleinen Schnapsgläschen, die uns Achikos Mutter reichte.

David hatte ihnen natürlich von dem Täfelchen und mir erzählt, nur davon, dass ich schon – ohne dass ich es wissen konnte – von seinem Tod geschrieben hatte, davon sagten wir nichts. Nach dem vierten oder fünften Schnaps hatte ich auch den Mut, ihnen das Täfelchen zu zeigen, Achikos Vermächtnis an mich. Anna schien nur darauf gewartet zu haben, nahm es mir sofort aus der Hand und strich liebevoll darüber. Dann gab sie es mir zurück.

»Möchtet ihr es nicht behalten?«, fragte ich vorsichtig, »Es gehört zu Achiko und damit zu euch.«

»Nein, auf keinen Fall«, da waren sich Anna und Elizabeth, wie Achikos Mutter hieß, einig. »Er hat es dir gegeben, es war sein Wunsch, dass du es hast, und daher sollst, nein musst du es auch behalten. Es soll dich jetzt beschützten, so hat er es gewollt«, übersetzte mir David Elizabeths Worte.

»Könnt ihr euch einen Grund vorstellen, weshalb er es mir gegeben hat«, fragte ich weiter. Beide Frauen schüttelten den Kopf.

»Nein, darüber haben wir uns auch schon oft Gedanken gemacht, als David uns davon das erste Mal erzählte. Wir können es uns nicht erklären. Das Täfelchen war ihm immer sehr wichtig, er ging nie ohne es aus dem Haus. Er glaubte sehr an seine Kraft. Umso weniger verstehen wir, wie er es so plötzlich weggeben konnte. Wir wissen es nicht, doch er wusste weshalb, da bin ich sicher. Verraten hat er es uns nie«, sagte Anna.

David schenkte reichlich nach, Runde für Runde, und bei jedem Glas wurde, wie es sich gehörte, ein Trinkspruch aufgelassen. Am meisten natürlich tranken wir auf Achiko selbst. Für mich war es so, als wäre er an diesem Abend noch einmal mit dabei gewesen, als würde er mit uns anstoßen, uns zuprosten, zunicken, zulächeln, als würde er uns sagen wollen: »Alles ist gut so, wie es ist. Ihr werdet schon noch verstehen, weshalb ich das Täfelchen damals weggegeben habe.«

Heimkehr

Nach der Rückkehr aus Georgien änderte sich vorerst nichts. Auch das Manuskript blieb in seiner Verbannung weit hinten im Schrank. Doch Sigrids Gedanke, ich müsse dieses Buch zu Ende schreiben und veröffentlichen, ließ mich seitdem nicht mehr los.

Ja, ja, ich würde es tun, irgendwann, aber jetzt nicht. Monatelang schlich ich an jenem Schrank vorbei und dachte jedes Mal an La Palma. Dieser Schrank mit den zwei kleinen Flügeltüren wurde fast schon zu einem Mahnmal, wurde zu dem Keller, in dem meine Leichen lagen. Immer noch roch es darin zu sehr nach Betrug und Selbstbetrug nach Unehrlichkeit und Selbstherrlichkeit, nach Verklärung und Verwirrung.

Und dennoch: Seitdem ich nicht mehr schrieb, fehlte mir etwas. Mir fehlte ein Ziel, eine Perspektive. Es gab für mich kaum noch etwas zu tun. Mein Arbeitslosengeld würde ich noch weitere vier Monate beziehen, dann war Schluss. Den Gedanken daran, mich als »Ausbruchscoach« selbständig zu machen, hatte ich schon lange verworfen. Mit dieser negativen Ausstrahlung hätte mir sicher niemand abgenommen, dass Ausbrechen wirklich eine gute Lösung ist. Eher wäre ich der lebende Beweis dafür, wie man sich dabei selbst verlieren konnte. Auch um mich wieder als Unternehmensberater zu betätigen, fehlte mir zu der Zeit jede Motivation.

Stattdessen füllte ich diese Leere mit Erinnerungen an meine Reise, las mein Tagebuch, schaute mir immer wieder meine Fotos an, hielt hier und da noch einen Bildervortrag und versuchte durch all das vergeblich, meine selige Reisestimmung von damals wieder heraufzubeschwören.

Ich war angekommen in einer Welt, in der ich mit meinen Tagträumen und meinem Freiheitsleben immer mehr zum Exoten wurde, einen Exoten, für den sich immer weniger interessierten. Der Nimbus des bewunderten, welterfahrenen Heimkehrers verblasste. Die Menschen um mich herum verloren die Geduld mit mir. Immer entschiedener verlangten sie, dass ich mich hineinzwängte in ihre Welt von Verlässlichkeit und Verbindlichkeit.

Zuerst waren es Kleinigkeiten. Mutter bestand jetzt darauf zu wissen, ob ich zum Essen kommen würde oder nicht. Meine Eltern forderten plötzlich meine Hilfe ein: »Hör mal, Jung, wenn du schon bei uns wohnst, dann kannst du auch mal ...« Freunde akzeptierten meine »Komm ich heut nicht, komm ich morgen«-Mentalität nicht mehr und luden mich erst gar nicht mehr zu ihren Treffen ein, oder es war ihnen egal, ob ich kam oder wegblieb.

Auch Helens Geduld mit mir war begrenzt. Immer noch, wie am ersten Tag, sehnte sie sich nach dem, was ich verteufelte, nach Nähe, nach Verlässlichkeit, nach Gewissheit. Nein, verlassen konnte sie sich nicht auf mich. Ich vergaß, die Kinder von der Schule abzuholen oder einzukaufen, einfach weil ich spontan etwas anderes vorhatte, vielleicht auch, weil es mir nicht wichtig war. Probleme der Kinder mit den Hausaufgaben, Terminengpässe, wenn Helen die Kinder zum Training oder zu Freunden kutschieren musste, all das interessierte mich nicht. Es war ihr Problem. Warum hatte sie auch Kinder bekommen?

Immer häufiger stritten wir uns, diskutierten bis tief in die Nacht. Dabei ging es ihr immer nur um ein wenig mehr Gewissheit. Nicht um die Gewissheit, wann ich zu ihr käme, sondern um ein wenig mehr Gewissheit, dass ich sie liebte. Das war alles, was sie wollte. Ich hatte ihr nie gesagt, wie wichtig sie für mich war, ihr niemals gesagt, dass ich sie liebte. Ich kam einfach nur »zu Besuch« und bestimmte zudem, wann. Wir verbrachten dann ein paar schöne Stunden miteinander, doch das reichte nicht als Liebesbeweis. Zugegeben, viel war es wirklich nicht, doch zu mehr war ich immer noch nicht in der Lage.

Die Wochen vergingen, und mit ihnen verflüchtigte sich auch immer mehr die Leichtigkeit und Gelassenheit. Ich wehrte mich dagegen, indem ich Helen täglich nervte und ihr wieder und wieder von der Reise vorschwärmte, davon, wie wunderbar doch damals alles gewesen war.

Dabei merkte ich nicht, wie sehr ich Vergangenem nachhing, wie ich verzweifelt versuchte, ein sterbendes Gefühl zu beatmen, das in der neuen Umgebung nicht lebensfähig war.

Zweimal sogar unternahm ich einen Versuch, dieses Gefühl mit aller Gewalt zurückzuerobern: In Indien hatte ich von einer Vipassana-Meditation gehört, ins Leben gerufen von einem Mönch aus Burma. Es war eine Hardcore-Mediation. Sie versprach mir, das Glück wiederzufinden, das in mir selbst lag, eben jenes unabhängige Glück. Auch in Deutschland bot man diese Art der Meditation in »Vipassana-Zentren« an. Eines war in Triebel in der Nähe von Hof. Dort meldete ich mich, ohne es zuvor Helen gegenüber einmal erwähnt zu haben, einfach an und verabschiedete mich für zehn Tage, in denen kein Kontakt zu irgendjemanden außerhalb wie auch innerhalb der Anlage erlaubt war.

Kurz nach meinem Eintreffen in dem Zentrum hatte ich mein Handy abzugeben. Ebenso war Lesen oder Schreiben während dieser Zeit nicht erlaubt; mehr noch, es war nicht erlaubt zu sprechen oder gar Blickkontakt zu den anderen Meditierenden aufzunehmen. Zehn Tage lang. Es war das Ziel, das Hirn, die Ratio, das Ego in dieser Zeit auszuhungern, es nicht mit Informationen zu füttern, auf denen es dann stundenlang herumdenken konnte. Es war das Ziel, jede Art von Gedanken ruhigzustellen, um dann zu beobachten, was hochkam, was sich meldete, was spürbar wurde, wenn es still in mir war.

Ich übernachtete in einem Zimmer zusammen mit sechs anderen. Bis heute weiß ich nicht, wie sie hießen, und kaum, wie sie aussahen. Die Meditation fand in einer großen Halle mit etwa fünfzig Teilnehmern auf dem Gelände des abgelegenen Zentrums statt. An jedem Morgen dieser zehn Tage wurden wir um vier Uhr von einem Gong geweckt. Um fünf trafen wir uns in der Halle, schweigend und mit dem Blick zum Boden, um den anderen nicht ins Gesicht zu sehen. Wir bekamen einen Platz von etwa einem Quadratmeter zugewiesen, auf dem wir uns mit ein paar Sitzkissen und einer Decke einrichteten.

Ich hatte bis dahin noch nie meditiert, und so war ich sehr gespannt auf das, was kommen würde. Die erste Anweisung war einfach: Wir sollten uns auf unseren Atem konzentrieren, darauf, wie die Luft beim Aus- und Einatmen durch unsere Nasenlöcher hindurchströmt. Ja, gut. Das tat ich. Und zwar sollte ich es zehn Stunden lang an diesem Tag tun. Keine andere Aufgabe, nur ein und ausatmen und auf den feinen Luftstrom achten. Spätestens nach der fünften Stunde Kissensitzen und Naseflügelfühlen fragte ich mich, was der Scheiß sollte. Ich blickte mich um und sah nur neunundvierzig andere Nasenflügelbeobachter, die sich das wohl nicht zu fragen schienen. Nun gut, wenn es tatsächlich helfen würde, mir mein Gefühl wiederzubringen, dann nähme ich auch das in Kauf.

Unterbrochen wurde die Meditationszeit nur von einem Frühstück und einem fleischlosen Mittagessen. Ein Abendessen gab es nicht, einen Apfel vielleicht. Zwischendurch gongte es zu halbstündigen Pausen, damit die im Lotus- oder Schneidersitz verhakten und eingeschlafenen Beine nicht gänzlich abstarben. In dieser Zeit spazierten wir in einer kleinen parkähnlichen Anlage vor der Meditationshalle umher. Männer und Frauen waren dabei in getrennten Bereichen unterwegs, damit die möglichen Reize des jeweils anderen Geschlechts nicht Unruhe in Hirn, Herz oder Genitalien stiften konnte.

Wir wurden angewiesen, langsam zu gehen und bewusst darauf zu achten, wie wir die Steine und Wurzeln auf unserem Weg unter unseren Schuhsohlen spürten. Es war schon ein groteskes Bild, wenn fünfzig Menschen, jeder für sich und in unnatürlich langsamen Gang, mit gesenktem Kopf und in Decken gehüllt durch die mit Büschen und Bäumen bewachsene Anlage schlichen.

Ich war mir sicher, dass das Zentrum, das abseits des Dorfes auf einem Hügel gelegen war, den Einwohnern von Triebel suspekt sein musste. Spätestens als ich den Landwirt sah, der den Acker vor unserem kleinen Park pflügte, war es mir klar. Immer wieder blickte er zu uns, den zombihaft Umherwandelnden, herüber, und als ich am Zaun der Anlage angekommen war und verbotenerweise doch einen Blick auf den Traktorfahrer warf, sah ich nur, wie er mir einen Vogel zeigte und mit dem Kopf schüttelte.

Ich war gespannt auf die Anweisungen des zweiten Tages. Pünktlich um fünf Uhr saßen wir wieder. Zu meiner Enttäuschung war die Anweisung dieselbe: Achtet auf den Luftstrom, der durch die Nasenlöcher hindurchgeht. Zehn Stunden lang. Ich tat es. Die Anweisung am dritten Tag war endlich eine andere. An diesem Tag sollten wir darauf achten, wie die aus der Nase herausströmende Luft unsere Oberlippe berührt. Toll, eine wirkliche Abwechslung war das nicht. Dasselbe in den zehn Stunden des vierten Tages.

Immerhin, einen Trainingseffekt hatte es. In den ersten Tagen konnte ich mich kaum auf meine Nasenflügel konzentrieren. Immer wieder rannten die Gedanken davon.

Wie ein junger ungestümer Hund liefen sie los, um an irgendeinem Thema zu schnüffeln und darauf herumzudenken. Immer wieder musste ich meine Gedanken zurückpfeifen, sie beruhigen, mich konzentrieren, den Kopf freimachen von den vielen unfreiwilligen Bildern, die er mir vorhielt und mir wurde klar, wie wenig ich meinen Kopf unter Kontrolle hatte, wie sehr er das machte, was er wollte: Wie geht es Helen wohl, ohne so lange von mir zu hören? Bestimmt hat sie ... Stopp! Nase! ... Musste ich nicht noch meine Steuererklärung abgeben? Hoffentlich gibt das keine... Stopp! Nase! ... Ob ich hier wohl das Gefühl meiner Reise wiederfinde? Bisher war ja nicht ... Stopp! Nase! ... Was? Hat der Typ vor mir etwa gerade gefurzt? Bah, ekelhaft, wie das hier herüberzieht. Der sollte doch... Stopp! Nase!

Doch von Tag zu Tag gelang es mir besser, mein Gedankenkarussell abzubremsen und in den wenigen Minuten oder vielleicht nur Sekunden, in denen es einmal ganz still stand, sich kein Gedanke aufdrängte, ich sogar nicht mehr an meine Nase dachte, in diesen wenigen Augenblicken der völligen Leere, der absoluten Gedankenlosigkeit, in denen ich alles loslassen konnte, da strömte eine wunderbare Entspannung durch jeden Muskel und durch jedes Organ meines Körpers, und eine unbeschreiblich befreiende Stille war in meinem Kopf. Eine machtvolle Stille, in die sich keine Sorgen oder Ängste hineintrauten, eine Stille, in der ich nur mich, mein »Selbst«, spürte. Es war wieder dieses »Selbst«, das ich schon einmal erlebt hatte, damals in Narkanda, im »Bett des Dalai Lama«. Hier spürte ich wieder jenen Theo, der, zumindest für ein paar Minuten, einverstanden war mit allem, was ist, grenzenlos versöhnt war mit der Welt, nichts verurteilte und alles so sein lassen konnte, wie es war.

Dies war der einzige und auch nur kurze Moment in diesen zehn Tagen, in dem ich wieder auf meiner Reise war. Er war unglaublich befreiend, solange er anhielt, doch er war auch durch tagelanges Sitzen auf einem Kissen und stoischem Schweigen mühsam erarbeitet. Er flog mir nicht mehr ohne Weiteres so zu wie damals auf der Reise. Ich war einfach nicht mehr in diesem Modus, der solche Momente anzog. Vielleicht war ich jetzt in einem anderen Modus, der andere vielleicht ebenso gute Momente bereithielt, die ich aber nicht sah, weil ich immer noch zurückblickte und auf diese Reise starrte. Nein, Vipassana hatte mir nicht wirklich geholfen.

Es war der letzte Monat, in dem mir noch Arbeitslosengeld gezahlt wurde, als ich frustriert auf dem Rückweg von Triebel im Zug nach Kleve saß und nach über zehn Tagen wieder mein Handy einschaltete. Holger hatte mir auf die Mailbox gesprochen. Er war ein ehemaliger Arbeitskollege aus der Beratung. Sie hatten Personalnot, und er fragte, ob ich Interesse hätte, freiberuflich an einem Beratungsprojekt mitzuarbeiten. Ich sagte zu, und so arbeitete ich von da an zwei oder drei Tage in der Woche für ihn. Das reichte erst einmal, um mein Leben zu finanzieren.

In den kommenden Monaten änderte sich wenig, und immer mehr verschwand die Leichtigkeit in mir. Dann unternahm ich einen zweiten Versuch, sie wiederzugewinnen.

Wenn ich nur wieder auf Reisen ginge, so wie damals, dann müsste es doch auch wieder so sein wie damals. Zumindest waren das meine Logik und meine Hoffnung. Also nahm ich mir zehn Tage frei von der Arbeit und wollte mit dem Motorrad irgendwo in Richtung Süden aufbrechen. Obwohl ich mittlerweile ein neues Motorrad besaß, holte ich meine immer noch angemeldete alte BMW hinten aus der Garage heraus. Alles sollte so sein, wie damals. Gut, dass ich meine Weltreisegefährtin noch nicht geputzt hatte und selbst der rote Staub aus Afrika noch in allen Ritzen klebte. Ich bestückte sie mit den verbeulten und undichten Koffern von der Reise, zurrte den alten Tankrucksack wieder fest und holte den völlig verkratzten Helm vom Speicher, in dessen Polster immer noch der vertraute, süßliche Schweißgeruch steckte.

Zehn Tage, nur für mich. So wie damals. Ich wollte mich nirgendwo melden müssen, nicht bei meinen Eltern, nicht bei Helen. Wollte die Vergangenheit wieder heraufbeschwören, sie durch die Gerüche, durch den Dreck, durch die Ausrüstung von damals hervorlocken, einfach weg, Richtung Süden, Richtung Vergangenheit. Ich wollte die Bedingungen wiederherstellen, unter denen ich mich so gut gefühlt hatte, und glaubte, es werde dann schon wiederkommen, dieses Lebensgefühl, die Freiheit, das Unbeschwerte.

Doch alles kam anders als erhofft. Statt gelassen der Welt entgegenzufahren, meldete sich schon am zweiten Tag mein schlechtes Gewissen. »Schalte Dein Handy endlich wieder ein und ruf Helen an«, flüsterte es mir zu, »sie will doch wissen wo du bist und ob es dir gut geht.«

»Nein, tue ich nicht! Das ist meine Reise, meine Zeit. Darin hat niemand anderes etwas zu suchen«, wehrte ich mich trotzig, nur um die »Versuchsbedingungen« nicht zu gefährden. Doch indem ich das tat, hatte ich sie bereits gefährdet. Auch wenn die äußeren Bedingungen dieselben waren wie damals, die inneren waren es nicht. Ich war nicht gelassen und offen für die Welt, im Gegenteil. Verkrampft suchte ich in jeder Minute des Tages nach meinem alten Reisegefühl. Ja, ich durchsuchte den Tag, ich war wieder auf der Suche nach dem Glück, so wie damals vor der Reise. Ich wollte Gelassenheit erzwingen und Freiheit festhalten. Doch allein das waren schon Widersprüche in sich.

Dabei blendete ich Helen, die Kinder, meinen Job einfach aus. Dass auch da Glück oder zumindest Zufriedenheit zu finden sein könnte, kam mir nicht in den Sinn.

Abends hockte ich alleine in irgendwelchen Hotels, untersagte mir jegliches Vermissen, verbot mir sofort den aufkeimenden Wunsch, jetzt doch viel lieber bei Helen und den Kindern zu sein. Nein, die brauchte ich nicht. Damals hatte ich sie ja auch nicht gebraucht. Stattdessen sprach ich Fremde in irgendwelchen Bars und Restaurants an, begann mit ihnen Gespräche über das Leben und hoffte auf solche Begegnungen wie mit der Blumenfrau oder mit Achiko. Doch heraus kam nur enttäuschendes, belangloses Geschwätz. Nichts tat sich, nichts berührte mich.

Meine Revival Tour war ein völliger Misserfolg. So langsam begriff ich, dass sich Vergangenheit nicht wiederholen lässt, dass die gleichen Umstände nicht die gleichen Gefühle garantieren. Ich begriff, dass das Glück auf meiner Reise einmalig, nicht kopierbar war, dass Glück flüchtig, nicht konservierbar ist, dass Glück nicht einfach nachwächst, wenn man es nur mit ausreichend Erinnerungen daran begießt. Dabei wusste ich doch genau, wo ich das Glück finden würde.

Doch so einfach war es nicht. Auch als ich wieder nach Hause kam, knebelten mich noch meine alten Verhaltensmuster. Bald schon stritt ich mich weiter mit Helen, um den für beide Seiten erträglichen Standort unserer Beziehung zwischen Nähe und Distanz auszuhandeln, mit dem wir zwei ein paar Wochen leben konnten, bevor wir uns dann wieder darum zankten.

Selbst zwei Jahre nach meiner Rückkehr pendelte ich immer noch nach Belieben zwischen ihr und meinen Eltern hin und her, wollte mich nicht festlegen auf ein neues Leben. Ich entschied mich nicht für einen Job, nicht für einen Wohnort, nicht für Helen.

Eines Tages, als ich ihr wieder mit größter Selbstverständlichkeit erklärte, dass ich nicht wisse, wann ich in dieser Woche zu ihr käme, hatte sie genug.

»Geh und komm nicht wieder!«, sagte sie in noch ruhigem Ton.

»Wie?« Ich verstand nichts.

»Geh, hau ab, bleib weg!«, sagte sie lauter. Ihre Lippen wurden schmal und zitterten. Oh ja, sie meinte es ernst.

»Ich will nicht mehr, dass du kommst. Kapierst du denn immer noch nicht? Ich will mich auf dich freuen oder mich darauf einstellen, dass du nicht kommst. Ich hab es satt, nicht zu wissen, woran ich bei dir bin. Jetzt sag ich dir: Bleib einfach weg! Dann habe ich die Sicherheit, alles andere tut mir weh. Ich bin doch kein Füllmaterial für deinen Terminkalender.«

»Aber Helen«, stammelte ich. »Mach dich doch unabhängig von mir. Plane deinen Tag, wie du willst, und wenn ich komme und du Zeit hast, dann ist gut, und wenn nicht, dann ist auch gut, dann ist es eben so.«

Sie war in Rage, hatte mir gar nicht zugehört, wahrscheinlich, weil sie eh schon wusste, was ich sagen würde.

»Und weißt du was?«, fuhr sie lautstark fort und stellte sich vor mich hin. »Selbst wenn du hier bist, dann bist du doch nicht da. Dann bist du immer in Gedanken woanders, redest immer nur von deiner beschissenen Reise, davon, wie toll damals alles war. Und damit sagst du auch, wie bescheuert jetzt alles hier ist, hier mit uns. Ich brauch' das nicht. Bleib weg, ich will nicht, dass du kommst! Geh weg!«

Aufgeschreckt von Helens lauter Stimme, war auch der kleine Josh aus seinem Zimmer gekommen, stand jetzt hinter Helen, schaute erst seine Mama und dann mich traurig an und nickte mir mit ernster Miene zu, so als habe er verstanden, worum es bei dem Streit ging. Dabei hatte ich es mir auch mit ihm schon vor Monaten verdorben.

So sehr auch sein Herz aufging, wenn ich zu ihm kam, so sehr spürte er, wie wenig ich an seinem Leben teilnahm. Ich kam, wenn er schon im Bett lag, und ich schlief noch, wenn er zur Schule ging. Ich machte mir keine Mühe, ihn zu sehen. Wie gern aber wollte er schon seit Tagen mit mir auf dem Trampolin »Ninja-Ritter« spielen, einfach nur ein paar Minuten herumhopsen und dabei mit mir balgen, und wie oft bügelte ich ihn dann mit einem brummigen »Nein, keine Lust, Josh« einfach ab. Irgendwann hatte er genug von den ständigen Zurückweisungen und begann mich zu ignorieren, blieb auf seinem Zimmer, wenn ich da war, sprach nicht mehr mit mir, schaute mich einfach nicht mehr an. Er wollte keine Geste, keinen Blick, kein Wort mehr von mir. Denn zu oft hatten meine Zurückweisungen die kleine Kinderseele so verletzt, dass sie begann, sich selbst zu schützen. Doch jetzt, jetzt stand er da und nickte mir zu, als wolle er mir sagen: Entscheide dich!

Helens Ansage war deutlich. Ich schien es klar überzogen zu haben und war selbst erschrocken darüber, dass ich vielleicht wirklich dabei war, unsere Beziehung zu zerstören. Dennoch ergriff ich, ohne etwas zu sagen, meine Jacke, verließ das Haus, setzte mich ins Auto und fuhr zu meinen Eltern, um die Nacht dort zu verbringen. Ja, Helen hatte recht. Immer noch hielt ich mir ein Hintertürchen offen. Immer noch witterte ich unbekannte Gerüche, die mich zweifeln ließen, ob das hier und jetzt auch wirklich das Richtige, das Beste für mich war.

Dabei war alles, was ich tun müsste, mich einzulassen auf das, was jetzt ist, was hier ist. Ich müsste es einfach wagen, müsste mich einfach fallen lassen, hinein in das von Helen liebevoll für uns vorbereitete »Nest«. Ich lag ja schon lange genug zur Probe. Also, was konnte schon passieren? Was?

Drei Jahre nach meiner Rückkehr habe ich es dann gewagt: Ich packte meine wenigen Sachen und zog ein in ihr hundertsiebzig Quadratmeter großes Einfamilienhaus, zwanzig Kilometer entfernt von der nächstgrößeren Stadt, mit einer Doppelgarage, einem großen Rasen, einem kleinen Springbrunnen darauf und mit neugierigen Nachbarn.

Und mit dem beruhigenden Wissen, dass ich, wie damals, ja jederzeit alles abbrechen könnte, wenn es nichts für mich wäre, trat ich meine neue Reise an und nahm mir zumindest vor, mich genauso auf sie einzulassen.

Kaum hatte Helen mir einen Schrank freigeräumt und ich meine Jeans darin verstaut, spürte ich noch an diesem ersten Abend in meinem neuen Zuhause etwas, mit dem ich nicht gerechnet hatte: Es fühlte sich unglaublich gut an, sich entschieden zu haben. Keine Überlegung war mehr notwendig, wo ich denn heute übernachte, wo ich zu Mittag esse. Durch den Einzug, einfach nur durch eine Entscheidung wusste ich ein klein wenig mehr, wohin ich gehörte, und statt zu bedauern, nicht mehr wählen zu können, fühlte ich mich erleichtert, nicht mehr wählen zu müssen.

Mein Einzug war auch heilsam für unsere Beziehung, die sich langsam entkrampfte. Für Helen war er mein erstes wirkliches, sichtbares Bekenntnis zu uns und nahm ihr die Angst, ich könne morgen nicht mehr da sein. Vieles löste sich einfach auf, wir lachten wieder mehr, alberten herum und hatten endlich wieder andere Themen als nur unsere Beziehung.

Dennoch, auch wenn ich jetzt mit »meiner kleinen Familie« unter einem Dach lebte, war ich noch lange nicht derjenige, der auch ein Familienleben leben wollte, der Aufgaben oder gar Verantwortung übernahm. Ich machte erst einmal weiter mein eigenes Ding. Immer noch ließ ich sie nicht wirklich hinein in mein Leben, in mein Herz, denn immer noch hatte ich Angst davor, was sie dort anrichten könnte.

In diesem ersten Jahr in meinem neuen Zuhause war ich vielleicht nicht mehr der »Besucher«, aber ich war auch nicht mehr als ein »Untermieter«, der oft alleine in seinem Zimmer saß, in seinen Tagebüchern blätterte, E-Mails an einige der vielen Reisebekanntschaften schrieb oder sonst das tat, was ihm gefiel.

Ich weiß gar nicht, wann genau es war, doch irgendwann, selbst für mich unmerklich, begann ich, mit den Kindern für die Klassenarbeiten zu lernen, denn es wurde mir wichtig, dass sie gut waren in der Schule, dass aus ihnen mal etwas »Vernünftiges« würde, etwas, das mir bis dahin völlig egal war. Mit einem Mal war mir danach, auch einmal die Kinder ins Bett zu bringen, ihnen gute Nacht zu sagen, sie zuzudecken.

Ich begann mir Gedanken zu machen, wie wir das Wohnzimmer schöner gestalten konnten, besorgte einen neuen Fernseher, eine neue Couch, schlug einen neuen Anstrich vor und begann, mich am »Nestbau« zu beteiligen.

Auch nahm ich mehr und mehr wahr, wie sehr Helen eingebunden war in ihren Job und den Haushalt, wie sehr sie mit den Kindern beschäftigt war, wie wenig Zeit sie für sich selbst hatte und wie sehr sie darunter litt. Ich übernahm immer mehr Aufgaben, um sie zu entlasten, nahm sie immer häufiger in den Arm, um sie zu trösten, wenn ihr alles wieder mal zu viel wurde.

Irgendwann erlaubte ich mir sogar das Vermissen. Es war auf einer Geschäftsreise, in irgendeinem Hotel, als mich abends das Bedürfnis überkam, nicht dort zu sein, sondern zu Hause, bei ihr, bei Helen. Ich wollte neben ihr auf der Couch liegen, sie berühren, in ihre Augen schauen. Ja, ich vermisste sie. Das erste Mal seit langer Zeit vermisste ich überhaupt jemanden. So langsam ließ ich es zu, ließ ich mich ein, auf die Liebe, nahm in Kauf, dass mit ihr die Gefahr der »Verletzlichkeit« einherging. Ich schien einverstanden zu sein damit, dass sie einen Preis hatte.

Je mehr ich mich auf Helen, auf die Kids, auf mein neues Leben einließ, desto besser fühlte es sich an. Vielleicht ist genau das jenes Kriterium, welches mir mein Vater vorenthalten hatte, das, an dem man »das Beste« erkennt: Vielleicht ist es ganz einfach, und das Beste ist es genau dann, wenn es sich eben genauso anfühlt.

Und je mehr ich mich auf mein jetziges Leben einließ, desto seltener kramte ich mein Tagebuch und die Fotos meiner Reise hervor, um mich darin zu verlieren, um dorthin zu flüchten, um dort nach meinem Glück zu fahnden. Meine große Reise verlor endlich ihren Glanz. Das Glück der Reise war nicht mehr konkurrenzlos. Und damit verlor auch das Manuskript im Schrank seine quälende Präsenz.

Leise und immer häufiger begannen die Fragen in mir zu bohren. Wer war ich denn wirklich, wenn nicht der Abenteurer? Warum bin ich denn mit Martin gefahren, obwohl ich schon von Beginn an wusste, dass wir nicht zusammenpassten? Wer war ich wirklich, wenn nicht der weise, liebende Freund und Ersatzpapi, der die Kinder gleich von Beginn an in sein Herz schließen konnte? Und was habe ich wirklich auf der Reise gefühlt und vor allem damals, als ich zurück nach Deutschland kam, als ich Helen kennenlernte? Wollte ich das wirklich von mir wissen, oder wollte ich doch lieber das verzerrte und verklärende Bild meiner Reise in Erinnerung behalten? Nein, es war Zeit, es war die Chance, damit abzuschließen.

»Was ist das denn für ein wüster Papierhaufen da auf dem Tisch?«, fragte Helen, als sie von der Arbeit kam, mich, wie jeden Abend, lange umarmte, mir über die Schulter blickte und den Stapel bedruckter Blätter erblickte.

»Nein«, sagte sie erstaunt, bevor ich antworten konnte, »wirklich? Du willst da wieder ran, willst wieder dein Buch schreiben? Wegen Achiko?«

»Nein, nicht nur wegen Achiko, Helen«, sagte ich ernst, »Vor allem unseretwegen! Und ich möchte dich bitten, mir dabei zu helfen. Ich brauche jemanden, der mehr als ich den Überblick darüber hat, wie ich wirklich war, als ich zurückkam. Hilfst du mir?«

»Ja, sicher mache ich das. Für dich ... und natürlich für mich!«, lachte sie mich erleichtert an. »Mach dich gleich ran!«

Es war ein Prozess. Ein langer Weg, dessen Meilensteine die Eingeständnisse mir selbst gegenüber waren. Es erforderte viele Überarbeitungen, doch irgendwann war ein Grad von Ehrlichkeit zu mir selbst erreicht, den ich aushalten und mit dem ich leben konnte.

Ich gestand mir ein, dass ich Martin nicht einfach nur als Mitfahrer gebraucht hatte, sondern als Beschützer, weil mir sonst der Mut zu der Reise gefehlt hätte.

Ich begriff, was mich wirklich zu der Reise getrieben hatte. Mit einem Mal wusste ich, was diese Schwere ausgemacht hatte, welche Last damals von mir heruntergefallen war, an dem Tag, als ich gekündigt hatte. Damals hatte ich mich mit einer einzigen Entscheidung befreit: von Frauen, die feste Beziehungen wollten; von einer Firma, die mich mit einer Partnerschaft auf Jahre hinaus an sich ketten wollte; von dem Gedanken, mit fast vierzig Jahren »sesshaft« werden zu müssen, so wie mein Bruder, wie Lothar und wie fast alle um mich herum es mir vorlebten. Letztendlich hatte ich mich auch davon befreit, mich dafür entscheiden zu müssen, was das Beste für mich ist. Und damit gestand ich mir ein, dass ich nicht einfach abenteuerlustig, sondern auf der Flucht war. Auf der Flucht vor Lebensentscheidungen, die Langfristigkeit, Verbindlichkeit und Verantwortung von mir verlangt hätten, zu denen ich damals nicht fähig war.

Es kostete ebenso viele Versionen und Diskussionen, bis ich Helen gestehen konnte, dass sie zur Zeit des »Kräuterbonbons« und auch noch in den Monaten danach nur ein Intermezzo, ein Versuch für mich war und ich leichtfertig und verantwortungslos mit ihren und mit den Gefühlen ihrer Kinder gespielt hatte.

Ich brauchte lange, um mir selbst einzugestehen, wie schwer es mir fällt, selbst Gefühle zuzugeben, Nähe zuzulassen und zu erkennen, dass ich meinem Vater darin viel ähnlicher war, als ich es jemals gedacht und gewollt hätte.

Es brauchte lange, bis ich erkannte, wie sehr ich mit dem rücksichtslosen Ausleben meiner unantastbaren Freiheit und Erwartungslosigkeit an alles und jeden, auf die Herzen der Menschen, die ich liebte, einstach. Wie sehr ich Helen, die Kinder, meine Eltern damit verletzt hatte.

Es dauerte lange, bis ich erkannte, wie sehr die Vergötterung meiner Reisezeit mich davon fernhielt, endlich in meinem neuen Leben anzukommen und zu erkennen, welches Glück darin liegt.

Es brauchte Monate, bis ich mir klar darüber wurde, dass die ewige Suche nach dem Besten, die ewige Jagd nach dem Glück, eine fatale Logik hatte. Sie war das Rezept für verlässliche Unzufriedenheit, für Rastlosigkeit, für Nichtankommen. Ein Rezept für eine hohe Dosis Unverbindlichkeit, für das Nicht-entscheiden-Können, vielleicht sogar das Rezept gegen jede Art von Glück.

Vielleicht brauchte ich eine Reise um die Welt, um das zu begreifen, denn während dieser Zeit hatte ich nicht nach diesem Besten suchen müssen. Weil ich nichts Wichtiges zu entscheiden hatte, was mein Leben betraf.

In diesen zweieinhalb Jahren war ich befreit von meiner Suchsucht, brauchte nichts zu bewerten, brauchte nichts anzuzweifeln, brauchte nichts auf »Richtigkeit für mich« zu prüfen. Denn nichts war zu entscheiden, weil nichts Bestand hatte. Jeder Tag war anders, nicht planbar, unvorhersehbar, unempfänglich für Suchaufträge. Er kam einfach, ich lebte ihn, er ging wieder, und es kam der nächste Tag. Mehr war es nicht. Ich wollte nichts von dem Tag, hatte kein Ziel, kein Verlangen, ließ mich überraschen, ließ mich einfach auf den Tag ein, ließ mich einfach auf das Leben ein. Und in einem solchen Leben, so lernte ich, gibt es den Zufall als unberechenbaren Begleiter nicht, sondern er ist dein mächtiger Freund, der dir mit seinen Ereignissen hilft zu erkennen, ob du noch in der Spur deines Lebens unterwegs bist.

Und als ich endlich aufhörte mit dem Suchen, dann, mit einem Mal, begann ich auch zu finden. Ich fand eben jene Verlässlichkeit des Zufalls, den Zauber des Mitgefühls, das Einssein mit der Welt, die Kraft des Heimatgefühls, all das und vieles mehr. Und ich war sicher: Nach alledem hätte ich niemals gesucht, da ich nicht einmal eine Ahnung von der Existenz dieser Gefühle hatte.

Und noch etwas dauerte lange: Es dauerte sieben Jahre, bis ich den Mut fand, das alles in einem Buch nicht nur mir selbst und Helen einzugestehen, sondern jedem, der mich kennt und der dieses Buch einmal lesen wird.

Mit jeder Erkenntnis, darüber, wer ich bin, und nicht, wer ich zu sein glaubte oder gerne wäre, mit jedem Geständnis kam ich mir selbst einen weiteren kleinen Schritt näher. Meine Reise war nicht zu Ende, als ich mit dem Motorrad zurückkam, denn die eigentliche Reise, zu der ich aufgebrochen war, war keine Reise um die Welt. Es war eine Reise zu mir selbst.

Und sie begann …

»…damals, als ich neununddreißig Jahre alt war. Single. Kinderlos. Gutes Gehalt. Firmenwagen. Mietwohnung in der Nähe von Frankfurt. An jenem Tag saß ich an meinem Schreibtisch …«

Nachwort

Es sind zehn Jahre seit meiner Rückkehr vergangen. Alles, was heute ist, fühlt sich richtig und gut an. Helen und ich leben heute in einem Einfamilienhaus in der Innenstadt von Kleve, das wir gemeinsam gekauft haben. Josh und Max, heute 17 und 18 Jahre alt, sind anständige Jungs. Ich kenne sie nun schon länger als ihr halbes Leben, und wir verstehen uns sehr gut. Meine Mutter lebt zufrieden in einer Wohnung in der Nähe, und der Hof meiner Eltern ist verkauft. Helen arbeitet weiterhin im Außendienst bei Siemens und ich als freiberuflicher Unternehmensberater.

Und auch wenn ich ab und zu in der Garage meine BMW in der Ecke sehe, die alten Motorradkoffer mit den vielen Aufklebern aus den Ländern, den zerkratzten Helm, mit dem ich unterwegs war, und auch wenn dann ein Hauch von Sehnsucht nach Fremde und Ferne durch mein Herz zieht, dann weiß ich doch heute, dass alles, was mir passiert ist, immer schon das Beste war.